4·3과 여성,
그 살아낸 날들의 기록

4·3생활사총서 1
4·3과 여성, 그 살아낸 날들의 기록

구술·채록 허영선 양성자 이규배 김창후 허호준 조정희
총괄실무 김복자

엮은이 제주4·3연구소
펴낸이 강정희
펴낸곳 도서출판 각 Ltd.
초판 발행 2019년 11월 30일
3쇄 발행 2025년 4월 3일

도서출판 각 Ltd.
주소 (63168) 제주특별자치도 제주시 관덕로6길 17 2층
전화 064·725·4410
팩스 064·759·4410
등록번호 제651-2016-000013호

ISBN 979-11-88339-50-1 03910

값 15,000원

* 이 책 내용의 전부 또는 일부를 재사용하려면 반드시 지은이와 출판사 양측의 동의를 받아야 합니다.
* 잘못 만들어진 책은 구입하신 곳에서 교환해드립니다.

4·3생활사총서 1

4·3과 여성,
그 살아낸 날들의 기록

제주4·3연구소 편

목 차

책을 펴내며 · 007
제주4·3과 여성의 기억 / 허호준 · 011

강숙자 · 물질로 집 세개 산 사람이야 · 027
김연심 · 양푼밥에 걸쳐놓은 숟가락 세 개 · 059
박승자 · 아픈 기억 뒤로 하고 일본으로 떠났지 · 097
안봉순 · 참혹했던 시대, 유복했던 소녀의 기억 · 137
이문자 · 선인동 살이 90년 · 163
이승례 · 물질이 먹여 살렸다 · 189
채계추 · 아기 낳고 스무날 만에 끓여 먹은 자리국 · 217
홍춘호 · 좁쌀물이라도 한번 입에 넣어줬으면 · 253

(구술자 가나다 순)

책을 펴내며

살았기에 살아내야 했고, 견뎌내야 했다

    이 책은 4·3대폭풍의 그날과 그날 이후를 살아내야 했던 제주여성들의 삶에 대한 기록이다. 그 참혹한 시간을 건너서 오늘을 살고있는 그들의 이야기다.
    제주4·3연구소는 30년 전부터 수없이 많은 4·3경험자들을 만나고 채록해 왔다. 물론 여성의 4·3경험도 거기에 큰 비중을 차지한다.
    그러나 되물어야 했다.
    4·3은 이제 70년이 지났다. 그동안 수많은 문제가 해결되었고, 4·3특별법 개정 등 해결해야 할 과제들을 또 앞에 놓고 있다. 그런데도 우리가 배제해 온 대목들은 무엇인가.
    그 맥락 가운데 일상 속 여성들의 삶이 있었다.
    물어봐도 입을 열지 않았던 많은 여성들이 떠났다.
    늦었으나 우리는 무심코 흘려보낸 그 생활의 이면을 더 들여다봐야 했다.

    돌아봤다.
    우리는 그들의 고통을 알고 있다 했지만 과연 얼마나 알고 있었던가.
    우리는 얼마나 드러내지 않은 여성의 기억에 귀를 기울여 왔던가.

    4·3의 참혹함을 경험한 그날 이후, 그들의 일상은 다르다.

살았기에, 살아내야 했고, 견뎌내야 했다.
자신들의 삶을 '시국 탓'으로 돌리며 아프다 할 겨를도 없이.
하여, 우리는 그날을 견뎌 온 그들을 다시 만나기로 했다.
우리가 소홀하게 건너뛰거나 외면해 온 대목은 없는가.
그들 일상의 삶에 주목을 하기로 했다. 또 다른 것들이 보였다.

놀랍게도, 그들은 내 "삶이 뭐라고" 사양하며 부끄럽다 했으나
당당했고, 담담하였고,
절대 눈물을 보이려 하지 않았다.
어디 그 어린 날 생존의 늪지대를 헤쳐 온 4·3 속 여인들의 얼굴일까 싶게 달관해 있었다.
지금 우리에게 중요한 건 이들의 4·3기억과 삶은 좀 더 실증적 분석을 통해 역사가 돼야 하고, 그 삶을 잊지말아야 한다는 것. 그것이다.
이 책은 지난 일 년 동안 연구소 생활사 집필진들이 마음을 모아 듣고
알기 쉽게 구술을 정리해낸 작업의 소산이다. 특별히
생활사 연구의 토대가 될 논문소고 〈제주4·3과 여성의 기억〉을 수록했다.
이제 4·3을 경험하고 이후의 삶을 살아낸 여덟 분의 어머니들을 한자리에 모신다. 그럼에도, 왜 이리 못다 한 이야기, 담지 못한 이야기들, 아쉬운 대목이 많은가. 책 수십 권도 모자라는 게 한 인생이니.
한 인생이 어찌 몇 페이지에 담기겠는가.
이 책은 마음으론 날것의 제주어를 그대로 살리고 싶었으나

보다 많은 대중적 확산을 위해 표준어로 썼다는 점을 밝혀둔다.
또 하나, 이 구술집은
한 분 한 분의 기억과 삶을 기록하는 작업의 시작이다.

무엇보다
살아온 생의 내면까지 드러내주신 구술자들과
아직도 가슴속 말들을 드러내지 못하고 사는 4·3의 모든 어머니들에게
엎드려 경의를 표한다.

이 책의 출간에 관심과 정성을 다해준 각 출판사 박경훈 님께 고마움을 전한다.

허 영 선(제주4·3연구소장)

제주4·3과 여성의 기억

허호준

1. 4·3과 여성

1987년 한국사회의 민주화운동 이후 4·3은 진상규명과 희생자 명예회복에 초점이 맞춰져왔다. 4·3연구가 이뤄진 지 30년이 지났다. 정부 차원의 첫 과거사 조사 보고서인 《제주4·3사건진상조사보고서》(이하 진상조사보고서)가 나오고, 국가수반인 대통령이 사과한 지도 16년이 지났다.

4·3은 제주공동체를 뿌리째 뒤집어 놓았다. 4·3의 비극성은 합리적 근거나 이유가 없는 온 가족의 절멸, 가족 구성원, 부모형제나 친척의 잔혹한 죽음 앞에서도 변변한 항의를 하지 못한 채 오히려 숨죽여 살아야 했다는 점과 지역공동체는 완전히 파괴됐다는 데 있다. 살아남은 자들에게 강요한 침묵은 또다른 학살이었다. 4·3은 제주도민들에게 잊을 수 없는 기억이며, 사건 이후 그들의 삶의 궤적을 결정짓는 중요한 요소였다.

이러한 과정에서 4·3 경험세대에 대한 구술채록은 진상규명의 중요한 부분으로 자리잡았다. 4·3 당시 학살과 관련한 기록이나 제주도의 정치 경제 사회상을 파악할 수 있는 자료가 부족한 상황에서 4·3연구는 구술채록을 통해 기록 문

헌의 한계를 극복해 왔다. 전쟁이나 내전과 같은 사회적 격변과 위기의 시기에는 남녀노소 모두가 피해를 본다. 특히 여성들은 이런 위기의 상황에서 큰 피해를 보는 집단이다. 격변기 여성들은 어떤 고통을 겪었고, 그들의 일상은 어떠했는가. 이러한 의문은 '4·3과 여성'을 주목하게 하는 동기가 됐다.

정부의 진상조사보고서에도 여성에게 가해진 참혹한 사례들은 주로 남성들에 의해 언급됐다. 그러나 여성의 활동이나 노동, 희생 등의 목소리는 제대로 드러나지 않았다. 일제 강점기 이후 4·3을 거치면서 여성들은 한편으로는 가장 취약한 존재이면서도 한편으로는 강인한 존재로서의 이미지를 갖고 있다. 일제 강점기와 4·3을 겪은 여성들의 일상은 노동과 긴밀하게 연결될 수밖에 없다. 어릴 때부터 일상이 돼 버린 노동과 생계를 위한 삶, 그리고 성인이 된 뒤의 결혼과 출산은 일제 강점기와 4·3 시기를 관통한다. '4·3과 여성'을 연구해 온 권귀숙은 제주여성의 경험에 대해 "전후의 역사적 시점과 대량학살이라는 사건과 여성의 사회적 위치가 서로 맞물려 발생했다. 그러므로 한 개인의 경험이 아니라 가족사이며 마을의 역사이며 제주도의 현대사"라고 강조했다.

실제 제주여성들의 삶이야말로 제주의 근현대사가 오롯이 들어가 있다. 일제 강점기부터 제주의 여성들은 집안에 있을 수 없었다. 남성만이 아니라 여성들도 생계를 위해 일본으로 건너가 노동자 생활을 했다. 남성들이 징병이나 노무에 강제동원되면, 집안의 일은 여성이 맡아 처리해야 했다. 이 경우 여성들은 남성이 맡았던 일을 분담하거나 도맡아야 했다. 해녀들은 육지나 일본 등지로 출가물질을 나가 가족을 먹여 살렸다. 이는 4·3을 겪으면서 더욱 고착화됐다. 여성들의 고단한 삶의 저변에는 가족의 강요가 아닌, 살기 위한 몸부림이 있었다.

특히 일제 강점기에도 경험하지 못했던 가족 구성원의 절멸, 가족의 해체 등

대격변을 가져온 4·3 시기 여성들은 가족과 친인척의 죽음 앞에서 이를 슬퍼할 겨를이 없이 축성과 보초 서기 등 이중삼중의 고통을 감내하면서도 남아있는 가족을 위해 농사를 짓고 바다에 나가 생계를 잇지 않으면 안 되었다.

이 구술채록집은 4·3을 겪은 여성들의 경험담을 모은 것이다. 구술채록집에 나온 이야기의 상당 부분은 격동의 제주 근현대사를 관통한 우리 어머니들의 체험과 그들의 삶에 관한 기억이다. 사실(facts)로서의 진상규명을 위한 역사적 접근과 함께 4·3경험자들의 구술(oral testimony)로서의 '기억'을 날줄과 씨줄로 엮어야 한다. 4·3진상규명의 토대 위에 당시의 사회적 경제적 상황에 대한 구술은 4·3의 전체상을 보는데 도움이 되기 때문이다.

4·3의 진상규명과 명예회복 운동은 정부의 진상조사보고서가 나오는 데 큰 역할을 했다. 그러나 진상조사보고서는 사건의 실체적 진실을 밝히는 것을 목적으로 하고 있다. 따라서 여성들이 4·3 시기 일상과 그들의 4·3기억은 더 연구돼야 할 부분이다. 4·3 시기 여성들의 일상을 구술을 통해 조명하는 것은, 4·3연구에 있어 또 다른 과제를 안겨주는 것이라 할 수 있다. 그들이 4·3 시기 어떠한 경험을 했고, 그 경험이 어떻게 그들의 삶에 투영됐으며, 현재 그들의 삶에 어떤 영향을 끼치는지를 이해할 때 비로소 우리는 4·3의 진실에 한 걸음 다가갈 수 있다.

2. 구술채록의 의의와 구술대상자의 특징

이 구술채록집은 4·3을 경험한 여성들의 일상을 조명하는 데 있다. 구술사가 '밑으로부터의 역사'를 만드는 것이라면, 여성에 대한 구술은 '가장 밑으로

부터의 역사'를 만들어가는 과정이다. 보통 사람들의 언어와 행위의 저변에 놓여 있는 일상을 살펴봄으로써 4·3에 대한 시각을 넓힐 필요가 있다. 특히 이번 구술에 참여한 이들은 일제 강점기와 해방, 4·3의 기억을 공통적으로 갖고 있다. 10대와 20대 초반에 경험한 이들 기억은 그 뒤 그들의 삶 속에 투영됐다. 따라서 이 책은 여성들의 구술을 통해 4·3의 기억만이 아니라 부분적이나마 일제 강점기 제주의 사회상을 엿볼 수 있다.

  4·3 시기는 물론 일제 강점기 제주여성들 일상의 삶, 즉 그들의 노동과 의례, 생활 등에 대한 기록은 매우 드물다. 4·3을 마주할 때 상상할 수 없는 처절한 역사의 현장을 목도하고, 경험한 이들의 고통과 기억을 공감하지 않고서는 4·3의 역사는 물론 이를 경험한 4·3 체험세대들을 온전히 이해하기 어렵다.

  4·3 속에서 죽어간 이들의 이야기와 살아남은 자의 고통은 문헌기록으로 존재할 수 없으며, 4·3을 경험한 이들의 기억을 통해 드러내야 한다. 4·3 시기 여성들의 일상을 들여다봄으로써 우리는 4·3의 전체상에 한 걸음 더 나갈 수 있다.

  구술채록집에는 모두 8명의 구술이 담겨 있다. 이들은 1922~1938년생으로, 4·3무장봉기가 발발한 1948년을 기준으로 27~11살이었다. 이들은 4·3의 역사적 산 증인들로서 평생 4·3을 안고 살아가는 이들이다. 구술자들은 이제 80살이 넘었다. 20년 전, 10년 전 채록했던 많은 제주사람들이 돌아가시거나 기억력이 흐려졌다. 그들의 구술을 기록하지 않으면 안 될 이유다. 이 구술채록집은 4·3 시기의 일상을 다뤘지만, 기본적으로 인터뷰에 응한 이들은 모두 4·3희생자 유족이다.

  박승자는 남동생이 1948년 11월 3일 도령마루(현 신제주 7호 광장 서쪽 밭)에서 집단총살됐으며, 어머니는 아들(남동생)의 총살현장에서 갔다가 총상을 입고 열흘 뒤 희생된 유족이다. 박승자의 오빠는 군법회의에 넘겨져 징역 15년형을 받았으며, 대구형무소에 수감 중 한국전쟁이 일어난 뒤 행방불명됐다. 여덟째 여동생의 남편은 제주시 민오름 부근에서 희생됐다.

채계추는 둘째 오빠가 토벌대에 끌려간 뒤 1949년 2월 1일 희생됐고, 아버지는 경찰의 구타 후유증으로 숨졌다. 큰아버지는 무장대에 의해 희생됐고, 본인의 아기는 아파 숨졌다.

이문자는 조천면 선흘리 벤벵듸굴 학살 사건을 목격했으며, 시아버지의 셋째 동생과 그의 임신한 동갑내기 딸이 희생됐다.

이승례는 1949년 1월 북촌리 학살사건 때 현장에 있었으며, 같은 날 잡혀간 아버지는 함덕리 수용소에 수용됐다가 희생됐고, 할아버지는 북촌리 사건 때 총을 맞고도 살았으나 며칠 뒤 숨졌다. 숙모와 생후 7개월 된 조카도 함덕리로 소개된 뒤 희생됐다. 어머니는 4·3 시기 아파 숨졌다.

안봉순은 큰오빠가 1948년 10월 5일 경찰에 희생됐고, 아버지는 경찰에 잡혀 심한 고문을 받았다. 김연심은 오빠가 대구형무소에 수감된 뒤 한국전쟁 시기 행방불명됐고, 어머니와 큰언니, 큰언니의 아기(조카)가 돔박웃홈 학살 사건 때 희생됐다.

홍춘호는 가족이 피신 생활을 하던 중 남동생 3명이 굶어 죽었으며, 동네 아이가 추워 죽는 모습을 지켜봤다. 심한 고문을 받았던 아버지는 병으로 숨졌다. 강숙자는 아버지가 대전형무소에서 행방불명됐고, 여동생은 굶어 죽었다. 이모 2명이 희생됐다.

이들 가운데 1948년 이전에 결혼한 구술대상자는 박승자, 채계추, 이문자 등 3명으로 이들은 일제 강점기 때 결혼했다. 박승자는 일제 강점기 군대환을 타고 일본에서 노동자 생활을 한 경험과 해방 직전 미군의 공습이 이뤄지는 날 제주에 온 경험이 있고, 이승례와 강숙자는 해녀 생활을 하며 다른 지방으로 출가물질을 다니기도 했다. 10대 때 결혼한 이는 3명이며, 나머지 5명은 20대 초반에 결혼했다. 1934년생인 이승례의 경우, 당시 22살이 되면 결혼하기에는 '아주 늦은 나이'로 동생들을 다 시집보낸 뒤에야 결혼했다. 그의 나이 21살 때였다. 구술자 모두 23살을 넘기지 않고 결혼해 지금의 모습과는 크게 달랐다.

3. 제주4·3과 여성의 일상

1) 여성의 일상

일제 강점기 여성들의 '한'은 배움의 차별에서 시작된다. 남녀의 차별을 명확하게 드러낸 것은 배움이었다. 이들은 대부분 정규 학교가 아닌 야학을 다니면서 한글을 깨치기는 했지만, 4·3은 더 이상의 학업을 이을 수 없게 만들었다.

초등학교 졸업장을 손에 쥐어본 구술자는 이승례가 유일하지만, 학교를 제대로 다니지는 못했다. 김연심은 초등학교 4학년 때 그만뒀고, 이문자, 안봉순, 홍춘호, 강숙자는 야학을 다녀 한글을 깨쳤다. 박승자는 야학에 다니기 위해 일본으로 건너간 경우다.

공부를 그렇게 하고 싶었지만 여자가 공부하면 뭘하느냐며, 글을 읽으면 매를 맞거나, 4·3 시기 소개지에서조차 언니들이 '다른 것은 못해도 좋으니 소학교 졸업장이라도 받아야 한다'며 초등학교 졸업장을 받기도 했다. 유복하게 자랐지만 '학교 공부를 제대로 못해본 게 항상 한'으로 남았고, 마을의 사숙에는 '남자 아이들만' 다녔다.

4·3이 일어나면서 학교를 다니지 못한 경우도 있다. 어느 날 '점쟁이가 집에 와서 딸을 공부시키면 높은 상을 받으며 살겠다'는 말에 혹방 뒤 초등학교 4학년까지 다녔지만 '사태'가 난 뒤에는 다니지 못한 경우도 있었다.

제주여성들은 어릴 때부터 물 긷기는 물론 농사일에도 참여해야 했다. '어린지집아이가 많이 한 일은 물 길러 가는 일'로, '옛날엔 물 길어오는 게 큰 일'이었다. '어릴 땐 허벅 절반 정도 되는 대바지'에 물을 긷고 다니다가 조금 크면 허벅을 이고 다녔다. 그러나 물이 좋은 곳에는 사람들이 줄을 서서 기다리고 나중에 온 사람들은 떠갈 물이 없어, 다음날 새벽부터 가야 했다. 집에서 먼 곳에 물을 길러 갈 때는 소를 끌고 가 소 등에 싣고 오기도 했다. 집에 있는 물 항아리를 가득 채우려면 하루에 2~3번은 물이 나는 곳에 길러 다녔다. 아이들은 대바지(작은 물허벅)를 등에 졌지만, 무거워서 집까지 가는 데 2~3번은 쉬면서 다녔다. 제사가 많은 집에서는 제사 때마다 도맡아 물을 길러 다니기도 했다.

농사에는 온 가족이 동원됐고, 어린 소녀들도 예외는 아니었다. 집안에 말이 있어서 이웃 주민들에게 빌려주면, 그 대가로 4명이 작업한 검질 몫을 받는 집안도 있었다. 농사를 하면서 노동요를 하는 것도 아이들의 몫이다. 15살 정도 되면 노래를 불렀다. '김 매면서 노래를 부르지 않으면 지치고', 3천~4천 평 되는 밭에 곡식을 하려면 노래를 '요망지게' 불러야 일꾼들이 일이 됐다고 한다. 당시는 밭일하는 여성들의 사대소리를 들으면서 잔심부름을 하는 것도 좋았다. 밭으로 가는 주민들이 팽나무 아래 아기구덕을 놔두면 이를 돌보는 것도 어린 소녀들의 몫이었다. 아기 구덕들을 나란히 놔두면 구덕들을 흔들면서 소꿉놀이도 하고, 팽나무의 열매를 따먹기도 했다.

출산과 육아는 전적으로 여성들의 몫이었다. 4·3 때 아기를 낳은 채계추는 밀가루 배급을 받으러 갔다가 진통을 느꼈다. 그는 지나가는 말 구르마(달구지)를 얻어타고 불타버린 집터에 임시로 만든 움막으로 들어가자마자 아기를 낳았지만, 피를 맑게 한다는 메밀가루를 먹어보지 못했다. 아기를 낳고 머리를 감아서 사흘이 되면 비늘 있는 바닷고기를 끓여 먹여야 한다고 했지만, 바닷고기가 없어 자리를 사서 국을 끓여먹었다. 아기를 낳으면 친정집에서 '아기밥'이라는 이름으로 동네에 돌리기도 했다. '김 매고 와서 땀은 촐촐 나는데 아기는 젖만 먹으려고 매달려', 아기가 가슴에 매달린 채로 솥을 앉혀 불을 피워야 했다.

병원이 없던 당시 민간요법이 성행했다. 일본에서 노동자 생활을 하다 눈이 아파 귀향한 박승자는 약을 넣어도 고치지 못하다가 한 할머니를 찾아가 침으로 눈에서 실오라기를 꺼내 고쳤다고 한다. 4·3 때 뼈나 근육에 통증이 있을 때는 소금을 볶은 뒤에 광목 같은데 담아 붙였고, 쑥은 시루에 찐 뒤 천에 담아 아픈 부위에 갖다 대기도 했다. 경찰에 잡혀가 무수히 구타당하고 돌아온 아버지에게는 쇠똥을 이용했다. 검은 소의 소똥을 얻어다 솥뚜껑에서 말린 다음 검은 헝겊 속에 놓고 시커멓게 멍든 아버지의 몸에 올려 찜질을 했다. 그저 밖에는 다른 약이 없었기 때문이다.

가장 무서운 전염병은 마누라였다. 당시를 겪은 여성들은 '자식 농사는 반타작'이라고 했다. 이문자는 4·3 때 굴속으로 피신생활을 하며 지냈던 아기를 세 살 때 마누라로 잃었다. 마누라에 걸린 아기는 입안이 헤어지고 거품이 나다 숨이 넘어갔다. 아기의 입에 꽃물을 삶아서 먹이기도 하고, 심방을 부르기도 했다. 중산간 마을에서는 산뽕나무에 있는 잣(사슴벌레 유충)을 잡아와서 꼬리를 자르고 접에 대고 누르면 나오는 하얀 것을 먹였다고 했다. 잣을 잡아서 나올 때도 곱게 나오면 '우리 아기가 살 징조'이고, 꼬리가 잘라져 나오면 '우리 아기는 안되는구나' 했다고 한다. 호열자(콜레라)에 걸린 집은 마당에 나오지 못하게 가시로 둘러쳐서 집 밖으로 물 항아리를 내놓으면 동네 사람이 물을 길어다줬다. 허물에는 피마자 잎을 붙이고, 설사에는 불을 때서 밥할 때 솥에 생기는 검은 그을음을 숟가락으로 긁어 흰죽에다 섞어 먹고, 멍든 데는 치자에 막걸리와 밀가루를 섞어서 만든 것을 붙이면 피독을 없앤다고 했다.

4·3 시기 연료는 모든 게 땔감이었다. 그러나 벌채를 함부로 하지 못했으며, 보리 까끄라기를 저장했다가 온돌방을 때고, 그 재는 밭에 뿌려 해충을 막았다. 북촌리에서는 나무를 구하지 못할 때 고사리를 땔감으로 사용하기도 했다. 고사리를 말려 눌을 만들어 노람지를 덮은 뒤 뽑아내며 불을 땠다.

피신 생활을 하며 제사를 지내고 담제를 지냈다. 홍춘호의 집안에서는 1948년 음력 11월 야외에서 피신 생활을 하다가 밤에 집에 들어와 할머니 담제를 치렀다. 대상이 끝난 뒤 100일째 치르는 담제였는데, '축문'만 고하지 않고 치렀다. 피신 간 뒤 쇠막에서 자면서 소 옆에다 밥과 국을 떠놓고 제사를 지내기도 했다.

남성이 희생되거나 도피한 4·3 때 축성과 보초 서기도 여성의 중요한 일과 가운데 하나였다. 소개지에 살면서 중산간까지 올라가 매일 지게에 돌을 날라 성담을 쌓기도 했다. 성을 쌓은 다음에는 철창을 들고 2인 1조로 교대로 보초를 섰다. 16살의 어린 나이에도 성담 쌓기에 동원됐고, 겨울철 보초 서기에도 동원됐다. 화덕에 불을 지필 김을 들고 보초막에 오르거나 팽나무 아래서 보초를 서기도 했다.

2) 4·3과 기억

4·3을 경험한 제주도민들의 학살에 대한 기억은 평생 뚜렷하게 마음속에 각인돼 있다. 구술자들의 기억에서 집단학살에 대한 기억은 어른과 아이, 남자와

여자의 문제가 아님을 확인할 수 있다. 학살은 도처에서 이뤄졌다. 제주국제공항 서북쪽 활주로에 있는 '돔박웃홈'은 도두리민뿐 아니라 도두리로 소개된 주민들이 여러차례에 걸쳐 집단학살 당한 곳이다. 도두리 김연심은 그곳에서 어머니와 큰언니, 큰언니의 딸의 시신을 찾아 묻었다. 4·3 시기 대표적인 집단학살인 '북촌리 사건'이 벌어진 1949년 1월 17일 북촌초등학교 운동장에 있던 이승례는 "군인들이 나오라고 해서 학교 쪽으로 가면서 마을을 바라보니 온통 불바다가 됐다"고 기억했다.

이보다 앞서 1948년 12월 18일에는 토벌대가 송당리 가시남동 굴에 피신한 구좌면(당시) 하도리 주민들을 찾아내 집단학살한 일도 벌어졌다. 채계추의 기억을 통한 가시남동굴 학살사건은 알려져 있지 않다. 토벌대는 총알이 아깝다며 한 번에 여러 명씩 쏴 죽였다. 조천면 선흘리의 벤뱅듸굴에 숨었던 이문자는 굴에서 끌려나와 토벌대에 피신 주민들이 죽어가는 모습을 목격했다.

동굴은 오래전부터 인간이 쓰는 다목적 공간이다. 선사시대부터 은신처, 저장고, 신앙의 장소 등 여러 목적으로 사용해왔다. 동굴은 인간에게 중요한 역할을 해왔다. 4·3 때 제주도민들이 위태로운 상황에 처하였을 때 찾아간 곳이 대부분 마을 근처 동굴이었다. 중산간 마을 주민들의 일부는 해변마을로 이동했으나 군인, 경찰을 무서워하는 주민들은 가족이나 마을공동체로서 동굴 같은 은신처에서 숨고 피신생활을 할 수 밖에 없었다. 굴 안은 삶과 죽음의 갈림길에 선 4·3 피난민들의 작은 공동체였다. 그러나 굴은 퇴로가 없어 발각되면 그 안의 피난민들은 죽음을 면치 못했다. 벤뱅듸굴과 가시남동굴, 그리고 다랑쉬굴에서 발견된 피신 주민들은 대부분 죽임을 당했다.

4·3 시기 여성들에 가해진 가혹한 폭력에 대한 언급은 여전히 금기시되는 부분이다. 정부의 진상조사보고서에는 여러 곳에 걸쳐 이들 가해자가 저지른

여성폭력이 언급돼 있다. 이번 구술자 가운데 여성들에 대한 폭력이 이뤄졌다는 증언이 나온다. 채계추는 소개생활 과정에서 결혼하지 않은 여성들에게 성폭력이 가해졌다고 기억했다. 그는 소개생활이 끝나 고향으로 돌아갔을 때도 경찰이 여성들에게 폭력을 가했고, 이에 군대 갔던 남편이 휴가를 와서 구타를 했다고 말했다.

또 4·3은 제주도민들에게 굶주림의 시련을 안겨줬다. 초토화가 한창 진행된 1948~1949년 겨울의 굶주림과 추위로 많은 어린 생명이 스러져 갔다. 안덕면 무등이왓 주변에서 피신생활을 하던 홍춘호의 식구 가운데도 남동생 3명이 굶주림으로 죽었다. 그뒤 어머니는 평생 다른 집 아이들을 쳐다보지 않았다. 아들 3형제를 낳고 기뻐했던 4대 독자 아버지는 굶어 죽은 자식들을 자기 손으로 묻었다. 용담리 도령마루에서 희생된 다섯째 남동생 박창오의 누나 박승자는 박창오의 죽음과 박창오의 쌍둥이 아들의 죽음을 떠올렸다. 남동생은 누나에게 아기들 젖을 좀 달라고 호소하다가 나중에 잡혀가 희생됐다. 박승자는 친정에 며칠 있다가 시집으로 갔다. 다음 날 남동생은 군인들한테 잡혀 도령마루에서 희생됐고, 쌍둥이 아들도 굶주려 숨졌다. 봉개리 강숙자의 5살 여동생도 굶주리다 스러졌다.

3) 4·3 이후의 삶

4·3은 모든 것을 앗아갔다. 입을 것, 먹을 것, 잠잘 곳, 모두 앗아갔다. 살아남은 자의 고통은 클 수밖에 없었다. 한국전쟁 시기 신랑이 군대가 버리면 그 몫은 고스란히 신부의 몫으로 남았다. 남성이 부재한 집에서 여성은 남성보다 더 열심히 일해야 했다.

먹고 사는 것이 급선무였다. 이 때문에 여성들은 생선, 땔감, 미역 등 닥치는

대로 팔아 생계를 유지해야 했다. 굶는 것은 큰 고통이었다. 산짓물에서 씻다가 버린 나물을 건져다가 삶아 된장에 먹었던 기억은 잊을 수 없다. 띠를 베어다가 제주시에 가서 팔았고, 물이 들면 아래로 내리도록 하는 물발개(나무 덮는 용도)도 짜서 팔았다(강숙자). 어떤 이는 일본으로 밀항했다. 자식이 9살 때 남편이 있는 일본으로 밀항한 박승자는 제주도 출신이 운영하는 양복점 등에서 바느질하며 "일만 일만 하며 살았다"고 했다. 삶에 바빠 자녀들의 생일은 챙겨보지 못했다(박승자).

'사태 나기 전에는 농사만 짓고 살았는데, 사태가 끝나니까 아무것도 없었다'는 채계추는 참나무를 베어다 숯을 구워 팔 수 밖에 없었다. 온 식구가 송당리에서 소 구르마(달구지)에 숯을 싣고 수산리, 종달리까지 가서 감자나 소금으로 물물교환하고 와서 생계를 이었다. 시어머니가 물려준 소 한 마리가 살림의 밑천이 됐다. 소 2마리를 팔아 1만 평의 밭을 샀다. 농사일이 끝난 뒤 집에 돌아오면 불을 때 밥솥을 앉히고 아기 젖을 다 먹인 다음에야 몸을 닦을 수 있었다고 했다. 자녀 7명을 키우기 위해서는 쉴 수가 없었다. '(아기가) 젖 먹는 체하면(아기가 젖을 조금이라도 빨면) 울어가도 밭에서 일만' 했다(채계추).

오죽하면 '깅이(게)도 음력 7월이 되면 메밀거름을 지지 않으려고 등 곯아버리고, 메뚜기도 다리가 빠진다'고 했을까. 임신한 몸으로 햇볕이 내리쬐는 더위에 메밀밭에 뿌릴 재를 등에 지고 나르는 것은 죽을 맛이었다(김연심). 장이 서는 날에는 집에서 시장까지 새벽에 3~4시간을 걸어 숯을 팔러갔다가 단속반원들한테 압수돼 하늘이 무너져 내린 것 같기도 했다(이문자).

해안마을에서는 물질(해녀업)이 살림의 밑천이 됐다. 추운 겨울에도 속곳 하나 입고 물질을 하며 생계를 이어가야 했다. 미역은 말려 제주시내에 나가 팔아 쌀을 사서 오거나, 물건을 팔지 못하면 다른 물건과 바꿔오기도 했다. 육지로 나간 출가물질은 고향에 두고 온 아이들이 눈에 어른거려 눈물로 보내지만 돈을 모을 수 있었다. 해녀들은 물때가 아닌 날에는 농사일을 다녔다. 북촌리의 오늘을 일군 것은 북촌 여성들의 물질이라고 할 정도다(이승례). 죽을락 살락 물질을 해 재산을 모으고 집터를 여러 개 샀다. 하지만 물질은 겨울철 살이 끊어질 정도로 힘들었다(강숙자).

폐허가 된 집터에 집을 복구하는 것도 힘든 일이었다. 모든 것이 불타 버린 집터에 지천으로 깔린 돌담을 쌓고 나뭇가지나 대나무로 엮어 흙을 바른 뒤 초가지붕을 올렸다. 문도 없이 가마니를 하나 걸친 채 살아야 했다(이문자). 북촌리 주민들도 함덕 소개지에서 돌아온 뒤 집을 지었다. 호미로 나무를 베어다 돌을 쌓고 흙을 발라 비만 새지 않도록 해 집을 지었다. 부엌과 방의 구분도 없고, 바닥에는 멍석을 깔았다. 그곳에 모두 9명이 살 때도 있었다(이승례). 외양간 창고 같은 움막을 빌려 가마니를 치고 살았다. 움막 가운데는 보릿짚을 깔고 땅을 파서 돌멩이를 쌓아놓고 불을 피워 의지했다(홍춘호).

어머니는 꿰멘 옷을 입고 살았고(강숙자), 옷을 갈아입으려고 해도 갈아입을 옷이 없어서 빨래한 옷이 마를 동안은 집 밖에 나오지 못하기도 했고, 좁쌀 나물죽을 끓여 먹으려고 하면 주인네가 웃을까봐 주인네 없을 때 몰래 먹기도 했다(홍춘호).

4. 나오며

이들이 평생 마음속에 기억하고 있는 장면은 어떤 모습일까.
"내가 친정에 가니까. 남동생이 막 울면서 '아기 젖 좀 먹여줍서' 하는 거라.

나는 아무리 젖을 주려고 해도 젖이 안 나오는 거라."(친정집에 갔다가 시집으로 돌아온 다음 날 남동생은 연행됐고, 남자아기 쌍둥이는 굶어죽을 때·박승자)

"아버지 호상하려고 만들어 놓은 그 명주옷, 소개 갈 때도 혹시나 아버지 호상해질까봐 챙겨 갔던 그 장옷을, 아버지가 본인 손으로 셋아들 입혀서 묻은 거라."(셋오빠가 월정리에서 희생된 뒤 시신을 수습해 치른 장례식을 볼 때·채계추)

"그 굴, 벤벵듸굴에서 우리 이모부를 군인들이 총으로 쏘아 죽여버릴 때 일이라. 그때 이모가 군인들 한티 막 매달리며 사정을 했어. '우리 아기 아방 이대로 놔두민 까마귀들이 와서 눈알을 다 빼가버립네다. 내가 윗옷을 벗엉 아방 얼굴에 덮젠 헴시난 그거 하나만 허락해줍서'. 그건 들어줬어."(이모부의 죽음을 목격할 때·이문자)

"국더레 밥 제기 조마불라. 정지에서 밥 조그켄 헴쪄"(국에 밥을 빨리 말아버려라 부엌에서 밥이 적다고 한다. 소개지에서 식사를 하면서 친척동생들이 한 말·이승례)

"나한테는 어린 나이였는데도 불구하고 내가 아버지를 구하려고 백방으로 뛰어다녔던 기억이 생생"(안봉순)

"어머니는 석방증을 손에 쥔 채 어디 총 맞은 곳도 없고 보기 싫게 안 죽었는데, 큰언니 생각을 하면 정말로, 철창으로 몸을 이리저리 찢어 버렸더라고. 업은 아기도 같이 죽고. 그 아기조카가 막 잘 났는데"(도두 돔박웃홈 학살사건 때 숨진 어머니와 큰언니, 조카의 시신을 마주할 때·김연심)

"죽기 전에 여동생이 노랠 해. "밥을 먹으민 살아지느냐 / 노랠 부르민 살아지느냐" 그런 노래를 부르더라고."(5살 여동생이 마지막으로 말할 때·강숙자)

"우리도 아무 때건 죽어도 죽을 거니까 죽는 거야 어쩔 수 없지만, 죽어갈 때 좁쌀물이라도 한 번 입에 낭 죽어져시민"(어머니가 굶어죽은 동생들을 생각하며 말할 때·홍춘호)

4·3을 경험한 여성들의 삶은 신산했다. 가족의 즉음 앞에 선 생존자로서 겪어야 했던 상처는 평생 지워지지 않는 기억이 됐다. 구술채록집에 나오는 여성들은 가족 구성원으로서, 딸로서, 어머니로서 상처를 입었다. 4·3 당시 모두가 겪었던 고통 위에 어린 소녀로서, 여성으로서 겪었던 고통은 처절했다. 그러나 그런 고통 속에서도 이들은 삶을 살았고, 가족과 마을을 일궜다. 구술채록집에 나온 이들의 기억은 왜 여성의 경험과 기억을 채록해야 하는 것인지를 보여주고 있다. 여성들의 눈으로 본 4·3과 그 속에서의 일상은 어떠했는지를 통해 4·3을 경험한 여성들을 좀 더 이해하고, 그러한 수난이 없도록 역사의 교훈으로 남기는 것이 바람직하다.

물질로 집 세개 산 사람이야

강숙자
_1938년 생. 4·3 당시 제주읍 봉개리 거주

가족들

남편은 먼저 세상 뜨고 아들만 넷. 난 올해 여든둘이야. 우리 친정은 제주시 봉개동. 아버지 고향이 봉개 강칩(강씨집)이고 이름은 강신추. 내가 어렸을 때 아버지가 돌아가셔서 사실은 잘 몰라. 친족들한테 "우리 아버지 성함이 뭡니까" 물어보고 알았지. 우리 아버진 형제가 둘 뿐이야. 아버진 분명히 형무소에서 돌아가셨다고 들었어. (강병생으로 불리웠으며, 호적상 이름은 강신추. 당시 45세, 대전형무소로 이송된 후 6·25발발과 함께 행방불명됐다.)

우리 어머닌 김순덕. 아주 순하신 분이야. 걸음도 안 떼고 걸었어. 순하니까 이름을 순덕이라고 했다고 해. 우리 어머닌 여기 살면서도 잔소리 한번 안 했어. 우리 외할아버지는 알무드네(영평상동) 분인데, 강단도 있고 인물이 좋았어. 외할머니는 본고향이 화북이지. 내가 4남매 가운데 큰딸. 아래로 남동생 둘, 막내 여동생 하나. 나 바로 아래 남동생은 일흔쯤 세상 떴고, 하나 남동생은 살아 있어. 막내는 다섯 살에 죽어버렸지.

우리 어머니넨 딸만 아홉인 집이지. 우리 큰 이모 이름은 내가 알지. 순풍이.

큰 이모는 원래 용강 시집 갔는데 어찌어찌 일본 가서 살다가 일본에서 돌아가셨어. 이모넨 양자를 데리고 밭들 줘서 제사를 맡겼어. 말젯(셋째) 이모는 순여. 우리 막둥이 이모는 순길이. 삼양 가물개 살았어. 우리 이모들 4·3에 두 분 다 죽었어. 도련들(도련드르, 도련1동) 이모는 남편이 좀 불구지만 돈이 많은데 시집을 갔지. 4·3 때 그분도 굴에 숨어 있었는데, 죽여버렸다고 해. 사촌이 우리 집에 와서 막 울었어. 이모들은 다 고왔어.

어머니, "호적에 호 없으면 살아도 헛 사는 사람"

어머닌 4·3사건 걸리니까 아버지하고 같은 호적에 호(戶)를 못 놨어. 호라는 게 가족이라는 건데, 우리하고 같이 들어있는 게 아니고 따로 친정에 있다는 거야. 그것도 난 몰랐는데 똑똑한 사촌, 도련들 이모의 딸이 말해줬어. 아들 하나는 일찍 죽어버리고. 그 외사촌이 이모들 가운데 자기들 호를 결혼하면서 갖고 오지 않고 그냥 친정에 놔둔 분이 넷이나 되더라는 거라. 그러니까 우리도 진짜 부모님 호적 아래 호를 못 놓은 인생들이 됐지. 이게 다 4·3사건에 걸려서 그렇지 뭐.

어릴 때 한번은 동네 사람이 나를 불러서 말하는 거라. "너넨 호가 없다" 어릴 때 "호가 뭡니까?" 물었어. "그런 거 있다." "호 없으면 벌금 물고 학교도 못 간다. 나라에 살지도 못한다." 친족들이 막 걱정을 하는 거라. 아이구, 우리 큰일 났구나. 어머니한테 호가 없으면 안 된다는데 큰일이라고. 이렇게 저렇게 사람들은 말들 했지. 어머닌 4·3사건 걸려서 호 넣을 생각이 어디 있어. 죽게 됐는데 호는 내버린 거지. 그런데 아버지가 형무소 가서 행방불명이야.

어머닌 그제서야 호적에 호를 놔보려고 제주시 관공서까지 갔어. 가보니 아버지가 사망신고가 딱 돼 있더래. 우리 어머니가 크게 놀랐어. 아버지가 돌아가신 건 몰랐지. 근데 누가 감옥에서 죽었다고 사망신고를 해버린 거지. 누가 그랬는진 모르지. 그럴 수 있나. 유월 그믐날로 신고가 딱 돼 있더래. 붉은 줄이 그어진 거라. "아이고, 우린 죽었구나." 어머니가 막 속상해 했어. 어머닌 아버지 시신도 못 찾고, 호도 못 놓고. 아버지 제사는 사망신고 된 날, 바로 그날로 해.

우리 어머닌 남편하고 같이 호에 없으면 "지금 살아도 헛 사는 사람, 헛 거여" 하는 거라. 내가 "그거 무슨 말입니까" 하니깐 그렇게 대답하더라고. 아무리 4·3에 죽게 됐다 해도 그 말이 나는 이해가 안 갔지.

어머니가 부탁해서 나하고 동생들 전부 딸만 있는 아버지 친족분 집에 호를 올렸어. 친족은 어찌어찌 살았던 모양이라. 할 수 없이 그러니깐 진짜 호에 못 놓고 남의 호에 우리는 들어간거지. 나는 40년생, 두 살이 줄어졌어. 거기 동갑짜리 딸이 있어서 나 나이를 두 살 뺀 거 닮아. 나는 범띠(1938년생)라. 다 4·3에 그렇게 된 거지.

없는 아들 내놔라… 육지형무소서 숨진 아버지

그 4·3 땐 군인들이 우리 집에 무슨 폭도가 있는가 생각했던 모양이지. 우리 아버질 자꾸 심어가는 거라. 어느 날은 살아서 왔다가 어느 날은 소식이 깡통. 어떤 날은 잡아가서 아침에도 아버지가 집에 안 들어오고. 그러다가 죽었는가 했지. 아버지가 없어진 거야.

어떤 군인들인진 몰라. 우리 아버진 죄도 없는데 왜 폭도라고 했을까. 난 정말 이해가 안 갔어. 지금도 이해가 안 가. 아들이 산에 갔느냐, 폭도 아니냐 자꾸 찾아내라고 온 거라. 없는 아들 내놓으라고 들들 볶은 거야. 아버지한텐 나이 든 아들이 없는데 왜 그랬을까. 생각해보니, 우리 아버지가 그땐 좀 늙어서 그랬는가 해. 생각만 해보면 알 수 있지 않나. 우리가 어린아이들인데 우리 작은 아버지 딸은 스물이 넘었어. 그러니 아버지가 나이 많았으니까 아들이 당연히 있다고 본 거 아닌가 해. 없는 아들 내노라 할 적엔 아버지 나이가 많았겠지. 한 마흔 살 쯤 됐을 거라. 당연히 젊은 아들이 있는데 숨겼을 거라고 본 거지. 안 그러면 다른 이유가 없어. 아들 없다는 거 봉개 사람이 다 아는데. 조사해보면 알 거 아니? 이 사람이 첫 애길 언제 낳았는지 알 거 아니? 그런 것도 알아보지 안 한 거라.

우리 아버지가 안 보일 때는 눈 올 때가 아닌가 해. 아버진 소식이 없다가 형무소에서 연락이 한 번 왔더래. 어머니가 말했어. 집에 편지가 왔었다고. 잘 있으니까 걱정 말라고. 아버지 사진은 한 장도 없지. 어머니 살았을 때 들어서 아버지 얼굴이 약간 기억이 나. 우리 가족이 다 같이 살 땐 밥도 먹었어. 난 어려도 밭에 부모님 밥을 하고 갔었어. 밭에 콩 갈고 검질(김) 매고 할 때, 4·3 나기 전 아주 어릴 때 기억이야. 일제 땐가 그때 말들을 본 기억이 나. 말 다리가 이만큼 길었어. 어디 가다가 메여 있는 말들을 봤어. 난 겁이 났어. 너무 커서. 어머니한테 이상한 거 있더라고 말했던 기억이 나. 내가 "다리 긴 큰 말들 봤수다"했어.

나이 들어 첫 딸 태어나 잔치도 해준 아버지

우리 아버지가가 나이 많이 들었는데도 아이가 없었지. 마을 사람들이 우리 아버지가 고잔가 했다는 거라. 그 이유가 있어. 우리 아버지가 처음 면촌(제주시 도련2동)에 장가 갔지. 아기도 없고 첫 부인이 죽어버렸어. 그러니 우리 어머니하곤 나이 차이가 많았어. 근데 나중에 네 오누일 보니까 얼마나 기뻤을 거라. 내가 큰딸로 태어나니까 아들 못지않게 막 기뻐했다고 해.

딸이라도 태어나니까 아까왔던 모양이라. 아버지가 날 막 아꼈다고 봉개서 말들 했어. 잔치도 했다고 해. 궨당(친족)이 그렇게 아이 낳고 잔치를 하는 거 아니라고 했어. 그러니까 내가 이리 울면서 살아지는구나 해.

우리 아버지는 농사만 짓다가 우리 어머님을 만나 살았어. 우리 어머니도 나이 들어 나를 낳았어. 딱 서른 살에. 나 그거 알 수 있지. 우리 어머니가 닭띠라. 아버지도 어머니도 고생 고생만 하다가 가셨어.

어머니, 아들 내놓으라 죽게 맞았어

어느 날은 어머니한테도 와서 아들 내놓으라고 어머닐 막 때렸어. 막 때려가까 우리 어머니도 죽을 뻔 했어. 무슨 회초리로 막 때렸어. "아들 내놔라, 아들 내놔라" "내놓으면 안 때리겠다" 막 두드렸어. 그러니까 어머닌 절대 좀좀, 조용한 거라. 입을 안 뗐어. "이 멍청아. 이 말몰레기야(말 모르기야)" 하면서 막 때렸어. 이만한 회초리로.

그래도 어머닌 맞기만 했어. 절대 나 앞에서도 말 안 하는 거라. 죽게 맞은 거라. 내가 막 우니까 "저리 가!" 해. 난 안 때려. 난 여덟 살이었지. 그때 내가 어머니 앞에 있는데도 막 때려. 무지막지하게 팔 다리 어디고. 그런데 머린 안 때렸어.

난 막 울었어. 몽둥이로도 때리고 무슨 줄 같은 걸 감아서 회초리 만들어서 때렸어. 피를 막 흘리면서도 말을 안 하니깐 때려봐도 소용 없다고 하는 거야. "가자" 해. 그렇게 가는 걸 내 눈으로 봤어. 어머닌 죽을 뻔 했는데, 그래도 목숨은 살았어.

그때 아마도 어머닌 머릴 썼던 모양이라. 내가 "무사 말을 안 헤수과? (왜 말을 안 했어요?)" 했어. 말 하면 죽는다고. 어디 갔다고 해도 폭도라고 해서 죽일 거래. 그래서 어머닌 말모르기 한 거래. 남편 있다 뭐 한다 하면 안 살려. 그러니 우리 어머니도 머릴 쓴 거지.

매를 때린 데는 봉개. 올레 소낭(소나무) 있는 마당 밖이야. 다른 사람들은 없고 나만 있을 때. 한 다섯 사람 온 거 같았어. 푸리롱 헌 옷, 퍼렁헌 옷을 입었어. 군복 닮은 거. 검은 색은 아니라. 반화 닮은 높은 거 신고. 아버지도 없을 때. 막 아들 내노라고 했지.

어머닌 한 열흘 이상 밥 못 먹었어. 그래도 사람이 사는 거라. 사람이 참, 물만 먹어도 사는 거라. 병원도 없고. 그렇게 두드려 맞아도 어머닌 치료도 못하고. 우린 그때부터 굶는 거지. 아무런 벌이도 없고. 아빠도 없고. 그땐 우리 동네 사람들, 이리오라 하면 이리오고 저리가라 하면 저리 가고 했어.

댕기 단 친족도 죽고 아버지 없는 아이들 됐어

4·3 나니까 우리 마을 봉개 대기고등학교 있는 오름에 큰 기를 세웠다가 기를 눕히면 "곱아라(숨어라) 다 죽는다." 이런 말을 들었어. 한번은 어머니가 기를 보고는 "곱으라 곱으라" 한 거라. 기를 잘 봐라. 기가 누워졌어. 그땐 방송을 해. 곱으라고. 안 곱으면 죽는다고. 우린 대 속에도 숨고. 숨으러 가는 거라. 그날 동네 사람들 많이 죽었는데 우린 어찌어찌 안 죽었어.

한번은 마을 사람들 다 도망갈 때야. 보니까 총을 이렇게 쏘는데 우린 거기로 도망 안 갔어. 우린 딱 죽을 판이야. 근데 사는 것도 참 희한한 일이지. 우리 앞에 다른 사람들이 있어, 뛰어가는 사람들이 있어. 뛰니까 잡으러 가는 사람들이 있어. 막 달려. 우린 그쪽으로 뛰는 사람들 잡으러 가는 사람 있어서 살았어. 잡히면 죽는 거지. 그때 우린 어머니가 "절대 꼼짝 말고 거기 있어라" 해서 우리 가만히 서 있었어. 서라 하면 서고, 뛰라 하면 뛰고 그랬어.

한 살은 내가 업고, 세 살은 어머니가 업고, 동생은 걷고. 숨으러 갈 때 내가 여덟 살인데 막 뛰었어. 어머니가 꾀가 좋았어. 뛰면 총 쏜다는 거라. 뛰어가면 총 쏘아버린다고 사람들이 해도 어머니가 "뛰라, 뛰라" 해서 우린 뛰었어. 아고, 그땐 요만큼 높은 밭담이 앞에 딱 있는 거야. 근데 그걸, 그 높은 담도 폴짝 잘 넘어지는 거라. 어린 아이가 애길 업었는데. 그것 참 희한해. 거기가 ㄱ는센가? 회천. 맞아 맞아. 마을 사람들도 다 갔지. 봉개를 피해서.

그때 집에 있는 사람은 다 죽었어. 산 사람은 없었어. 다 죽었지. 친족들 많이 죽었어. 우리 친족인데 머리가 이만하게 긴 처년데 댕기 달고 있던 그 여자도 죽었어. 집에서 나오는데 쏘아버리니까 죽었어. 임신한 여자도 죽었어.

우리도 그 도망갈 때 뛰지 안 했으면 죽었어. 첫째 남동생도 잘 뛰었어. 그 아기 업어서 뛰었으니까. 때려서 한 고비 살고, 그때 한 고비 살고. 아버진 그때도 못 봤어. 우리 아버진 벌써 잡혀간 때라.

도망칠 때 동네 사람들 죽은 거 정말 많이 봤어. 도망가면서도 보니깐 가마니로 여기저기 막 덮여 있었어. 담 뛰어서 넘어갈 때. 내가 뭘 덮었나 열어보려 하는데 어머니가 막 뛰어오라고 하는 거라. 나중에 보니 사람 죽은 거라고. 어머니 말이. 그 밭 안에 한 스물도 더 죽었어. 그땐 그것도 몰랐지.

우리 친구들도 많이 죽었지. 총 맞안 죽고 돈단(달리다) 죽고. 얼마나 많이 죽었는지 몰라. 강씨 집엔 다 아방(아빠) 없는 아이들이고, 이상하게도 임씨 집은 아방들이 있어. 원래 우리도 친족들 막 많았어. 4·3사건 나기 전엔 강칩, 임칩 빼면 없었어. 몇 사람 살아서 왔는데 밀고해서 또 죽어버렸어. 그때 시절에. 궨당들 다 죽었다고 했어. 다 죽여버린 거지. 멸족이 된 집들이 많은 거지. 강칩은 봉개서 알아줬어. 많으니깐 친족들이 무슨 파, 무슨 파 해서 명절도 갈라서 먹었지. 그렇게 살았는데.

남의 집 쇠막에서 자고 제사도 지내

그때 피신 간 후에 집에 와보니깐 집이 다 타 없어졌어. 요만큼 움막 닮은 거 하나 해서 살았어. 거기도 성가셔서 못 사니깐 어디 갔냐면 이상봉이라고. 본처 외할머니가 살아계셨어. 아버지 본처 댁에서 오라고 해서 거기도 갔는데 거기도 살 곳이 없어. 그러니까 우린 쇠막에. 소 옆에서 잤어. 소하고 같이.

우리 아버지 큰 부인 친정이 되지, 그 집 쇠막에서 우린 제사를 지냈어. 소 옆에 밥 하고 국 하고 놓고. 그런 모습은 그때 딱 한 번 봤어. 아무 제 지낼 곳이 없으니까. 우리 집은 봉개 가면 남쪽에 있었어. 거기 이젠 집터도 다 없어졌어. 집은 아직 안 지었어. 아파트 지어간다 어쩐다 해.

밥 달라던 다섯 살 여동생 굶어 죽었어

밥? 먹을 것이 어딨어. 아파서 며칠을 죽을 뻔 하다가 어찌어찌 살아졌어. 밥을 일절 못 먹는 거야. 그땐 다른 집들도 밥 못 먹는 집들 많았겠지만. 밥을 한번만 먹고 죽어졌으면 했어.

밀주시만 먹으면 목에 넘어가질 안 하지. 그땐 그걸 다 그걸 먹었어. 우리들만 아니야. 다른 사람들도. 식량 비축한 것도 없었어. 산에서 가져가버렸어. 조도 다 가져갔어. 소 먹이는 꼴도 없어. 땅에 묻은 것도 없어졌어. 살 희망이 없었지. 그 당시 사람 죽으면 여기선 솔째기(살짜기) 묻었어. 밤에 몰래 가서. 매일 겁이 났어.

우리 여동생도 죽었어. 다섯 살에. 동생은 아팠는데 죽 하나도 못 먹였어. 그땐 죽도 없을 때라. 우리 이모네도 못 살았으니까. 밥을 못 먹어도 죽는 거라. 무슨 밀주시를 채로 쳐 갈아주면 안 먹어. 못 먹어. 아예 못 먹어. 너무 까락까락 해서 목에서 못 넘기는 거지. 아이가 그건 이상하게도 안 먹는 거라.

한번은 마을에 방 한 칸 세들어 살 때라. 옆 방에서 묘를 이장한다고 떡들을 만들었어. 동생이 방 안에서 어떻게 그 떡 냄새를 맡았나봐. 떡을 달라고 해. 참 이상했어. 마누라(홍역)가 곧 끝나서 아무것도 못 먹고 누운 아기가 웬 떡을 달라고 할까. 떡 하나만 달라고 하니까 가서 사정을 얘기했어. 떡 두 개를 주었어. 그 떡을 먹고 나중에 아이가 뒤집어진 거라. 순하고 정말 곱닥한 아이, 고운 아이라. 꼭 어머니처럼 고왔어.

죽기 전에 여동생이 노랠 해. 잊을 수가 없어. "밥을 먹으민 살아지느냐/노랠 부르민 살아지느냐" 그런 노랠 부르더라고.

동생이 아프니까 어머니가 나하고 남동생하고 이모네 집에 가 있으라고 하더라고. 이모네 가서 사정을 말했어. 우리 이모가 봉개. 들째이모라고. 아들이 키가 크고 활동하니까 좀 벌어. 그래도 우리한테 죽 같은 거 쒀서 갖다 줘. 그걸 먹었어. 이모가 아침에 간밤 꿈에 할아버지가 동생을 데리고 가는 꿈을 꿨다는 거라. 꼭 죽은 거 같다고. 빨리 집에 가보라고. 집에 와 보니 방 한 쪽에 동생이 포대기에 덮여 있어.

아기 죽으니까 우리 어머닌 눈물도 하나 안 냈어. 묻을 걱정만 하는 거라. 비가 막 왔어. 비가 오니 묻지도 못 했어. 이 아길 어떻게 묻을까만 하는 거라. 남자 어른이 없으니 궨당한테 야이를 묻어달라고 사정을 한 모양이라. 친족들이 묻어줬어. 무덤이 어딘지도 모르지. 굶어 죽은 거라. 굶어서 죽은 데가 우리만 아니고 봉개에 많아.

피난 다니다 뱀에 물린 남동생 평생 장애

그때 너무 어려웠어. 그러니 10원에라도 자식까지 팔아버린다 했지. 밥도 못 먹으니까 학교는 무슨 학교를 해. 봉개초등학교 들어가서 딱 한 두 번 책보따리 들고 다녔던 것이 거 끝이지. 공부 못했어. 4·3사건 터져버리는 바람에 학교도 불타버렸으니깐.

몇 년 후에 초등학교 문을 열었지. 남동생이랑 둘 다 입학했는데 넌 딸이니까 그만 하라는 거라. 학교 곧 들어가니까 난 공부가 곧 끝난 거지.

우리 남동생만 초등학교 나왔어. 한번은 우리 동생이 학교 운동회를 하는 날인데 난 아기를 봤어. 근데 옆집 사람이 남들은 밥을 먹는데 동생이 혼자 가만히 서있더래. 그때 우리집에선 밥 구경을 못했어.

난 운동회 하는데 동생이 굶을까봐서 쌀을 찾았어. 아고, 쌀을 찾아보니깐 사발에 좁쌀 조금 붙어있는게 있더라고. 요거라도 밥 해야겠다 생각이 들었지. 그걸로 밥을 해서 남동생한테 가져가서 먹여줬어. 남들은 운동회 때 쌀밥 해서 먹는데, 조팝(좁쌀밥) 반사발 밖에 안 돼. 어머닌 어이 없어서 "경 허여시냐(그렇게 했냐?)" 하는 거라.

근데 그 우리 남동생이 머리도 좋고. 뭐 천재라. 선생님이 그렇게 말했어. 근데 4·3피난 다닐 때 뱀에 물렸어. 뱀에 물려도 어떻게 치료를 할 수 있나. 그땐 병원이 있나. 동생은 뱀에 물린 그 순간부터 평생 장애가 돼버린 거라. 제때 치료를 하지 못해서 인생이 꼬여버렸어. 똑똑한 아인데.

내가 결혼하고 떠난 다음에 그 남동생이 결혼을 했어. 장애로 신고하려고 해도 받아주질 안 했어. 사회에 원망이 많았어. 그렇게 살다가 70에 갔어. 우리 남동생은 죽어갈 때까지도 후유장애도 되지 못했어. "그래도 살다보니 누님 있어서 여기까지 살아졌습니다" 하더라고. 항상 어렵게 살아버리니깐 누님 없었으면 우리 어머니 죽었을 거라고. 누님 덕에 살았다고. 그런 말이라도 하다가 죽었어.

어머니, 산짓물에 버려진 나물 건져와 죽 끓여

그 당시 고통은 배고픈 거라 그 생각이 막 나. 반찬이 어딨어. 우리 어머니가 산짓물에 가서 남들 씻다가 버린 나물 같은 거, 떠내려 가는 것 건져왔어. 그걸 삶아서 된장에 먹은 것도 잊을 수 없어. 맛도 좋았어. 그런 걸로 국도 끓이고 먹었어.

아고, 잘 사는 집은 학교에서 쌀밥들 먹고 있더래. 아버지 있으면 제주시에 가서 돈 쳐 벌어 올 건데 그러지도 못 하고. 나도 어디 가서 벌어와야 했는데 너무 어려버리니깐.

그 시절엔 집에서 밥도 못 해 봤어. 쌀이 없으니까. 밀즈시 해오면 너무 거칠어. 어머니가 크게 자르니까. 난 더 잘게 자르시라고. 그래도 그러지 못했어. 먹으려면 목도 따가웠어. 파는 게 그것 밖에 없더라고. 시내에 가서 그것만 사 오니깐 밥이란 거 못 먹어. 밀주시를 채로 쳐도 목이 거칠허. 가늘게 하면 풀어져서 안 된다고. 우리 남동생은 어린데도 배고프니까 많이 먹더라고. 보리쌀도, 좁쌀도, 아무것도 없었어.

참나물 줄기 그런 거 해서 깔깔한 보리쌀에 넣어서 만든 죽 우리한테 줘. 그런 거 동생은 안 먹었어. 난 살려고 하니까 먹어지는 거라. 아버지도 없으니까 남들처럼 벌어올 수도 없고. 다 굶어 죽을 건데 산 것도 기적이지.

새(띠) 팔고, 뜸 짜서 팔았어

그때 물은 길어오려면 멀었어. 지금 대기고등학교 쪽이야. 집에서 거기까지 가서 우리 집까지 물 길어 오는 것은 힘들었어. 대바지(작은 물항아리)로 물 길러 갔어. 몇 번이나 대바지 깼어. 신발이란 게 뭐야. 초신 같이 만들어서 그걸 신으니까 발에서 피가 나고. 이젠 비오면 못 신어. 낭(나무)으로 만든 신을 팔았어. 어린 때니까 낭신(나무신)을 신으면 몇 번이나 발목이 꺾어져, 걷다가 넘어지면 발목이 꺾어지지. 물 안 들게 만든 거. 어릴 때 별 걸 다 신어 났어. 고무신은 못 신었어.

새(띠)를 비어다 제주시에 가서 팔았어. 그 새를 해 올 사람이 없어. 우리 어머닌 날 늦게 낳아버리고 도와줄 윗 언니나 오빠도 없고. 어머니가 집에서 노람지 뜸(띠로 짠 덮게, 이엉처럼 엮어 만든 것)을 짰어. 그걸 져서 장에다 내다 팔더라고. 나도 어려서도 그걸 짰어. 물발개, 물이 들면 아래로 내리게 하는 거야. 나무같은 거 덮는 모양이야. 봉개에선 다들 했어. 아이들도 했어. 어려우니까. 꼴랭이(꼬랑지)를 내가 내려. 어머니가 산에 가서 삭은 나무를 해 와. 그것도 묶어서 팔러 갔지.

우는 어머니 뒤로 우도로 떠난 아홉 살

내가 우도라고 한 곳을 아홉 살? 열 살에 갔는가? 했어. 한번은 화북서 어떤 자그마한 아주머니가 집에 왔어. "이렇게 아기 밥도 못 먹고 아기 고생 시키지 말고 이 아이를 우릴 줍서." 우리 어머닌 절대 안 된다고. 죽어도 같이 죽주 하는 거라. 어머니가 막 울더라고. 그러니깐 내가 울면서 "어머니, 나가 가야주. 나라도 가면 밥이라도 먹을 건데 하나라도 없으면 좋을 거 아니예요. 쌀도 하나 없는데 어찌 살려고 합니까" 했어. 그때 그 아주머니가 나를 보면서 나하고 가면 배부르게 밥도 먹고 좋지 않겠냐고. 그러니깐 내가 솔깃 하더라고. 그말에. 밥이란 소리에.

고갤 끄덕끄덕 한 거라. 어머니가 막 울어. 난 어머니가 울어도 그 아줌마한테로 간 거라.

쌀 하나도 없지. 밥이라도 한번 먹어봤으면 원이 없을건데. 밥을 생전 못 먹었으니까. 그렇게 울어가니까 어머니가 가라고 한 거라. 남동생도 불쌍하고. 한 입이라도 덜어야지 하는 생각도 있었겠지. "한 사람 없으면 좀 나을거우다" 날 데리러 온 그분이 그랬어. 내가 밖으로 나가니깐 울면서 어머니가 따라 나와. "어머니 나 가사쿠다. (가야겠습니다) 나라도 살아야 헐 거 아니꽈? 그때 마을을 떠나버렸어.

울면서 봉개를 떠났는데 배를 타고 막 가는 거라. 가보니 지금 우도라. 그 집은 딸은 없고, 아들만 둘 있는 집이라. 가니까 밥도 해서 먹었어.

항아리 가득 쌀… 4·3 없던 우도, 거긴 극락이었어

우도에 가서 보니 쌀이 이만한 항아리로 가득이라. 아고, 나 그런 거 세상 처음 봤어. 처음이라. 놀라가지고는 입이 벌어졌어. 보리쌀, 좁쌀. 우리는 망대기에 조금도 없었어. 쌀을 보질 못했어. 그래서 그 어른 고마웠지. 부잣집이라. 쌀이 그득허니까 이렇게 사는 집들도 있구나. 거긴 4·3사건이 없었어.

듬북 해초가 이만큼 이만큼씩 있어. 당겨서 보니깐 몰랐는데 그것을 밭에 가서 놓으면 보리가 많이 나는 거라. 밥 먹을 때도 우도 어머니나 아버진 당신들 고기를 나한테 놓더라고. 갈치도 크고.

우도에서 밥은 잘 먹었지. 일도 안 시키고 밥만 먹은 거라. 보리철엔 보리밥, 조 나오는 철엔 조팝. 먹는 걱정 안 하니 거긴 극락이지. 어부들이 고기들을 잡으니까 식구들이 배부르게 막 먹어. 난 어머니 생각이 나도 갖다 줄 수도 없지 안 합니까. 아구, 막 창피한 거라. 가난 이야긴 막 부끄러운 거. 남으 집 살아난 거.

밭농사로 젤 박한 데가 우도라 하지. 검질 해 올 데도 없고. 조코고리 하고 나면 뿌리를 파. 골갱이(호미)로 막 두드려서 그걸로 밥을 해먹었어. 나무도 없고 땔감 할 게 없어. 검질이 없었어. 거긴 밭엣 걸로는 그리 박한 데라.

야학할 때 좁쌀 때문에 생긴 일

　　　　　　야학은 한 열 살 조금 못 돼서 했어. 한번은 거기서 야학을 하니깐 주인 어머니가 나한테도 가서 배우라는 거라. 우도에도 어려운 집이 있었어. 육지서 온 사람들은 못 사는 사람들도 있어. 다리 장애 사람도 있고. 그 사람들이 야학을 하는 거라. 야간비는 안들었어. 기역 니은에 받침을 놓아야 쉬워. 1, 2, 3, 4 배우고. 밤에만 다녀도 2년을 해 가니깐 알아지는거라. 글도 보이고. 전부는 못해도. 눈이 조금 트이고.

　나도 철이 없었지. 쌀이 가득 있으니깐 좁쌀을 한 줌씩 가져가면 이름 써 놨다가 떡을 치는 걸 했어. 항아리에서 작은 바가지로 해서 두 박새기(바가지) 쌀을 가져 갔어. 주인 아주머니한텐 안 들어보고. 그냥 폈어. 요만한 박새기라. 조그만 거. 떡을 해서 준다고 하니깐 쌀을 갖고 간 거라. 떡을 쪄서 주인 아주머니한테 이 떡을 가져갔어. 거기서 떡 먹는 날은 보름날. 보름에 떡 나눠서 먹었어.

　"오늘 야학소에서 떡 하니까 가져왔습니다." "쌀을 어떻게 가져갔냐"고. "고팡에 있는 좁쌀 박새기로 두 개 가져가서 떡 쪄서 가져왔습니다" 했지. 근디 내가 어린데도 우도 어머니가 막 욕을 했어. 이러면 안 된다고. 이야기를 해서 가져가야 하는 건데 부모한테 말도 안 하고 가져가면 커서 사람 안 된다고. 막 욕을 들었어. 난 잘못한 것인지도 몰랐지.

　그 말 듣고 나물 밭에 가서 막 울었어. 어린 마음에 서러웠어. 남의 집에 살 거 아니구나. 난 어머니로 생각해서 살았는데. 자기 어머니였으면 이렇게 하랴 싶어서. 막 한 섬은 울어났어. 다음에 할 땐 쌀도 안 가져 가고 떡도 안 가져왔어. 양으로 간 집은 윤칩(윤씨댁)이고. 야학 한 집은 이름은 모르고, 남자였어. 오누이만 있는 집이었지. 밤에 오라고 해서 공불 가르쳐주는 거라. 연필로 써. 그때 배운 걸로 편지도 조금 쓸 수 있었어.

헤진 갈옷 입고 우도 온 어머니… 울면서 돌아가

그리 살고 있으니까 어느 날은 우리 어머니가 찾아 왔어. 어머니가 수소문을 해서 우도까지 온 거라. 어머니 찾아온 것을 보니까 입고 온 것도 참, 너무 어렵다고 해도 깔끔하게 안 입고 왔어. 갈중이 입고 왔더라고. 부애(화)도 났어. 우리 어멍 답지도 안 하고. 난 어머니라고도 안 했어. 막 창피해서.

그땐 아이들도 옷이 없으니깐 주워다가 입히고 할 때지. 난 이쪽(우도) 어멍 어염(옆)에만 앉고. '이모한테라도 가서 옷 좀 빌려서 입고 올 것이지' 그런 생각만 한 거라. '저런 갈중이를 어떵 입고 와신고(갈옷을 어떻게 입고 왔나)'했어. 곱닥헌 어머니가. 그래도 그땐 내가 좀 철이 들 때니깐. 갈도 한 마디 안 하고 부끄럽기만 했어. 어머니 심정은 내가 알지 못했지.

그렇게 조금 있다가 어머니가 떠났어. 근데 남들이 우리 어머니가 막 울면서 갔다는 거라. 날 보고 "니네 어머니 걷지도 못하게 울면서 갔다"고. 자식이라도 이럴 수가 있냐. 딸을 내버리고 돌아가는데 그렇게 우는 사람 처음 봤다고 해. 내가 모른 척 해버리니깐. 그런 말들을 했어. 그때 우리 어머니가 막 울었던 거 지금도 기억이 나지. 그렇게 울어도 내가 안 갔어. 딸인디도.

우도에서도 울고, 봉개서도 울고. 아는 분이 주인(우도 양 어머니)한테 얘길 했어. 주인이 고마운 어른이라. 참 좋은 어른. 그때 한복 치마 저고리 천을 담은 보따릴 날 주면서 고향에 갔다오라고 해. "혼자 갈 수 있겠냐"고. 나한테 삼양까지 갈 수 있냐고 묻는 거라.

그때 난 삼양이라는데 가서 나를 내려주면 된다고 했어. 가다가 봉개라는 오름만 보이면 걸어서 갈 수 있을 것 같다고. 배 타고 삼양에 와서 걸어 가다보니 봉개 오름 봐지는 거야. 어릴 때 봐났으니까.

거의 다 가니까 친족을 만났어. 친족이 날 잡아서 막 우는 거라. "무사마씸"

아이고, 너도 죽었는가 했는데 어디가서 살았냐" 해. 어머니도 내가 남한테 갔다고 말 안 한 거라. 그땐 어머니한테 가면서도 막 울어집디다. 나는 마을에 와서 절대 우도 간 말 안 했어. 창피해서. 그래도 아는 사람은 알겠지 뭐.

가족 살던 막살이… 사람 살 곳이 아니었어

집에 와서 어머니한테 저고리 치마 보따릴 드렸어. 어머니하고 동생들 사는 집을 보니깐 집이 아니라. 방에다가 검질도 깔아서 살고 있고, 대나무 닮은 것들도 깔고 사니까 뱀도 나올 것 같고. 막살이 같은데서 뱀도 죽어 있었다고 하니까 내가 살 수가 없더라고.

그래도 그렇게 살 형편이 못 된 걸 난 몰랐어. 어머니 살림이 어땠진 난 모르지. 한숨만 쉬니까. 집에 여유가 전혀 없었어. 어머니도 꿰멘 옷 입었고. 동생들 어리지, 아버지 없지. 벌 사람이 없었던 거라. 다 굶어죽게 된 거라. 도저히 또 살 수가 없어서 이때 내가 돈을 벌어야겠다 생각이 든 거 닮아. "어머니, 나가 가서 돈 벌어 오쿠다." 다시 우도로 떠났지.

죽을락 살락 물질 배워 열일곱에 육지 물질 갔어

우도가니깐 그때부터 일을 했어. 우도에선 해녀들이 막 많았어. 다 물질을 해. 결혼을 하려 해도 제일 물질 잘 하는 여자를 일등 며느리로 데리고 가. 머리 좋아서 공부 잘 하는 사람은 소용도 없어. 그런 욕심 많은 고장입디다. 거기 그냥 있었으면 나도 거기서 결혼했을 거야. 난 처음은 물질을 못 배웠어. 열다섯 살 쯤 되어가니깐 헤엄치는 걸 배운 거라.

고향 어머니한테 갔다온 후엔 바싹 열심히 배운 거지. 그때부터 죽을락 살락 물질을 한 거라. 우도 어머니하고 한 2년 물질하다 보니깐 잘 해지는 거라. 잘

해가니깐 바당에 가서 미역하고 오라고 해. 우도 어머니가. 미역을 많이 했어.

살아가니깐 열 일곱 살이라. 육지 물질들 떠나는 사람들이 많았어. 우도 어머니한테 "나도 물질하러 육지 가보쿠다" 했어. "돈 벌어지겠냐"고. "못 해도 한번 가보쿠다." 육지로 갔어. 돈을 벌어집니까. 생각처럼 쉬운 게 없어.

처음엔 경상남도 동벽이란데. 그때는 빚만 났어. 어리고 물질도 잘 못 하고 돈도 못 벌지. 그때 내가 육지를 가니까 어떤 아줌마가 나 흘목(손목)을 잡으면서 하는 말이, "제주는 사람 살 곳이 아니다. 어떻게 이런 아기를 내 놓아서 너무 무정하다. 이렇게 하는 제주사람들은 아주 박한 사람들이다" 하는 거라. "이 애길 돈 벌고 오라고 타향살이 보냈다"고. 나도 그땐 울면서 "우리 어머니가 가라고 한 것 아니라고. 내가 가겠다고 해서 온 겁니다" 했지. 그 아줌마도 울고 나도 울고. 물에 뜨멍 막 울어져. 두렁박 안고 얼마나 울었는지 압니까.

돌아와서 어머니 집에 가야 할 건데 다시 우도로 간 거라. 그런데 그 어른들 잘도 좋은 사람들이라. 잘 대해줬어. 다음 해에도 육지 물질 가겠다고 했어. 돈 벌어서 빨리 어머니한테 갖다 주려고. 그런 마음으로만 생각해서 갔어.

두 번째는 경상남도 울산 항암리라 했어. 그 다음 강원도 쪽, 강원도는 물이 휀했어, 울진도 갔다 오고. 울진서는 못 벌었어.

항암리 가니까 내가 있는 데로 우도 어머니가 쌀도 이만큼, 보리쌀도 이만큼 소포로 보내줬어. 육지 물질 간 때 빚졌는데 한 가마니 쌀 보내온 것이 감개무량 했어. 돌아와서 우도에 가서 "쌀을 보내주셔서 밥은 굶지 안 했는데 돈은 많이 못 벌어수다. 그래도 왔습니다." 했어. "낼 모레 미역 할 거니깐 잘 해서 갖고 가서 어머니한테 드려라" 하는 거라. 참 고마웠어.

그때 한 사흘 동안 우도에서 미역 많이 해서 어머니한테 가져갔어. 그리 박박 안 한 양부모라. 사람이 좋아. 남자 어른도 좋그. 앞으로도 그 공을 한번도 잊어버리면 안되지. 그래도 남의 아이 키울 거 아니지. 내가 남의 아이 아닙니까. 그 은혜를 아직도 못 갚았으니.

항암리 물질 땐 살이 착착… 더럽게 춥지

　　　　　　물질은 정말 힘든 일이지. 얼마나 고생하는 겁니까. 목숨 바치고. 지금은 옷이나 입어서 하지. 옛날엔 옷도 없이 맨살에 들어가는 거라. 소중기, 끈 하나 달린 거. 막 추워. 육지 물이 얼마나 추운지. 우도에서보다 더 춥지.

　항암은 물이 안 보여. 물이 캄캄하더라고. 차갑고. 속곳만 입고 물에 들면 살이 착착 끊어지더라고. 물질 할 때 더럽게 춥지. 신마(차가운 조류)라고 하는 달이 있어. 그때는 두 달 물질을 못해. 너무 추워서. 착착착 물이 살을 끊어가. 여기가 벌겅해. 아무 것도 안 입고 하니 오죽할 거라.

　울산 갈 땐 육지서 온 여자가 모집했어. 어떻게 갈 거냐고 이제 우리한테 물어. 우린 고생 할 줄은 모르고 구경이나 해볼까 해서 간 건데. 물도 막 차읍고. 돈도 이렇게 버는 거구나. 굶어 죽어도 물질은 못 할 거로구나. 난 고무 옷은 입어본 적 없지.

　거기선 뱃물질이야. 멀리 가서 팡팡 물에 빠져서 건졌어. 주로 파래하고 우미. 그걸 구분해서 다듬고 말려서 근을 떠. 한 칭 두 칭. 한 칭은 백 근(60kg)이지. 소라는 전라도 지방에서 한다고. 전라돈 무서워서 가지 못했어. 가면 잘 나오지도 못한다고 하니까. 그래도 더 고생한 사람들 말 들어보니깐 섬 가운데 가서는 나오지도 못했다고 해. 울산바다는 돌도 좋고 산도 없어. 바당도 좋고.

　육지 갈 땐 여럿이 가지. 서너 명씩 방 빌려 살면서 "오늘은 너가 밥 해라. 난 우미 (우뭇가사리)다듬으마." 돌아가면서 하지. 어떻게 혼자만 합니까. 열댓 사람이 3월 달에 가서 8월 달에 추석명절 먹으러 와.

그리 물질하다가 우도 가니깐 양어머니도 가지 말라 하더라고. 고생한다고. 그래도 했던 사람이 "야이 다시 데리고 가보겠습니다" 해. 나도 욕심은 있었어. 돈이라 하면 눈이 벌겅 해서. 남보다 많이 하지. 서너곱은 했어.

여러 군데 다녔지만 항암 물질에서 돈을 좀 벌었어. 벌어서 집값도 물고. 그땐 우미 틀으러 간 거지. 돈이 된다 하니까. 배 몇 개 해서 내가 일등 했어.

우린 육지 물질 가면 막 손가락만 셌지. 고향에 언제 갈 건가. 집에 가게 될 땐 이것저것 사고 돈도 벌어서 가고. 항암리 물질하면서 살 땐 집도 정해서 거기 살라고 하고. 주인이 참 좋았습니다. 내가 하도 욕심 부려서 잘 하니깐 항암리 주인이 이익이 좀 됐는지 고향에 갈 때는 가방도 하나 사주고, 차비도 남 모르게 줬어. 미역도 어머니한테 갖다 드리라 하고. 젤 처음엔 잘 못 벌었어. 그 다음엔 내가 잘 벌었지. 그땐 우미(우뭇가사리) 한칭 하면 일본 수출을 했으니까.

우도 사람들은 주로 울산만 많이 갔어. 물에 들어 부지런히 우미만 하고 나오면 돼. 아침에 가서 저녁까지 해서 망사리 하나 가득 꽉 널어놔. 얼마 안 한 것 닮아도 한 칭 하지. 그때 많이 벌었어. 그렇게 번 돈을 밥도 해 먹고. 어찌어찌 하다 보니깐 돈을 못 벌 때도 있었어. 그래도 계속 갔어. 계속 우기 틀었어.

돈 벌어 집 세 개 샀지만 집이 없던 어머니

한글 조금 배운 걸로 친정 어머니한테 편질 호썰(조금) 썼어. 육지 물질 간 때. 잘 있다고 썼겠지. 육지 갔다 온 이후엔 어머니가 너무 불쌍해서 우도엔 가지 못 했어. 사는 게 너무 어려우니깐. 삼양에 작은 이모가 있고, 봉개에 또 이모가 있었는데, "어멍 버리고 가지를 말아라" 막 울어. 가고 싶어도 우도에 가지를 못하는 거지.

살면서 자꾸 육지 물질 나갔어. 돈 벌어서 남동생 그 빚 물고, 옷 해다가 입히고. 나가 물질해서 우리 어머니 살린 거야. 집을 세 개 사 드렸어. 봉개 사람들 다 알지.

돈 벌고 와서 빚 물고. 또 빚 물고. 우리 어머닌 돈을 못 버니깐. 남의 집 품앗이를 해도 밥값도 못했어. 벌이가 없고 빚이 많아서. 고생 고생해서 집에 오면 다시는 육지 물질 가고 싶지 않았어.

왔다갔다 하다가 다시는 물질을 안 갔어. 한번은 항암리 주인 어른이 봉개까지 나를 찾아서 왔어. 여기는 물질 하는 데가 아니라고. 어디서 물질 배워서 하냐고. 나는 모집도 못하니깐 내가 가서 해드리겠다 했어. 마음 약한 것도 병이라. 그 사람이 고마워서. 난 5, 6년을 물질 가서 그 사람네 돈 벌게 하고 온 사람이라.

우리 가족이 쇠막에 사니까 고망도 버룽버룽 해. 주인 집 밖거리 살았는데 하루는 우리 궨당이 "우리 집 사 주라. 방 있다"고. 방이 반쪽이라. 셋이 누울 순 있어. 솥 앉히는 데는 있어서 사드렸어. 그래서 내가 이상한 집 하나 사드렸지.

나중에 우리 이모가 또 집을 사라고 하는 거라. 삼 칸이니까 얼마나 비싸겠냐고 했어. "빚져도 사라," 내가 시집을 가려고 하니깐 우리 이모가 방 두 개 마루 딸린 집을 팔겠다 하는 거라. 내가 빚져서 샀지. 집 하나 사서 그렇게 3년을 빚 물었어. 그렇게 내가 산 집에서 잔치도 하고.

어머니가 할 말이 없다고 하지. 내가 육지 다니다 보니깐 내가 사준 집을 어쩌다 동생이 팔아 버렸다는 거라. 밭이 총총 세 개 있었어. 밭 세 개가 다 넘어갔어. 그렇게 돈을 벌고 집을 사드렸지만 우리 어머니가 집이 없었어.

친정어머니, 너무 고운 사람 팔자 궂어

우리 친정어머닌 보통은 아니었어. 어머닌 팔자가 어떻게 하다보니 그랬지. 처음 결혼을 거로(화북동 거로마을)에 했는데 살기가 싫었다고 해. 외할아버지가 강단해서 집에 갈 수는 없고 돌다가 아마 일본엘 간 모양이라. 거기서 아들만 형제를 낳았어. 근데 팔자가 궂언. 한달 사이에 형제가 다 죽었다고 해. 그러니 두 아기 죽어버리는 바람에 그 집을 떠나 제주도 고향에 왔어.

이젠 외할아버지가 무서워서 집엔 살지 않았어. 그럴 때 중신 오니깐 우리 아버지한테 간 거라. 고운 사람 팔자 궂다고 하는 것이 맞아. 팔자가 안 좋았어. 사람들이 아버지랑 절대 오래 안 산다 했어. 와서 보니까 아버지넨 재산도 없고, 어렵고. 남편은 나이 들고 살 희망은 없으니까.

아기들 생각하면 불쌍하지. 굶었지, 매 맞았지. 오죽하면 친정어머니한테 "일본서 들어오지나 말지, 왜 일본서 들어와서 고생합니까. 가만히 일본서 살지." 내가 막 그랬어.

어머니도 말했어. "여기 안 왔으면 니네들 고생도 안 시켰을 거다"고. 어디라도 당신 혼자 가려고 해도 갈 수도 없고. 아버지 만나서 고생한다고. 우리 어머닌 말수가 없는 사람이라. "여자는 말 많이 하는 거 아니여. 할 말만 똑 하게 하고 허튼 말은 하는 거 아니여" 했어. 어머닌 자식들 때문어 마지막까지 남의 집 살다가 돌아가셨어. 사람 삶도 참 힘들지. 어머니 생각만 하면 막 불쌍해. 벌어오진 못하지.

어머닌 70대까지 살면서 일을 한다는 게 남의 일만 하면서 살았던 거야. 남의 품팔이나 하고. 검질 매러 가고. 집터는 못 사니까 팔아버렸고. 봉개 위에. 친족집에 살았어. 돈은 안 주고. 우리 어머니 그렇게 고생만 하다가 돌아가셨지.

결혼… 식구 많은 시댁

난 그렇게 육지 물질 갔다 왔다 하다가 스물 세 살에 결혼했어. 난 절대 안 하려고 했어. 여기 시고모가 우리집 바로 곁에 사는데 내가 착해보여서 중신을 헌 거 닮아. 신촌 사람하고 하라고. 남자가 한번 집안에 일이 있을 때 나를 본 모양이라. 처음엔 시고모도 말렸지. "쓸데없는 소리 하지 마라." 그러니까 남자가 죽는다, 산다 하는 거라. 꼭 결혼하겠다고.

한번은 어머닌 못 오고 나 하고 궨당들이 뭐 사러 제주시에 가다보니깐 배에서 내려오다가 그 사람이(남편이) 날 본 거라. 난 살짝 숨어버렸어. 같이 가던 궨당이 그 사람한테 가서 "오늘 부산 배가 들어왔습니까?" 물어본 거라. 그 사람이 모자 벗고는 절을 꼬박 하면서 나한테로 온 거라. 사람들이 내가 곱아버렸다고 했어. 난 거기서 만날 걸 몰랐지.

우리 어머니가 "그러면 사주를 갖고 와 보라" 했어. "사주 봐서 맞으면 딸을 주고 아니면 안 된다"고. 그러니까 시집에서 감정을 해서 거의 강제로 날 데려온 거라. 나도 그냥 어머니도 홀어멍이고 불쌍하고. 나 하나 벌어서 살고 있었는데 안 가고 싶지.

"어머니, 나 그렇게 팔아버리면 못 삽니다. 동생하고 어떻게 살려고 합니까? 나가 벌어야 살 거 아닙니까?" 그랬어. 결혼 안 한다고. 그땐 막 울어집디다. 우리 어머니 나 팔아서 살지도 못 할 건데 어쩌자고 팔아버리려 하냐. 막 울었어.

남자는 그때 군인이고 난 육지 물질 왔다갔다 할 때라. 내가 육지 물질 갔는데 하루는 찾아왔어. 우리 어머니가 어디 갔다고 말해버린 모양이라. 난 아무 말을 하지 안 했어. 약혼했을 때니까 찾아왔지. 그냥이야 올 수 있는가? 제주에 휴가 갈 건데 거기로 온 거라. 결혼할까 말까 할 때였어. 낯설은 타향이니 밥도 해줘야 하고 이녁 할 도린 해줬지. 그렇게 해서 결혼 했어. 그때 우리집은 내가 스물 셋 되니깐 밥도 좀 먹을 때라.

잔치 하자고 시아버지가 오니깐 막 부애(화)가 났어. 우리 어머니가 당장 어떻게 낼 잔치 할 수 있냐고 한 거라. 그러니깐 친족들이 날짜를 봐서 사돈집이

하겠다고 하면 해야지 한 거라. 간단하게 해버리자고 궨당들이 많았으니깐. 결혼식은 어려워도 대형 버스 빌려서 봉개로 왔더라고.

남편은 나이가 나하고 동갑. 정말 못 사는 집에 내가 시집을 와졌던 거라. 잔칫날에 지붕도 안 일고. 아들 여섯에 딸 셋에 9남매라. 우리 아기 아빤 똑똑했어. 그래도 너무 가난했어. 시집에 와서 보니 식구들이 너무 많았어. 아고, 난 안 살려고 하는데, 우리 어머니가 복 궂언 두 번이나 결혼하지 안 했나. 그 생각이 났어. 그 팔자 닮았단 말 안 들으려고 산 거라. 꾹 참아서 살았어.

우도 고마운 사람들 은혜 절대 잊지 못하지

결혼할 땐 우도에서 양부모님도 날 찾아 왔어. 근데 내가 찾아가야 하는데 고마운 분들한테 잘 찾아가지도 못한 거라. 친정어머니가 너무 못 살아버리니깐. 참 이거 사람이. 비극이우다, 비극. 참, 나도 이제 생각을 해보면 고마운 사람들한테 인사도 못 가고. 남편이 당뇨여서 내가 없으면 까무라치는 병이어서 결혼해서 우도를 한 번도 못 가봤어.

우도 양부모님은 다 돌아가셨다고 해. 들어보니 두 아들 가운데 결혼한 큰 아들이 돌아가셨다고. 서귀포 남영호 사건에. 난 시신 못 찾는다는 소식 듣고 오빠 위해 제도 드렸어. 나중에 보니 일본까지 가서 올라온 시체를 찾아왔다고 하더라고. 시신 찾아온 후엔 제를 안 드렸어. 그 오빠는 동남에서 고등학교 했어. 우도는 중학교까지 밖에 없어서. 고향에 올 땐 내가 어리니깐 도매(머리핀)를 사고 와서 줬어. 어려서도 그건 절대 안 잊어버려. 고마운 어른이 죽었어. 어린 때 친구 하나가 고기 장사할 때 만났는데 그 얘길 해주더라고. 부산에 뭐 나무 사러 가려고 배 타고 가다가 죽었다고. 그 말 듣고 다신 우도 가고 싶지 않았지.

테왁 부수며 물질 못하게 한 남편

난 시집 와서도 물질을 하려 했어. 근데 남편이 하지 못하게 하는 거야. 왜 그랬냐면 여기선 물질해서 좀 벌려고 하니까 해녀 한 사람이 죽은 거라. 우연히 알았어. 그 당시 우리집 아는 어른 각시가 물질 하다가 그냥 오꼿. 그냥 폭 죽었어. 그 어른도 우리집 남편 빌려다가 명도암 위에 가서 일하는데 소식이 왔다고 하는 거라.

낮에 각시가 해녀하다 죽었다는 소식이 온 거라. 우리 아빠가 충격 먹고 절대 물질 하지 말라 한 거지. 테왁도 부서버리고. 물질은 여기 와서 설러부렀지(그만뒀지). 남편 무서워서 해집니까. 그렇게 하니깐 나도 하고 싶지도 않았어.

여기 사람들 나 우도서 물질 했던 거 아무도 모릅니다. 어디서 물질 배웠나? 하면 우리 이모 사는 삼양 가물개서 배웠다고 했어. 절대 어린 때 우도 간 살단 왔다는 말 안 해봤어.

시집에선 뭘 먹고 사나 봤더니 꼴랭이 돋은 보리쌀, 옛날 조왕민가 한 거라. 밥을 뒷날 아침에 먹는데 막 목이 걸려 물 먹고 한 번 내려야 해. 어머니한테 가서 "아이고, 잘도 어려운 집이 시집 가졌는데 큰일났수다. 어떵 살거꽈" 했어. 우리 남편이 돌 일 하는 거라. 집도 돌담으로 해서 짓고. 부모를 못 만나니까 고생고생 하는 거라.

돈이 없으니까 남의 집 사는데, 밖거리 살았으면 좋았을 건데, 부엌도 주인네하고 하나로 쓰고. 방도 작은 방. 주인넨 뭐 먹으려 하다가 나눠주니깐 미안해서 살 수가 있나. 친정에만 살았어. 아고, 안 살려고 해도 나도 참말로 복이 궂어서. 어멍 복이 궂으니깐 딸도 복 없다고 할까봐. 어머니한테 가선 팡팡 울면서 안 살겠다 했어. 어머니가 어떤 사람이라도 남편 보고 안 산다고. 아기들 보고 산다고. 그리해서 오늘까지 살았어.

우리 남편이 잘도 예민한 사람이야. 원래 조상 고향은 고산이라, 서촌. 막 잘 살아났덴. 할아버지대에는 종 부리고 정동화로가 12개여 했다고. 대개 내려오니깐 시아버님 대엔 못 살아분 거라. 못 살아도 다 더리가 좋아.

내 관심은 아직도 호적입니다

난 유족으론 안 돼 있어. 4·3사건 이야기 복지관에서 나올 땐 아무 말도 안 해. 아는 사람들이 유족한테 나오는 돈 타느냐고 하면 "예" 해. 챙피하니까. 돈 안 탄다고 하면 바보라 할 거고. 다 덮어버리지, 그런 생각으로. 아들도 모르는데. 자식들은 외할아버지가 형무소에서 죽은 거 몰라. 묻지도 안 하고 말하지도 안 하고.

나는 4·3 때 친정아버지, 막내 여동생 죽고, 이모 둘, 작은아버지와 딸 죽어도 유족은 안 되는 거지. 우리 동생이 우리집 와서 말 할 때는 이젠 시국이 바뀌져 가지고 "호적에 없어도 옛날 호 살려서 어떻게 다 할 수 있을 겁니다" 했는데. 그래도 호 살려준다는 말 들어보질 못했어. 너가 말을 하지 않지. 부모님이라고 해서 절을 할 수 있나, 아무것도 안 하는데 내가 돈을 어떻게 타느냐(유족 인정이 안 됨). 저승 가면 내가 어떻게 볼 수 있겠나 하는 거지. 근데 남편이 그걸 알아버렸어.

혼인 신고 하고 여기 시집으로 옮겨오려니까. 어떻게 흐도 없다고 말하는 거라. 난 호만씩 한 거 있고 없고 무슨 상관이냐고 했지. 남편이 그랬어. "여자는 관계가 없는데, 남자들이 문제다. 절대 이 사실을 묻어서 삽시다." 그렇게 오늘까지 살고 있어.

돈은 주고 안 주고 호적은 제대로 해야지. 그래드 그フ 기분 나쁜 거더라고. 남편이 몇 년 전에 돌아가셔서 막내 아들이 호적을 떼 봤어. 막내 아들이 "어머

니, 어떻게 외할머니가 강씹니까? 김씬데" "내가 잘 못 말해진 모양이다" 알면서 그냥 얼버무렸어. 어떻게 말할 거야. 아이들도 몰랐어. 난 혼자서 막 울어지더라고.

명도암 공원에 가보니 아는 궨당들이 보여. "너도 왔냐?" 해. 궨당들도 우릴 몰라. 작은아버지 자식도 하나도 없는데 그때 말을 들어 볼 사람이 난 없지.

다시 유족 신고 하라고 하면 봉개 사람 다 아니까 해야지. 우리 아버지가 폭도 생활이라도 해서 죽었으면 안 말하겠어. 아무것도 없이 당하니깐 억울하지.

아버지 사진 같은 것도 한 장 없지. 몬딱 봉개 불타버리니깐. 나 결혼 헐 때 사진은 하나 있어.

직접 집 짓고 귤밭 일궈 이젠 살만해

시집은 아기가 많으니깐 잘 살 수가 없지. 지금 우리 살고 있는 이 땅이 시아버님 땅이야. 이 집 마당에 마농(마늘)도 심어놓고 해서 말했지.

"이 땅 요만큼만 주세요." "뭐 하려고?" "나 많인 말고 방 하나, 부엌하나 할 거만 주세요. 그걸로 집 만들어서 살겠습니다" 했어. 돈은 있느냐? 그때야 시아버지가 말하더라고. 내가 너한테 육지에서 보내온 돈을 조금 쓴 것이 있는데 이자는 못 주고 원금은 주마. 그걸로 집을 지으라고.

"사실 내가 네 돈을 받았는데 우리가 너무 어려워서 써버렸다." 그 돈이 무슨 돈이냐면 내가 육지 물질을 다닐 때 우릴 고용한 주인이 내가 한 해 번 돈을 안 보내온 거라. 난 안 보내 오길래 먹어 버리면 말지. 요새 잘 살아지면 이웃도 돕는데. 그런 생각을 한 거라. 근데 육지 그 주인이 잊질 않고 돈을 여기로 보내온 거라. 내가 물질해서 번 그 돈을 시아버지가 받은 거야. 나한테 말도 안 했어. 난 받은 줄도 몰랐지. 어떻게 할 거라. "그냥 되었습니다" 했지.

그만큼 내가 너무 어려운 집에 시집을 온 거라. 그러니깐 우리 시아버지가 땅을 선뜻 준 건 아마도 내가 자꾸 친정에만 가서 사니까 안 살까봐서 준 거 같아. 나도 안 살아보려고 한 거라. 여기는 벗도 없고. 봉개엔 벗들도 있고.

우린 좋다고 집을 지었어. 그땐 이렇게 크게 짓진 안 하고 작게 지었어. 돌담 다우고. 우리 아방은(남편은) 아판 못 하고. 우리 친정 궨당이 나무를 해 온 게 있었는데 "버리긴 아깝고 너네가 갖다가 쓰라" 했어. 낭(나무)도 공짜. 땅도 공짜라.

한번은 시아버지가 나무 심은 밭을 형제가 반씩 나눠서 소나무 해서 불 때고 밥이나 하면서 살라고 하는 거야. 우리 남편은 좀 움푹 들어간 작은 밭을 가진 거라. 왜 그렇게 작은 걸 가지는가 하니깐 큰 건 쓸모없다고. 그래도 잘 되려고 하면 무슨 코가 있어. 우리 동서네가 물이 들어 집을 팔려고 하니깐 우리한테 낭밭을 사라고 해서 샀지.

여기 처음 시집 와보니까 수박, 배추 이런 거 하고 있었어. 하다가 한참 있은 후에 이 귤을 심은 거라. 이젠 다 귤밭이라. 신촌은. 밭을 사서 귤 심을 때가 우리 큰 아들이 초등학교 땐가. 나는 너무 고생을 했어. 그러다보니 밭도 사고. 사연이 가슴에 쌓이니까 밭에도 가서 막 일 한 거라.

시아버지가 우리 며느리 없는 집 와서 할 말이 없다 했어. 제사도 내가 해. 고마운 말은 잊히지 안 하는 거라. 나도 고생을 너무 많이 해버리니까. 사주가 그런가봐. 우리 동서는 예배 믿어버리니까 제사도 안 하는데.

굿 같은 건 한 번 했어. 내가 딸을 한 번 낳았어. 아판 죽어가는 거라. 우리 시아버지가 굿이라도 한 번 해보라. 딸이 귀한 집이라. 돈이라도 보태주겠다고 한번 했어. 굿 할 때 우리 아버지 길을 치는데 내가 눈물이 나는 거라. 우리 어머니 안 하겠다고 해도 "옵서" 했어. 시아버지가 길을 같이 치게 해준 거라. 그 길 치는 거 하라 해서 그것도 하고.

우린 천오백 평 밭에 귤나무 심었어. 또 나중엔 그 옆에 천 평 사 놔두라고 해서 어렵게 사서 귤밭을 만들었어. 고생 많이 했지. 이젠 살 만 하지. 난 지금도 없는 데는 도와주고 싶어.

아들이 넷인데 한 아들만 육지대학까지 시켰어. 아이들은 다들 저만씩 잘 살지. 난 살면서 육지 여행은 남편 살았을 때 친목들하고 한 번 가봤어. 어찌어찌 우리 큰 아들 50에 먼저 가버렸어. 내가 속이 막 상해서 있으니깐 셋 아들이 치매 올까봐 병원 가자 해서 갔지. 가니까 의사 선생님이 나이에 비해 피가 삼십대라고. 정말 난 아픈 데가 없어. 남들은 다 약을 먹는데. 잠만 잘 못 자요. 운동은 하지. 밭에도 걸어서 가고.

4·3사건, 내가 남자라면 법에 물어볼 거야

어떻게 하다 그런 세상에 태어나게 됐을까. 그런 사람들도 발라질 건가(고쳐질건가) 나 뿐 아니고 그런 사람 많이 있을 거라. 아기 낳아두고 죽은 사람들도 호적에 이름을 못 놓았을 거고. 4·3사건 생각만 하면 징해. 우리 식구도 죽고. 우리 사촌언니도 그렇게 고왔는데 죽고. 막 화가 나지. 무사 경 죄어신 사람들을 어떵 죽여.(왜 그렇게 죄 없는 사람들을 어떻게 죽여) 징글징글하지.

4·3사건 나서 돌아다니다가 보니 이 모양이라. 우리 남편은 살았을 때 그랬어. 관공서에선 여자 말 듣지도 안 한다고. 법은 무슨 법이라. 우리한테 듣지도 안 하고 사망신고를 확 하게 하는 법이 어디 있냐고 묻고 싶어. 우린 나이도 어리고, 아버진 동생도 없고 사촌도 없고. 죽어버리니깐. 내가 남자 같으면 말이라도 하고 싶어. 왜 그런 사건이 있었나. 공부도 못 하고, 남의 집 살고. 남들한테 말을 할 수 있나. 죄 있는 사람도 있겠지만. 우리 아버진 아들도 없는데 왜 폭도 아들 있다고 했는지도 물어보고 싶어. 우리 아버지 사망신고는 어떻게 해

서 했느냐고 물어보고 싶어도 여자라서 못 했어.

　4·3 때 일은 절대 입을 들면 안 돼. 생각을 말아야 해. 4·3 때문에 내가 생활했던 건 아무도 모르지. 그 일들 생각해서 들면 한시도 못 살아. 호적을 제대로 하지 못하고 산 거. 그거 젤 부끄러운 거라.

(구술채록·정리_허영선)

양푼밥에 걸쳐놓은 숟가락 세 개

김 연 심

_1937년 생. 4·3 당시 제주읍 도두리 거주

가족 관계

아버지는 해방 전 내가 5살 때 돌아가셨어. 친척들이 어린 나를 장지에 못 오게 막았던 게 생각나는 정도고, 외삼촌들이 이웃해 살아서 아버지 없는 설움은 못 느끼고 살았지. 위로 언니 둘, 오빠 하나 남동생 하나로 2남 2녀였어. 농업학교 나온 오빠는 큰아버지가 자식이 없어 장손이 되었고 나는 싱싱한 오빠에 언니가 둘 있어서 어릴 때야 하늘 높은 줄 모르고 살았지. 동네 밖에 나가면 '병익이(오빠 이름) 누이'로 통하고 무슨 일을 해도 "잘헴져, 잘헴져" 하는 말을 들으며 자랐으니까.

4살 아래 남동생이 1946년도 호열자 나던 해 늑각염 걸렸는데, 호열자 퍼질까봐 제주시로 왕래하지 못하게 해서 병원에 못 가 세상을 떠나 나는 집안의 막내가 되었어.

일노래에 묻혀 지내던 유년 시절

검질(김) 맬 때 부르는 노래는 사대소리라그 하지. 동춘, 서춘, 제주시에 따라 노래가 다 달라. 어머니가 바다처럼 너른 밭을 맬 때면 여자들 7~8명이 수눌어 사대소리 부르면서 길게 나가, 노래 힘으로 고지(이랑)를 헤쳐 나가는 거지. 그런 노래 소리 들으며 난 잔심부름을 하는 거야. 언니들은 어머니와 검질 매고.

> 앞 멍애랑 들어나 오라
> 뒷 멍애랑 나아 가라
> 어야 디야 사대로구나
> 검질 짓고(김이 많고) 골 넘은 밭에
> 어야 디야 사대로구나
> 간장간장 타는 간장
> 일천간장 맺힌 간장
> 사대소리에 다 넘어간다
> 가시오름 대명박집에
> 시콜 방애도 새 글러간다(사이가 틀어져간다)
> 이네 일신 가는 집은
> 일곱콜 방애도 새 맞아간다(죽이 잘 맞는다)

멍애는 고지(이랑)가 돌아가는 곳이니 빨리 매면서 가자는 뜻이지. 검질이 지깍허고(빈틈없이 꽉차고) 웃자라서 골을 넘어버린 밭에 검질을 매려고 하면 이런 노래를 불러야 덜 지쳐. 아마 대병박집에 세 동서가 의가 안 맞은 모양이라, 일곱콜 방애는 일곱 동서도 의좋게 잘 지낸다는 뜻일 거여. 우리집은 말이 있으니까 말을 한 번 빌려주면 검질 네 사람 몫을 줘. 밭 다질 때나 곡식 질 때는 말이 큰 역할 하지. 동네 말들을 열 집, 스무 집이나 모여오면 두세 집이 말을 몰아 마을 위쪽으로 가서 관리하다가 저녁에 데려 오지. 요새 어린이집 가는 식으로. 보리농사 끝난 밭에 좁씨를 뿌리면 말이 밭을 밟아줘야 하는데 이때 '말 볼리는 소리'를 해야 말이 일을 잘 한다고 했어.

이 말들아 혼저(빨리) 걸으라 얼 얼 얼
어렁어렁 어렁어렁 아량
대강 볿으라, 한라산 목이 졸라지면(구름끼면) 삼일 전에 비온댄 헌다
씨만 섞으라, 씨만 섞으라, 너무 볿지 말라

말 서너 마리를 나란히 묶어 열 지어 나가게 하면서 '조 볼리는 소리'를 허는 거라. 말도 일하다 졸려고 하지. 그때 소리를 해주면 이리저리 가던 말이 똑바로 가는 거야. 말은 사람 말을 다 알아들어. 와~와 하면 걷다가 멈추고. 고비를 돌 때 '얼~아량' 하면 천천히 돌고. 말 볿을 때는 장남(머슴)도 필요하니 그것도 어느 집이나 할 수 없고 일손이 좋아야 하지. 우리 외삼촌들은 우애도 좋고 소리도 좋았어. 난 외삼촌들이 '말 볼리는 노래'를 할 때가 지일 듣기 좋았어.

곡식장만 할 때 도리깨 두드리면서 부르는 노래도 있어. 보리를 장만하려면 밭에서 보리낭(보릿대) 채 베어서 집에 싣고 오면 그걸 훑어서 도리깨로 두드려야 하는데 노래로 힘을 내게 하는 거야. 멍석 위에서 드리깨질 하면 멍석이 끊어져버려서 안 되고 맨 흙마당에서 두드리며 그때 도리깨 노래를 하는 거라.

어야도 홍아 어야 홍아
이거여 저거여 때려나 보자

유월마당에 숨 쉬울 아기여
어야도 홍아 어야 홍아

   보리장만할 때면 날이 하도 더워서 아기가 울어버리면 그 핑계에 젖먹일 동안 좀 쉰다는 뜻이야. 그 보리를 장만할 때 날이 좋으면 와상와상 일이 쉽고, 비가 오려고 흐려지면 일이 궂지. 그 보리를 바싹 말려서 말방아에 찧고, 그것을 또 물 적셔서 진이 일어나면 다시 덕석에 널어 고실고실 말려야 했으니까 보리쌀 만들어 먹기가 그렇게 어려워. 바싹 마른 통보리로 밥을 하려고 하면 오죽 시간이 걸리겠어? 그러니까 큰 고래에 가득 담아서 골골골 하면 '고래에서 쌀은 나게 한다' 허는 말이 있지. 보리나 조나 바싹 말려 세 번을 해야 양식이 되는 거라. 그 후 차차 메탁기(탈곡기)가 나와서 보리는 메탁기에서 장만하고 도리깨는 콩이나 하고 그랬지.
   땔감은 농사에서 나오는 거지. 구들(방) 때는 것은 보리 장만해서 나오는 꼬시락(까끄라기)을 저장해놨다가 때고 그 재는 밭에 뿌리는데 그 재를 놓으면 모든 것이 좋아져. 곡식 병드는 것도 안 들고 고구마 놓는 데도 그 재를 뿌리면 잘 들고. 보리체(보릿겨)는 보리 깎아난 가루로 소, 돼지, 말 먹이가 되고. 우린 농사를 크게 했으니까 그런 게 많았어. 장작은 아껴뒀다가 제사 때나 썼지.

물 좋은 도두리마을

   우리 도두리는 주로 밭농사를 했어. 어업을 하는 사람도 물론 있었지, 물질 나가는 사람도 있고. 그런 사람들은 막 못 지내더라고, 삶이 가난해. 고기 잡는 이들은 해가 4시만 되어가면 바로 저녁을 먹고 작은 채롱에다가 밥을 담고 바다로 가지. 채롱에 밥 담으면 물이 차지 않아 상하지 않으니까. 도두리에도 원이 있어. 담 쌓을 때 식구들이 가서 공을 들여야 멜(멸치) 들어올 때 떳떳이 갈 수 있지. 멜이 들어오면 손잡이 냄비같이 생긴 큰 그물에 걸리게 해서 한 솔박씩 떠서 구덕에 담아 집에 가져오면 우선 멜젓을 담고 남으면 말려서도 먹고 했지.

내가 아홉 살 열 살이 되니까 어머니가 밥 해놓으라고 했어. 난 보릿대를 땔 감으로 밥해서 어머니와 언니가 밭에서 올 시간에 보릿다 깔고 고래방석 닮은 것 펴놓고 시원한 물 길어다가 톳냉국 해놓고, 반찬이라고 해야 알아보는 거 아니? 어디 마농지(마늘짱아지)야 있었겠지. 그렇게 차려놓으면 어머님은 "아이고 착허다, 내 딸 착허다" 막내가 차린 밥이니 오죽 착해 보이겠어? 그 밥 차려 놓으면 작은언니는 절대로 그대로는 밥 안 먹어. 몰래물에 가서 흘러내리는 '히야시(冷やし)' 같은(얼음처럼 차가운) 물에 가서 그 몸을 감고 와야만 밥을 먹어. 그러면 어머니는 못마땅해서 "저 년은 어디 뱅듸에서 중신와부러시민 좋으켜(와버렸으면 좋겠다)"하셨어. 뱅듸는 물이 안 좋은 동네니까.

돼지기름에 묵 지지면 환장하게 맛 좋아

그때 죽이라하면 대강 콩죽이지, 옛날엔 팥죽 1년에 두 번만 쒀도 망한다 했으니까, 콩죽은 좁쌀 놔서 쑤면 죽이 불어나서 언제나 콩은 살림에 보태는 곡식이지. 이젠 메좁쌀(차조)도 사려면 상당히 비싸, 좁쌀 한 말이 팔만 원 이야. 옛날에는 조가 흔했으니까 서숙을 먹으며 살았지. 밥은 낭푼밥(양푼이에 떠서 여럿이 먹는 밥) 먹고, 오라버니 밥은 언제나 따로 하고, 어떤 집은 아버지까지 같이 낭푼밥 먹지만 우리는 그렇게는 안했어.

그땐 도두리에서 제사 때도 떡 하는 집이 없어. 메밀묵 쑤고, 돼지고기 적 허고. 소고기는 어디 추렴하면 미리 사서 장항에 담가놓으면 생전 변하지도 안하고 좋아. 뎀뿌라(튀김)는 잔치나 되어야 하는 거지. 보통 배추씨기름을 써서 하는데 그 기름을 어떻게 감당해? 옛날에 기름은 단지에 돼지고기 하얀 비계를 간수했다가 굳혀서 썼어. 그걸로 묵을 지지는데, 그 냄새 맡으면 환장하게 좋아. 들기름은 안 썼어. 참기름은 비상으로 쬐금만 쓰고. 계란 먹은 사람도 별로 없어. 나 시집갈 때까지 계란 몇 개 안 먹고 살아진 것 닮은데? 닭이야 키웠지만 그 계란을 우리 주진 않았어. 잔치 때도 계란 설라문 개(30개)면 잔치했지.

해방은 센닌바리 차고 징병 나간 오빠가 돌아오는 것

대동아전쟁 말기에 오빠가 군대 가게 되자 큰아버지집에서는 기지(옷감)에다 호랑이 그려서 거기 매듭을 지어놓고 오일장에 가져가서 부탁하면 한 모작(매듭) 씩 해줘. 범띠는 나이대로 허고 나머지는 한 모작씩. 그걸 '센닌바리(千人針)'라고 했어. 그러니까 큰집에서는 범 그린 센닌바리하고, 우리집에선 히노마루(일장기,日の丸の旗)센닌바리 허고. 와닥와닥 모두 죽어갈 때 장손이 군대를 가려고 하면 집안에서 얼마나 걱정이 되겠어?

해방되었다고 무슨 큰 변화야 있겠어? 우리 대통령 바꿨다고 정부에서 무엇을 주지 않는 것처럼, 다 자기가 노력해야 되는 거지. 그래도 해방이 되니까 동네 어른들이 막 좋아하고, 병정 간 아들들이 일본에서 돌아오게 되니 오빠도 오고. 그때 정뜨르비행장에 창고같이 쌀들도 막 쌓아두고 했는데 일본군이 가버리니까 동네서 몰려가서 그 쌀들도 쓸어 담아다가 먹기도 했고.

초등학교 입학 2년 만에 4학년으로

집에 있을 때 점바치(점쟁이)가 와서 나를 보고 "이 딸은 공부를 시키면 막 높은 상을 받으며 살겠다" 했어. 어머니가 그 말을 들었는지 해방되니 학교를 보내더라고. 이제처럼 8살에 안 보내고 9살에 부친 거 닮아.

언니하고 야학 다니며 한글은 깨친 것 같아. 야학에서 나눗셈을 배웠으니 1학년으로 가민 삼삼할 거 아니? 그래서 한 학년을 뛰어 넘었어. 2학년 다니다 또 뛰어넘고 하면서 4학년까지 다녀진 거 닮아. 그댄 학성들이 잡탕오탕이라. 나보다 나이 많은 사람도 1학년으로 들어가고. 초신(짚신) 신고 다랑굿에서도 오고 했는데 내 기억에 멀리서 다닌 사람 중에 여자는 없었어. 그 사람들도 사태 나니까 초등학교 마치지 못한 사람이 많을 거라. 5학년 올라가고 공부한 기억이 없어. 선생들이 다 없어져가고.

학교에서 "흐르는 강물 / 높이 솟은 횃불에 / 무궁화 삼천리 / 화려강산" 이런 거 배우고, "노고지리 앞서가자 / 해가 뜨는 이 들판 / 삼경 끝에 풍경소리…" 이 노래가 곡이 참 좋은데 그 다음을 모르겠어. "한 글자 한 문서야, 두 글자 두 문서야" 하는 노래를 끝까지 불러보고 싶어 친목도임에 가서 물어봐도 내 나이에 기억하는 사람이 하나도 없어. 그때 이런 노래 부르견 외숙모가 "너 노래 참 잘 불럼져이(부르는구나)" 했는데, 그때 우리 동네에서 여자 중에 학교 다닌 이는 지순이, 나. 해서 5명 내외라.

4·3 전후 결혼풍습의 변화

오빠 결혼할 때(1944년) 보면 신부는 가져오는 게 일절 없었어. 그때까지 여자집에서 시집에 옷이나 이불 해가는 건 본 일이 없어. 신부가 세간(가재도구) 해가는 것도 경대나 하고 궤 한 짝. 세숫대야 하나 하고 요강단지는 가져가야 했지. 이불 두 개에 요 하나 하면 막 잘 차린 것으로 허고. 궤 두 짝 해 간 사람도 없어. 그때까진 결혼반지도 없었고.

신랑집이 훨씬 분주하지. 여자집에서는 그냥 오고 신랑집에서는 새각시 옷을 여러 벌 했지. 올케가 시집올 때 신부 옷은 큰아버지도 해주고 어머니는 물론이려니와 외삼촌네도 귀한 조카니까 옷 한 벌 해 놓고. 그때 새각시는 시집에서 옷 몇 벌 물려오는 것이 큰 광명이었어. 옛날에야 팔만 들어가면 입었으니까 대충 지어도 되었겠지. 신부는 가마 타고 신랑은 말 타고 신랑집으로 들어오면 신부는 흰저고리치마 입고 그 위에 장옷을 입어. 그러면 그날 신부가 벗어놓은 물림 옷이 많이 나오니까 다음날 사돈집으로 그걸 군사람이 지어가. 시누이나 사촌시누이나 여자가 뒷다리 하나 놓고 신부집으로 지어가는 거라.

  작은언니 결혼할 땐(1946년) 택시를 '가시키리(대절, 貸(し)切り)'라고 했는데, 그 새까만 찌프차로 언니를 데리러 왔어. '가시키리'해서 딸 판 집이 그땐 우리집 밖에 없었어.

  그때까지도 남자집에서 이바지를 가져왔어. 사돈집에서는 마음 흡족한 잔치하게 되니까 계란 100개, 술 한춘이(15되), 닭 3마리 잡아 놓고, 돼지 머리까지 한 마리 전체를 가져오고. 그걸 가지고 새각시 집에서 잔치하는 거야. 100근 넘는 돼지를 가져오니까 외삼촌네 식구들은 "아이고 이바지 잘 가져올 만하지. 소못(사뭇) 몰래물에선 메누리 잘했다고 야단이 났수다" 하는 거라. 그 고기, 그 계란, 그 술로 먹고. 돼지 크게 기르기가 오죽 어려워? 운반은 어떻게 했을꼬? 그땐 차가 없을 때니 말에도 싣고 사람도 등짐 져서 요란하게 온 거 닮아. 술은 소주일거여. 웬만한 곳은 신랑집에서 술 한 허벅(10되)을 해 가는데, 어떤 집은 술 한 허벅 가져오지도 못해서 대바지(작은 허벅)로 하나 가져왔다는 집도 있고.

  4·3 전에는 통일적으로 이바지 풍습이 있는데 4·3 후엔 워낙 어려워지니까 이 풍습도 없어졌어. 끊어진 걸로 봐야지. 나중에는 남자집에서 여자집에 기지(옷감)를 주면 여자집에서 신부가 해오는 건 해 갔어. 신부가 시집에 보내는 친척예단이라고는 섣달 그믐 때 친척들에게 광목버선 한 배(켤레)해 오는

그것 뿐. 그것도 어려워서들 쩔쩔매고. 그러다 좀 있으니 여자 쪽 부담이 세어 갔어. 돈이 많이 들어가. 옛날엔 아들 결혼시키면 작은방이나 벽장 붙은 방 하나 주면 그 벽장 위에 이불 개어놓고 살았는데 이제는 그렇게 살려고 하나? 집도 몇 억 가는 아파트해서 살려고 하니까 남자쪽 부담이 훨씬 더 크지.

옛날에는 잔치하기가 그렇게 힘 들었어. '둠빗물에 손 덴 며느리(두부 만드는 물에 손 데이면서 맞이한 며느리)' 라는 말처럼 두부를 해야 잔치가 되지. 두부 하려면 방앗간에서 콩을 빻아다가 맷돌로 큰 함지에 물컹하게 갈아서 이제처럼 샤 주머니가 있으면 쉬울 건데 그땐 나일론 샤가 없으니 무명주머니에 그저 여럿이 앉아서 주무르는 것이 공력이지. 그 물로 두부하면 그렇게 맛 좋았어. 잔칫날도 하얀 쌀밥은 안 하고 보리쌀 삶아서 팥 놓고 검은 무쇠 솥에 하면 구수하고 맛 좋아. 국은 돼지접작뼈며 다리뼈를 넣어 푹 삶은 국물에 두부 두 점쯤 넣으면 그게 잔치 국이라. 보통 뭄국(모자반으로 끓인 국)은 일반이 먹고 새각시나 우시(신부거드는 사람) 방엔 뼈 달인 국을 했지. 잔칫날 동네 아이들이 오면 멍석에 줄줄이 앉게 해서 고기 반 하나를 나눠주는 데 접시가 모자라 코쟁이에 두부 3점, 고기 석 점, 순대 하나를 끼워주면 멍석에 앉아서 먹고들 했지.

새각시 곤밥

그때는 영화도 없고 고운 것 볼 일이 없으니 새각시 보는 게 큰 권리라. 아이들은 밥 몇 숟가락 먹는 지 보려고 새각시 방 창문에 매달려 한 숟가락, 두 숟가락 하며 세는 거야. 그러면 새각시는 밥을 몇 숟가락 밖에 안 뜨지. 그러면 곤밥 한 사발이 거의 남아. 새각시 방에는 하인이 있어. 새각시 상도 들고 가고 이불도 져 가고 시중 들어주는 사람. 나중에 음식도 빌어가고 하려고 그런 일을 하는데 음식이 안 남으면 부아 팡팡 내고. 그 하인이 새각시 먹다 남은 밥그릇을 들고 나와서 한 숟가락씩 줘. 그러면 그걸 손에 받아서 먹는데 씹을 새도 없이 목구멍으로 넘어가버려. 그건 어디든지 마찬가지더라. 새각시 곤밥 한 숟가락 떠서 주면 좋아했던 생각을 하면… 새각시는 밥이고 국이고 몇 숟가락 안 먹어. 그건 아마 오줌 누러 똥 누러 가기 궂으니까 그럴 거라. 옛날은 다 통시(변소)도 멀고 하니까.

해산구완 장면

어릴 때 보면 애 낳는 방에는 보릿대를 깔았어. 미리 깔아도 아기 안 나온다고 하면서 아기 머리가 보일락 말락 할 때 곱게 장만한 보릿대를 방에 깔아. 비니루(비닐)도 없고 천 쪼가리도 없고 비료종이도 없을 때니까. 보릿대 위에서 아기를 낳아도 신기하게 어디 눈이나 찔렸다는 말은 들은 바 없어.

아기 낳고 이레째 되는 날에는 보릿대를 치워 태워버리고, 아기태도 집 바깥으로 나가서 태우고, 아기태는 깨끗이 태워서 보골보골하려고 하면 나무로 태워야하니까 오래 걸리지. 보릿대로 하면 순식간에 호로록 붙어버릴 것 아니?

사태에 죽은 조카(1947년생)도 보릿대 깔아서 낳았어. 첫 음식은 메밀가루 물컹하게 반죽해 조배기(수제비)해서 한 바가지 주면 먹고, 바닷고기 끓여서 미역 듬뿍 놔서 먹고, 아기어멍은 이레 동안 쌀 일곱 말 먹는다고 했어. 밤참도 먹이고, 젖 잘나오게 막 신경을 쓰는 거지.

민간요법에 의지한 병구완

살면서 제일 무서운 것이 마누라(마마, 천연두를 말함)라. 그땐 병원도 없었고 그저 정성으로만 아길 키웠으니까. 옛날엔 마누라하면 그저 빌기만 하면서 병원 갈 생각을 못 했어. 마누라 걸린 아기는 입안이 가랑가랑 해어지고 입에 거품이 포각포각 하다가 까닥하면 숨넘어가고 했어. 막 위험해가면 무슨 맥문동인가 하는 꽃물 삶아서 아기 입에 발라주기도 하고. 아기가 물 먹고파서 헤뜩헤뜩 하지. 그러면 손을 내사(심방을 청해 빌어야) 아기가 이겨낸다고 할망이라도 불러야 한다고 했지. 이제 생각하면 아기가 힘이 없어서 시들어간 거지, 무슨.

손을 부를 때는 심방이 올레에서부터 노람지(늘) 펼쳐놓고 빌면서 들어왔다고 하지. 집안에 아기가 마누라할 때는 상에 밥도 올려놔서 안 먹고. 아기 나을 때까진 마누라 신을 엄중하게 생각했지. 큰 손님이 온 거니까. 고기도 안 굽고 연기 내우지 말고 해야 하는데 시집가보니 마누라할 때 연기에 눈이 상해버려 평생 어두운 눈으로 산 친척이 있었어. 이제라면 고쳤을 건데. '마누라 손에 나가는 아기, 검질 손에 나가는 곡식 믿을 수가 이시랴' 허는 노래도 있지. 마누라로 죽은 자식, 김맬 때 실수로 같이 뽑아버린 곡식이 아깝다 하는 말이지.

그때 호열자 걸린 집을 보면 그 집 마당에도 나오지 못하고 가시로 둘러싸서 집 밖에 물항아리 내놓으면 동네 사람들이 물 길어다주고 올레를 가시로 막아 아무나 드나들지 못하게 하드라.

우리만 그런 게 아니고 나 또래들은 허물이 나면 피마자잎이나 붙이고 어떤 집은 상처에 문틈의 묵은 먼지를 바르면 좋다고 해서 그거 발랐다고도 해. "그 먼지를 상처에 대면 더 썩어버릴 것 아닌가" 하면 "그렇게 하면 허물이 좋아지는 걸 어떵 헙니까" 하면서 웃었지.

설사엔 불을 때서 밥할 때 솥에 생기는 검은 그을음을 숟가락으로 긁어서 흰죽에다 섞어 먹으면 좋아 버려. 그것이 생각해보면 늘 불을 때는 곳이니 궂은 것이 있을 건 없지. 덴 데는 말기름을 바르면 좋다고 하고. 멍든 데는 치자에 막걸리와 밀가루를 섞어서 만든 것을 붙이면 피독을 빼준다고 했었지. 보통은 침을 맞으면서 크는데 침 맞으면 손해는 없어. 우리집 아이들은 무정하게 크니까 침이나 맞으면서 컸지.

도두리 3·1대회의 기억
어디서 연락을 받아 한 일인지는 알 수가 없지만 어머니도 가고 언니들도 가뵈고 동네가 왈칵 갔어. 짚신을 끈으로 묶으면서 제주시 북국민학교까지 걸어서 가는 거라. 아이들은 동네에서 "우리는 싸웠다, 3·1운동에" 어쩌구 하는 노래를 부르면서 돌아다니고.

그날 갑산집 며느리(박재옥 씨)가 궐기대회 갔다가 죽었어. 마을에서 인민장을 크게 했어. 도두리서 행상 나갈 때는 중동마을에 노래 잘하는 여자가 선소리 하면서 상여 나가는 거를 아이들과 구경했던 생각이 나. 동네 사람들이 애석해하던 표정들이 선해. 그 후 민밋(줄줄이) 죽는 일이 있었지마는 그게 첫 일이니까 기억이 선명하지. 그때 아기가 돌이 안 넘은 아기가 있었어. 그 아긴 얼마 없어서 죽었어. 그땐 우유가 없으니 어멍젖이 없으면 아기 키우기가 그렇게 어려웠어.

내 생각에는 꼭 그때부터 불상사가 난 것 같아. 그때 달구노래도 들어진 것 닮아. 달구노래는 산 터 다지는 노래지. "어허 달구~" 하면서 봉분이 무너지지 않게 잘 다져야 하는 거니까, 이제는 놉(인부)빌어서 하면 엉성하게 수왈수왈 해서 무덤이 납작보말(고동)이 되어 버리고. 하지만 이젠 그런 일을 어떻게 직접 해? 누가 해?

무자년, 그때 나는 열두 살
그 이유는 모르지만 산 쪽으로 붙은 사람들은 지금 생각하면 야당 같은 거겠지? 그때까지는 이게 어디서 온 사건인지도 분별 못 하고 있는데 해방되고 도두리 청년들이 두 쪽으로 갈라졌어. 오라버니가 군대 간 온 후에 수군수군 어디서 연락이 왔는지는 몰라도 오빠는 군에서 사상을 가져온 거 닮더라고. 우리 오빠도 떨어지지 않지만 서카름 김○○ 김○○ 그 사람들도 도두리에서 다 일 청년들이었지. 오빠와 친해서 서로들 불러간다 불러온다, 밤에도 집에 와서 잤다가 가고 허물없이 친하게 지낸 사이였는데... 동카름은 전체가 사상 쪽으로 붙었어. 서카름은 경찰 쪽이라 하고. 마음이 뒤바꿔 갈라지니 김○○ 부모들이 가족 4명을 데리고 산에 오르라고 해서 갔는데 죽여버렸으니 보복이 일어난 거지. 그거는 난 잘못된 것으로 봐져. 산에서 그렇게 해 놨으니 악에 악심을 먹어서 반대쪽에서 악에 바쳐서 더 하고. 이제 생각하면 시국을 원망해지는 것이 이 물 막은 섬에 어떻게 그런 일이 생겼을꼬. 내가 열다섯 만 되었으면 그 의미를 좀 알겠지마는.

그 시국에 불렀던 노래들

원수와 더불어 싸워서 죽은 / 우리의 죽음을 슬퍼 말아라
깃발을 덮어다오 붉은 깃발을 / 그 밑에 전사를 맹세한 깃발

무명지 깨물어서 / 붉은 피를 흘려서
태극기 걸어놓고 / 천세 만세 부른다

우리가 그런 노래를 부르고 있으면 어머니 친구가 집어 왔다가 걱정하는 목소리로

"무사(왜) 이런 노래 불럼시니(부르니), 이런 노래 부르민 심어간다(잡아간다), 그런 노래 부르지 말라."

아이들에게 야단쳤는데 그때가 사태나기 직전인 것 같아.

대문에 붙은 빨간 딱지

우리집은 오빠가 잡혀가고 대문에 빨간 딱지가 붙었어. 사상가의 집이라는 뜻으로. 어머니가 잡혀간 것은 아무래도 오빠 행방 때문일 거야. 며칠 취조 받고 경찰서에서 석방되서 나왔을 때 어머니는 임자가 못 믿는 말을 하더라고.

"내가 이렇게 나와도 모른다. 이제 저 사위 중에서도 몰리면 몰릴 것이고, 아들쪽으로도 몰리면 몰릴 것이니"

이런 말을 들으니 간이 어중간 했지마는 선뜻 죽일 줄이야 누가 알았겠어?
어머니가 석방된 날은 콩물에 청주 타먹으면 취조 맷독이 풀린다고 해서 큰언니가 고래(맷돌)에 콩을 갈고 있는데 큰외숙모가 와서 "아이고 얘야, 무사 어멍 온 날에 고랠 골암시니게(왜 어머니 석방한 날에 맷돌 가는 소리를 내느냐)." 하시던 말이 생각이 나.

도두리 돔박웃홈 집단학살
(주: 현재 제주국제공항 서북쪽 활주로에 위치한 '돔박웃홈'은 도두마을 주민뿐만 아니라 소개명령으로 도두리에 온 사람들이 수차례에 걸쳐 집단학살된 곳이다)

뒷날 그 사건이 뒈싸졌어(뒤짚어졌어). 그때 어머니는 누워있을 때였어. 경찰서에서 처음에는 큰언니를 불러서 조사할 게 있다고 데려가는데 어머니는 돌아 누운 채로 "아기 기저귀 잘 끄령(챙겨서) 가라"고만 하더라고. 조금 있다가 다시 와서 "어른들은 다 오라고 헴수다" 부르니까 어더니가 나막신을 신고 달곡 달곡 허면서 갔어. 난 검은 고무신 안고 막 뛰어가서 "어머니, 이 신 신엉 갑서(신고 가세요)" 하니 "아이고, 몽둥이나 가져올 거 아니가" 하는 거라. 탁 신경 쓰니까 몸이 말아져 간 거지. 그래서 걷기가 힘들었던 거야. 그날 어머니가 담 위로 큰외숙모 부르며 "성님 성님, 우리 아이들 살펴줍서" 하더라고. 그때 어머니는 큰사위가 없어졌으니 업 잡고(핑계 삼아) 죽게 되는 건가 으심이 온 거 같아.

그날 밤 빈집이 무서워 외삼춘네 집에서 잤는데 다음날 아침 어머니가 석방증을 찾는다는 말을 전해듣고 부리나케 집에 달려가 석방증 갖고 뛰어서 지서에 가보니 좁은 방이 미어질 듯 빽빽하게 사람들이 있었고, 모두 나를 바라보는데 어머니가 고개 푹 숙여 앉아서 날 쳐다보지도 않더라고. 이젠 막 낙심이 온 거라. 큰언니는 아기 업고 하룻밤 동안에 눈가가 움푹 들어간 것이 밤새 심한 취조를 받은 모양이라. 그 순간에도 어머니는 큰언니 죽을 것을 생각하며 더 낙심을 가지는 것 같더라고. 가서 보니 누가 밥을 해온 것이 보여. 이제 생각하면 누군가 밥을 가져갔으니 다 같이 한 숟가락 씩 먹었을 것 아니? 난 '아이고 나만 밥을 안 가져 왔구나' 싶어서 막 한숨에 돌아와 탑을 하려니까 항아리에 물이 없는 거야. 대바지(작은 허벅)에 물을 길어 바쁘지 올레 안으로 들어오는데 웅성대는 소리가 들렸어.

" 돔방굴 트멍(돔박웃홈 골짜기)에 데려가 다 죽였젠 헴져(죽였다고 한다)."
"아니, 총소리도 안 났는데?"
"아이고, 인칙에(아까) 총소리 났져."

이젠 허벅에 물 진 채로 엉엉 울면서 가보니 빈 집에 4살 조카만 닭 졸 듯 졸고 있는 거야.

"아이고 수길아, 할머니도 어머니도 다 죽었젠 헴져. 우린 이제 어떵허면 조으코(어쩌면 좋을까)."

이렇게 말해도 펀드릉, 저렇게 말해도 펀드릉 조카는 아무 반응이 없었어. 그날 밤(1949.1.2.)은 비가 억수로 오니 그 비에 피도 씻겨 내려갔어. 뒷날은 "시체를 치워내라" 명령이 떨어진 거라. 그 장소를 치워야 또 죽일 거니까. 셋외삼춘 아들이 그 와중에 죽어서 외삼촌들은 그 오빠를 갈무리해서 어디 가서 흙이라도 덮고 오려고 한 것이 이제 나하고 같이 갈 사람은 아무도 없더라고. 그 생각을 하면... 내가 그곳을 알 수가 있어야지. 가마니 적데기 짊어지고 동산으로 가면서도 어느 쪽으로 갈지 몰라 막막한 거야. 다행히 동네 어른을 만나 따라가게 되었어. 가보니 시체가 이리 쓰러지고 저리 쓰러지고, 모두 인친 척이 몰려와 묶으며 처리를 하는데 나 하나만 그냥 동동거리는 거라.

이리저리 울면서 돌아다니다 시체를 찾았어. 어머니는 석방증 손에 쥔 채 어디 총 맞은 곳도 없고 보기 싫게 안 죽었는데, 큰언니 생각은 하면 정말로, 철창으로 몸을 이리저리 찢어 버렸더라고. 업은 아기도 같이 죽고. 그 아기조카가 막 (얼굴이) 잘 났는데, 이제 살았으면 칠십 셋이로구나. 동네에서 여자들까지 나와 시체 마주잡고, 남의 밭에 밋밋(줄줄이) 공동묘지 하듯 묻었어.

너무 무서웠어… 돼지와 말하면 덜 무서워

어머니 묻고 나서도 내가 큰삼촌네집 가고프다는 말을 노시(끝내) 못하는 거라. 만일 내가 울며불며 했으면 잘도 난처했을 건데 큰삼촌네가 우리 때문에 피해볼 생각하면 무서워도 가겠다는 말을 못 한 거야. 우리집은 빨간 딱지가 붙었으니까. 큰외숙모는 딱하니까 "그러면 솥에 물 넣고 검질(마른 풀)로 헛불을 놓아서 사람 사는 것 같이 해 두고 밥은 우리집에 와서 먹어라"고 하셨어. 그 집에서 사흘 자고 집에 가겠다고 했더니 큰외숙모가 잡지를 않는 거야. 속으로야 더 있고 싶었지. 그 후로는 일절 큰외숙모집은 얼씬거리지 않고 집에서 버텼어. 대신 말방아 찧을 때 물 없는 집에 물이나 길어가고 하면서 밥 얻어먹는 동냥바치(거지)할머니를 모셔왔어. 그 할머니 옷에 막 이가 괴어서 그 옷 다 벗으시라고 하고는 어머니 일복이라도 갈아입게 하고. 그 할머니가 발 자리에라도 누운 것이 한결 낫더라고.

  오늘 밝아질까 하면 새벽이 오고 오늘은 밝아질까 하면 그날 넘어가고 하면서 4살 조카와 스무 날을 큰 집에서 산거야. 너무도 외롭고 무서울 때는 통시에 가서 돼지에게 말 걸면서. 그러다 안거리를 빌려줄 수 있었어. 해안서 피난 온 7식구를. 아이들이 오망오망한 집인데 우리 곡식이고 적을 거고 다 써도 집 빌려준 것만 좋아했지. 저걸 놔두면 무엇을 하리, 아무리 생각해도 죽으면 다 버릴 거. 아까운 생각이 조금도 없었어.

  폭도가 오면, 그땐 '폭도' '폭도' 했으니까, 삼촌 조카가 이불 뒤집어쓰고 독독 떨다가 든 생각이, 폭도가 우리 누워있는 방문을 꽉 열면 그게 더 무서울 것만 같은 거야. 차라리 미리 나가 바깥으로 마중을 나가버리는 것이 견디기가 쉬울 것 같았어. 폭도 온다는 말이 들리면 이젠 조카 옷 입히고 미리 나가 기다렸어. 무조건 우리에게 하는 말이 "글라, 산들에 글라(가자, 산으로 가자)"라. 그들도 분별없는 사람들이지. 맨 얼굴에 왔더라고. 우리가 경찰주목을 받으면 산에서라도 우릴 보호해줘야 할 것 아니? 내가 용기 내어 "우린 소까이 온 사람도 아니고 어멍도 언니도 다 죽어버린 아이들인데 우리 같은 사람은 어떻게 합니까?" 물으니 그런 사람은 모르겠다는 거라.

　그 사람들이 산으로 돌아갈 때 불 붙여두고 가버리면 나 힘으로는 꺼볼 수가 없어. 처음에는 방 빌어 사는 사람하고 오줌 항아리 두 개에 가득한 오줌으로 끌 수 있었어. 그 다음엔 어림도 없어, 집 전체로 불이 붙었어. 우영팟이 한 삼백 평 되니 그곳에 수길이 안아다 놔두고 집안에 들어갔는데 뭐 내올 것이 없어. 다 죽을 건데. 이건 꺼내서 무엇 하리. 그런 생각만 났어. 멍청하게 서 있다가 안방에 있는 사오기 궤 두 짝을 꺼냈어.

죽은 영혼에 숟가락 걸쳐놓고

　　　　　　집이 불타니 이젠 갈 데 올 데가 없는 거라. 하루 살기가 한 달, 1년 만 하더라고. 대동청년단이 왔을 때 큰외숙모가 "이런 아이(고아가 된 4살 조카)는 어떻게 합니까" 물으니 지서에 데려오라고 하는 거라. 지서에 데려오라는 건 죽이겠다는 거지. 외숙모가 "우리 목숨이 끊어지지 않은 바에야 어떻게 지서에 데려가니" 하며 우시는 거야.

　그때 집이 불탄 사람은 아무데라도 들어가서 살라는 명이 있었어. "어딜 살디?(어디서 살고 싶니?)" 외삼촌이 질문할 때, 마음은 친절한 큰외삼촌 집에 살고 싶어도 미안해서 그 말을 못하는 거라. 그래서 목 지키다 죽은 아들이 있는 셋외삼촌네 집에 간다고 조카 데리고 가재도구 몇 가지 들고 갔지. 외삼촌네가 밥을 먹으라고 할 때 난 "밥을 올려야 할 텐데" 중얼거렸어.

"아이고 요 아기야, 밥 안올려도 어떵 안 헌다게(괜찮다), 귀신이 어디 시니?(있느냐)"
"경해도(그래도) 죽으면 어머니가 밥 올리는 걸 봐 나신디(봤었는데)."

" 경허문 느네 밥을 따로 주커매 해여난 대로 허라(정 그렇다면 너희 밥을 따로 줄테니 했던 대로 하라), 밥먹기 전에 어멍 순가락 하나 걸치고 성 순가락 하나 걸치고 해 두고 삼촌조카가 밥 먹으민 된다."

그 말 듣고 1살 조카까지 순가락 3개 밥그릇 위에 걸쳐 놓아두고 밥을 먹은 거라. 동카름 삼촌네 집에 가도 밥 먹으라고 하면 똑 그같이 하고. 내가 분시(분별)가 없어서 삼촌들을 괴롭혀진 거지.

그러다가 작은언니네 집을 기어들어 간 거라. 산에서 습격이 오고 마을에서는 목을 지키고 할 때인데, 그날은 성(작은언니)이 있으니 어리광인지 뭔지 이런 말을 해지는 거라.

"성, 오늘 습격 오면 수길인 내버려 뒁 가쿠다(내버려두고 가겠어요)."

내 말 듣고 작은언니가 막 우는 거라.

"우리도 죽어 버리지, 부모도 없는데 살앙은 뭐헐 거니(살아서는 뭐하겠니)."

그러니 옆에 있던 언니 시외숙모가 우리를 달래는 거야.

" 조캐, 울지 마심네, 우린 살아 지심네, 우리도 오늘도 모르고 낼도 모르난 놈의 대동 아니순, 조캐, 울지 마심(조카 울지 말아요, 우리라고 살아질 건가, 우리도 오늘 내일을 모르는 남과 다를 바가 없으니 울지 말아요)."

그때 화북지서에 있는 형부가 하늘귀신처럼 나타났어. 도로 통제가 돼서 갈 수가 없었는데 어떻게 우리를 제주시에 있는 큰아버지집에 데려다 줬어. 그때서야 매일 큰집나들며 애타게 소식 기다리던 수길이 할머니가 당신 손자를 데려갈 수 있었어. 그 집 산천이 좋아 조카는 그 시국에 살아난 거지.

책만 펼치면 생기는 어지럼증

수길이 보내고 나서야 누우면 눈물도 흐르기 시작하고 코도 나오고 하는 거라. 큰아버지집 살 때니까 소리 들릴까봐 이불 쓰고 계속 우는 거라. 이제 생각하면 우울증이지. 잠이 안 와서 오빠 보던 책이라도 펼치면 머리가 혁뜩 하는 거라. 그 책을 탁 덮으면 괜찮고, 책만 보려면 머리가 빙빙 도는 거라. 그 후로 책을 일체 보지 않았어. 그러니 평생 기억으로만 살았어.

천정에서 떨어진 뉴똥(유동) 복주머니

큰어머니는 4·3 전에 남편과 사별해서 19살 위인 우리 큰아버지에게 왔어. 큰어머니 데려온 딸이 하나 있더라고. 그 딸이 나보다 한 살 아래인데 막 언강(애교)이 좋아. 누가 오면 '오라버니 오라버니', '삼촌 삼촌' 하면서 주인집 딸처럼 하고, 난 데려온 딸 닮고. 집에 온 손님도 걔 눈엘 들어야 식은 밥 한 숟갈이라도 얻어먹고 갈 거 아니? 그러니 난 언니 사는 도두리만 가고 싶어 어떻게 하면 그 말을 꺼내서 할까 고민하는 거라. 시집간 언니네 집을 찾아가면 무슨 수가 나겠냐마는.

큰아버지가 심상히 둘을 대하지 않고 나에게 각별히 신경을 쓰니까 큰어머니는 당신이 데려온 딸을 애월 친정으로 보내기도 하고. 이제 그것도 이해가 가지. 임자가 낳은 딸과 살고 싶지 나하고 살고 싶겠어? 거기서 나는 시앗(큰아버지의 후처)의 아기가 되어버린 거라.

큰아버지집에 살면서도 쉬어보진 않았지. 큰집에는 제사가 많아 콩나물시루가 쉴 틈이 없었어. 우리 부모님 제사는 물론이거니와 조부모, 증조부모, 4·3에 죽은 친척 제사까지 그 많은 제사에 물은 내가 도맡아 길어왔어. 그러다가도 좀 한가해지면 돈 벌 궁리를 하는 거야. 밭에서 열무를 사다가 병문내에서 깨끗이 씻어 팔고, 삼양에 가서 고구마 사다가 쪄서 피난민들, 바지부대들에게 팔아보기도 하고. 이리저리 번 돈을 빨간 뉴똥(유동) 쪼가리로 만든 복주머니에 보관했어.

어느 날 몸뻬 안 호주머니에 넣고 미싱 위에 잠깐 걸쳐둔 복주머니가 없어졌어. 큰어머니는 놋그릇 닦으러 왔던 복순이 언니를 못 믿는 말을 하더라고.

"아이고 영 골믄 죄지실 말 닮주마는 복순이나 봐신가게(이렇게 말하면 죄지을 말 같지만 복순이 짓은 아닐까)."

작은언니가 제사에 왔을 때도

"아이고 연심인 그 돈 일르난(잃어버리니까) 소못 고민허영(몹시 고민하다가) 줄어부러시녜(여위어졌단다)."

이렇게 앞서서 걱정해버리면 원, 뒤에서 조들 사람(걱정할 사람)이 하나도 없어. 큰아버지는 고양이 똥 묻듯 잘 맡기기라도 하지 않고 그냥 잃어버렸다고 야단 하고.

한 1년 쯤 지나서 소제를 할 때 창문 위 선반을 매어둔 데서 무엇이 툭 떨어지는 거라. 쥐 뜯어먹은 빨간 유동주머니였어. 속은 비어있었지. 그때야 차차 분색해져 '아 이건 우리 큰어멍이 돈은 갖고 빈 주머닌 창 위로 올려버렸구나' 속으로 짚어지는 거야.

대구형무소로 간 오빠도 소식이 끊어지고

오빠는 48년 봄인가, 처음 잡혀갔어. 큰아버지께 급히 연락하니까 경찰에 아는 사람을 찾아 밭을 출세(전세) 줘서 그 돈으로 오빠를 빼냈어. 그 후로는 큰아버지가 도두리에도 안보내고 딱 임자 집의 방에서만 살렸는데 73일 째 되는 날, 밀고가 들어와서 또 잡혀간 거라. 그때는 큰아버지도 같이 들어갔지.

그날은 하필 큰아버지가 51세에 귀한 첫아들 낳아 돌잔치 하는 날이었어. 큰어머니는 그 젊은 나이에 남편이 잡혀가니 애가 바짝 타서 눈이 푹 들어가고 젖이 말라버렸어. 큰아버지는 나중에 어떤 수를 썼는지는 몰라도 풀려났어.

오빠는 대구형무소에 가서 큰집으로 어머니 안부를 걱정하는 편지가 몇 번 왔어. 큰아버지가 나중에 "어머니는 이미 돌아가셨고 너 오면 장례하려고 남의 밭에 토롱(임시 매장)해 두었노라"고 했을 때 "나를 기다리지 말고 큰아버지가 맡아 장례를 치러 주십시오" 하는 답장이 왔는데, 그게 마지막이었어.

부산 영도로 떠나다

내가 육지로 나가겠다고 하니 큰아버지가 노해서 말도 안 해. 큰아버지는 "몇 목숨 죽어서 너 하나 있는데 나 얼굴 들게 하려는 거냐, 갈 거면 호적 떼고 가라"고 호통치고. 큰어머니는 큰아버지 앞에서는 의견을 같이하다가 부엌에 오면 의견이 달라져서 "가면 살아진다, 살아진다" 하니 난 이러지도 저러지도 못 하고.

내가 우겨서 가게 되니까 큰아버지는 내가 맡긴 돈에 주판을 놔서 이자까지 싹 계산해서 나에게 주라고 한 거야. 난 이자를 받으려 한 것도 아닌데. 이 바보가 너무도 큰아버지께 미안하니까 그 돈을, 나 돈만 세어서 가지고 더 붙여서 준 이자는 다시 큰어머니 드렸어. "이건 큰아버지 드려줍서, 이건 안 받으쿠다" 병신같이 말했는데 철이 들어가니까 이젠 그 돈도 큰아버지 안 드렸다는 걸 느껴지더라고. 그땐 이자가 막 비쌀 때였어. 큰아버지 집에서 12살에 가서 17살에 나왔으니 4-5년 산 거 닮아.

저녁 해가 걸려 있을 때 평택호 타서 다음날 막 해가 밝을 때 부산에 도착했으니까, 19시간 걸렸던 것 같아. 마중 나온 친구 따라 영도다리를 건너서 남항동으로 갔어.

부산은 맨 하꼬방(판자집) 천지였어. 비 안 샐 정도로 도배나 하고 임시 지은 판자집들. 방 빌리러 돌아다녀보니 남항동은 두 집 걸러 한 집이 제주사람인거라. 4·3 때 위험해가니까 고향을 피해 온 사람들이지. 동네에 양철할망이라고 목소리가 광광해서 양철 별명이 붙은 어른도 김녕에서 온 할망이었고, 김녕, 함덕, 동복, 북촌 같이 동쪽 사람들이 주로 많이 와서 살고 있더라고. 그 사람들은 배를 타거나 해녀가 많았는데, 해녀들이 태왁을 져서 왁왁 소리 지르며 길을 다니면 같은 고향 사람이라도 부끄러운 생각이 들더라고. 고내, 하가, 애월.... 서쪽사람들은 범일동 방직공장에 주로 다니고 있었고.

그때 여섯 아이를 낳아 사는 집에서 방을 빌려주겠다는 거라. 주인 여자 하는 말이 아이들 둘이 잠만 자는 방이 있으니 와서 살라고 하는데. 대충 보니 방이 넓어.

"셋이 여기서 살고 아침에 출근하기 전에 너희도 물 떠와야 먹을 거 아니가, 내 물동이 빌려줄 테니 물 두동이만 길어다 주면 방세 안 받을란다"

물이 그렇게 어려울 때야, 먹는 물이. 제주에서야 모두 물허벅에 지고 다녔는데 부산은 전부 머리에 이는 물동이더라고. 부산사람들은 이마로 물 한 방울 흐르면 휙 하게 뿌리면서 꽁골꽁골 잘도 걷는데, 우리가 물동이 이고 걸으면 타울락탁 타울락탁 나도 잘 못 걷는데 내 친구들은 더 못 걸어. 물 한 동이 이고 우끗허게(벌떡) 일어나는 게 제주사람들은 잘 안 돼. 물 한 동이를 이고 나면 옷이 홀딱 한 벌 젖어버려. 그렇게 새벽에 그 물 두 동이 길어다 두고, 한 동이는 우리가 쓰고. 아이고, 물동이 빌 맛으로, 물동이 하나도 어려워서.

하꼬방에 앉으면 한참 동안 앞사람 얼굴이 안 보여. 하이고, 난 지금도 그 하꼬방집 꿈을, 집 귀한 꿈을 꿀 때가 있어. 화장실은 더 기가 차요. 도라무깡(드럼통) 반 잘라서 그 위로 나무 걸쳐 놓으면 도라무깡 반 차는 것은 금방 올라오지. 똥 한 번 누는 것도 어려워요. 똥 누고나면 주인이 문 톡 잠가버리고.

첫 직장은 남항동 통조림공장

사람 쓴다는 소문 듣고 맨 처음 찾아간 곳이 남항동 간스메(통조림,缶詰,かんづめ)공장이야. 고향 친구 세 명이 하꼬방 한 칸에서 별을 보며 공장가고 별을 보고 퇴근하는 생활이 시작된 거지. 그때 내 나이 17살, 우리 나이가 할 수 있는 일은 깡통 닦는 일이었어. 익숙한 사람들은 고등어, 꽁치, 잡고기를 갈아 반죽해서 기계에 담아 떡국 빼듯 빼면 그걸 가마솥에다 와글와글 끓여서 다시 기름에 튀겨내고 건조된 후엔 저울로 뜨면서 간스메통에 담아. 그러면 기름만진 손으로 얼룩진 그 깡통을 반질반질하게 닦는 일이 우리에게 주어진 일이야. 그 통조림은 어디 군대에도 보내고 하는데 그게 막 비싼 거라 하더라고. 어딘들 별 수 있나. 간스메에 들어가지 못하는 고등어대가리를 내놓으면 함석대야 들고 사러오는 사람들이 있어. 장사꾼들이 도매로 사

다가 몇 개에 얼마요, 갯수로 팔면 돈이 남으니까. 그곳에서 스무 날 일하고 도장 새겨 첫 월급을 탔어. 그때 새긴 나무도장을 65년이 지난 지금도 쓰고 있지.

국제시장 양장점 시다

그리저리 살고 있을 때 주인집 여자가 나를 보자고 하는 거라.

"너의 서이(셋) 중에 니가 젤 맘에 든다, 우리 아이 아버지는 저기 국제시장 안 있나, 국제시장 잘도 크데이, 거기서 수도양재점을 다닌다, 거시서 시다가 한 사람 필요한데 거길 댕겨보지 않을래?"

그 말 듣고 이젠 꽃무늬 면치마에 수놓은 옥양목적삼 한 벌 사 입고 주인집 여자를 졸졸 따라갔어. 영도다리 올라가기 전에 지나가려고 달음박질하듯 갔지. 영도다리가 시간이 되면 하늘을 쏠듯이 올라가고 그 다리 밑으로 돛대 있는 배들이 지나가고 지나오고 하는 거야. 따라가 보니 골목 안으로 들어간 조그만 양재점이야. 얼마 후 일이 없어져가니까 옷 주문도 많이 받는 잘하는 데로 옮겼어. 돈 있는 사람들이 주문복을 맡기면 공장에 일감을 밀어. 그러면 큰 양재점의 기술자가 일감을 따다가 미싱사 3-4명 데리고 재단사 한 명에 시다 한 명 붙여서 옷을 만드는 데, 돈 버는 건 시다가 호랑이지. 시다 손이 고와야 그 일이 고우니까, 단추도 다 헝겊으로 싸면서 할 대였어. 다 이북사람이야. 착착착 가위질을 해서 재단하는 것을 보면 아, 이건 배울 단큼 배운 사람들이 허는 거로구나 했지. 이북사람들은 성격은 칼칼해도 말도 딱딱 결단성 있게 잘 허고, 일본말을 써도 내가 말을 알아듣는 데는 손색이 없었어. 어릴 때 일본 살다 온 어머니에게 좀 배웠으니까.

양재점에는 경상도사람이 딱 한 명 있었고 나머지는 모두 이북사람이야. 도매상이고 뭐고 돈은 어디서 나서 하는지 큰 요리점, 큰 라사점은 다 이북사람이 잡더라고. 그들은 6·25 때 내려온 사람들인데, 힘이 있는 사람이 내려온다고들 했어. 전쟁이 끝나니까 다 서울 올라가요. 그렇게 올라가니 서울이 번창해진 것 아닐까, 다들 자리 잡았을 거야.

거긴 그렇게 일이 많더라고, 양재점 주문복 시다 월급이 그때 시청공무원 월급 4배야. 그래도 일하다 막 속탈 때가 있어. 옷감이 고급들이니까 다림질을 하다가도 약간만 손을 놓으면 몇 달 월급이 날아가 버려. 다리미불은 숯불인데, 다리미불 붙이는 아이가 따로 있어. 보름도래기(바람바퀴)로 와랑와랑 벌겋게 불을 붙여서 대야 닮은 것에 물 길어다가 확 지르면 물이 콸콸콸 하는데, 그걸 시간 맞춰 식혀 다림질을 해야 해. 난 변상해 본 일이 없었지만. 다림질하는 아이가 잘못돼 속 타는 것을 보고 충격을 받아서 '나 앞으로 이거 배워서 해야지' 하는 마음은 없더라고.

국제시장에서 점심시간 되면 양재점 맞은편에서 장이 열리고 별 장사가 다 있어. 거기서도 이북사람들이 그렇게 떡을 맛좋게 잘 해. 도자기시루에다 시루떡 사이엔 검은 설탕을 놓아 엿처럼 되게 하고 그것을 칼로 똑같이 베면서 팔아요. 그런 음식도 자주 사먹지는 못했지. 돈 아끼려니까.

    아주머니 나이에는 밤색갈이 남보왕(넘버원)
    백금반지 팔아서도 옷 해 입으세요
    여기는 국제시장 정말 좋아요

이런 노래나 '대전발 영시 오십분~' 하는 노래, '영도다리 난간 위엔 초생달만

외로이 떴다'허는 노래들이 막 유행할 때야. 나는 '미아리 눈물고개~~'하는 노래를 들을 때마다 올케 생각이 나서 울었어. 내게도 소중한 오빠였지만 올케가 어린 조카 데리고 혼자 사는 생각하면서. '홍도야 우지마라'를 부를 때는 내 신세를 생각하며 울게 되고.

고향에서야 장항아리에 가서 장 뜨면 이거 장인가 하고 장이 줄어드는지 가늠을 못하고 살았는데. 딱 대문 밖을 나서니 저승길이고 객지다 하듯이 그때서야 장 귀한 것도 알았지.

최고의 선물, 반나표 고무신

첫 월급 타서 맨 먼저 질 좋은 반나도 흰 고무신을 큰아버지 큰어머니 것 사서 보내며 사과하는 편지를 썼지. '큰아버지 마음을 헤아리겠다'고, '모든 게 내가 잘못해졌습니다' 하는 내용으로. 큰아버지도 보통 성질이 아니지. 답장 받은 기억이 없는 것을 보면. 부산 생활이 익숙해가니 큰아버지가 나를 가지 못하게 막았던 이유를 차차 알 것 같았어. 처음에는 분별이 없었는데 공장 일이 없어지면 양갈보로 나가는 아이들도 더러 있는 거야.

내가 부산에 있을 때 큰아버지는 병이 나서 그 큰 기와집도 팔고, 내가 제주에 있어도 여러 상황이 힘들었을 거야. 큰아버지 소상에 오면서 좋은 고무신을 다섯 켤레 사서 어머니 장례를 도와준 분들에게 한 켤레 씩 선물했어. 그 공을 갚아버리니 내 마음이 가벼워지는 거야.

결혼, 부산 생활 접고 다시 제주로

5년 동안 외지 생활을 하다 제주항 부두에 도착하니 남편이 마중을 나왔는데, 언뜻 행색을 보니 기가 막혔어. 빈줄(병귤) 한 가지 꺾어 들고 누런 와이셔츠에 넥타이도 안 맨 차림을 보는 순간 그 배로 돌아가고 싶었지. 주선해 준 친척 면목 때문에 인사나 하고 그냥 부산으로 올라가려 했는데 남편 친구들이 나를 잡아 사진 찍자고 우르르 사진관으로 몰려가서는 남편과 나만 두고 싹 사라져버린 거야. 얼떨결에 한 번 박은 것이 약혼사진이 돼버렸어. 난 그 사진 때문에 오도 가도 못하고. 이제야 아, 나도 시어머니 많이 속상하게 했구나 하는 것도 느껴지지. 부모로서 얼마나 속상했을까. 이 잔치가 될 건가 말건가 어쩔 줄을 몰라 하면서. 나도 아기들을 결혼시키면서 보니까 더 느껴지는 거야. 한 배만 바람불어 결항했으면 잔치날짜에 오지도 못할 건데.

혼수로 경도양단으로 이불 두 채 하고 교잣상에 찬장, 이불장도 하고, 큰접시, 작은접시 귀 갖춰서 한 세트씩 하고, 솥단지 3개, 함석 다라이, 큰 양푼이, 주전자, 발미싱... 신랑이 마음에 안 들어 딱 기본 혼수만 했는데도 그때로서는 오라리 들어오는 새각시 중에는 내가 제일이라고 했어. 제주와 부산 차이가 그때는 그렇게 크더라고.

1959년의 기억들

시아버지가 세 살, 다섯 살 배다른 오누이를 데리고 나타났어. 남편 14살에 일본 나간 시아버지가. 시아버지는 돈을 벌어왔노라고 큰소리쳤지만 빈털터리였어. 사실은 일본서 동거했던 여자와 사이가 틀어져 오사카에 사는 한림사람에게 고향에 유골과 유품을 전달해 주는 값으로 간신히 여비를 융통하여 귀향했다는 것이 차차 밝혀졌어. 이런 사정을 모르는 오라리 사람들은 하얀 와이셔츠에 오버코트를 입고 뽀마드냄새 폴폴 나는 시아버지를 보며 저 집은 이제 살 길이 생겼다고 부러워하고 시동생들은 멋도 모르고 기뻐하는데 난 담박에 알 수 있더라고. 일본 최고 옷감이라며 가져 온 골덴이 부산 국제시장 좌판에 널려있는 천이라는 것을. 시아버지는 물건을 모두 세관에 뺏겨 못 가져 왔노라고 말하는 거라. 시어머니는 오일장에서 옥양목 한 필을 사와서 내가 마름하여 반 필로 바지 저고리를 만들고 반 필로는 두루마기를 지어 시아버지가 해온 것처럼 시어머니 친정집에 보냈어.

그 해는 사라호 태풍으로 곡식은 흉년인데 식구는 4명이 늘었어. '흉년에는 밭 하나 팔려고 하지 말고 입 하나 덜어라'는 말을 실감했지. 여름철 임신한 몸으로 볕이 과랑과랑하는(내리쬐는) 더위에 메밀밭에 뿌릴 불치(짚을 태우면 나오는 재)거름을 져 나르려니 죽을 지경이었지. 오죽하면 깅이(게)도 음력 칠월이 되면 메밀거름 지지 않으려고 등 곯아버리고, 메뚜기도 다리 빠진다고 했을까. 그래도 불치 지고 밭으로 갈 적엔 풍년이 눈앞에 삼삼했는데 생물은 손에 쥐어봐야 안다고 추석 전날 사라호 태풍으로 다 쓸어버린 거야. 게다가 1년 사이 다섯 식구에서 아홉 식구로 불어나니 보리쌀 한 말을 풀면 금방 없어졌어.

동짓달 밤에 먹은 차가운 콩죽

새벽에 아기 배 맞춰 누웠는데 술시(오후 8시 경)가 되어가서야 아기가 나온 거라. 밤은 긴데 배고파 잠을 잘 수가 없어. 동짓달 밤이 그렇게 긴 줄 처음 알았지. 젖은 나오지 않고 아기는 콩 볶듯 울어대고 저녁으로 먹다 남은 콩죽 생각이 간절하여도 그 말을 못하는 것이 시집이라. 열두 살에 죽은 어멍생각이 와싹와싹 났어. 그때까지 나는 젖은 물리면 그냥 나오는 줄 알았지. 우는 아기에게 차가운 젖꼭지 물려 누워 있다가 죽을 힘을 내어 남편에게 "저기~ 솥에 콩죽이 좀 남아 있을건데..." 했더니 다음 날 시어머니께 전달되어서 자기 전에 죽 한 그릇에 수저 두 개 걸치고 웃목에 놓아주었어. 당신은 시아버지 데려온 두 아이를 데리고 자야하니까 나를 신경쓰지 못하는 거라. 그 써 넝헌(차가운) 죽을 내가 한 숟갈 먹으면 남편도 따라서 한 숟갈 먹고, 내가 한 그릇 다 먹었으면 싶어도 그 말을 차마 못 해. 그 양이 적기도 했겠지만 여전히 젖이 잘 돌지 않는 거라. 겨울음식은 뜨겁게 먹어야 젖이 나온다는 것을 나중에야 알았지. 친정부모 없는 삶은 울타리가 없는 삶이라는 것은 발자국을 뗄 때마다 느꼈지만, 이때처럼 어멍 생각에 복받친 적은 없었어. 긴긴 겨울밤 같이 울던 첫애는 아마 평생 울어야 할 울음을 이때 다 울었을 거야. 나중에 아이를 더 낳고 보니 젖은 아기 목에 넘기기가 벅찰 정도로 먹어야 하는 것을 알았지. 배고파 그렇게 울었던 거지.

치마폭에 붙으면 살림이 되고

큰시아버지가 "느네 시아방(너의 시아버지) 오민 못 산다. 이신 돌렝이도 폴아 분다(있는 밭뙈기도 팔아치운다)"하시는 말을 들을 때는 거북했는데 그 말이 맞더라고. 시집에는 살 희망이 하나도 안 보였어.

뒷 해에 오라리 시집을 나왔어. 제주시 남문통에 방 한 칸 빌어서 사는데, 아기 때문에 아무 일도 할 수가 없는 거라. 생각 끝에 시집에 아기를 내버리고 온 적도 있어. 그런데 아기를 맡기고 오니 아침에 일어날 생각도 없고 창문 바깥으로 나가도 할 일이 없고 이상하더라고. 종일 천정만 보고 누워 있었어.

며칠 후에 시어머니가 아기 업고 해도 뜨기 전에 왔어. 버스도 없을 때니 오라리에서 새벽에 나선 거야. 그땐 해석을 못 했는데 그 며느리 놓치면 큰일 난다고, 친척들이 내몬 것 같아. 늦은 낮 되어가니 또 남편이 내려왔어. 아버지하고 인연 끊고 왔노라고, 다신 오라리로 안 갈거라고, 신발이고 옷가지를 모두 챙겨갖고 들어온 거라. 부모 인연을 어디로 가서 끊어? 아이고, 남편도 맏이로 나서 고통이 많았다. 스물여섯에 장가 들었으니 스물일곱 밖에 안 되는 나인데. 불한당 같은 시아버지에 무능한 시어머니에, 어린 동생들에, 이복동생까지, 시집을 1년도 못 살고 나간 내 꼬라지 하며…… '휴우~ 사는 게 무슨 유황놀이 하는 것 닮았을 거라. 그러니까 옛 어른 말이 '후루매(두루마기)에 매달리는 살림은 안 되고 치마폭에 붙는 살림은 된다'고 했는데 그래도 남편이 달라붙으니까 살아진 것 닮아.

친정 제사 하는 심정

내가 남문통에서 방을 두 칸 빌리게 되자 이때부터 친정부모 제사를 했어. 대신 언니는 4번 명절을 했지. 그때는 단오 한식 명절까지 했으니까. 명절은 하려면 언니 시집의 명절도 있으니까 아침 일찍 시집 손님 오기 전에 친정 명절하고 다시 차려야 했어. 우리 속은 아무도 몰라. 이제는 아들 딸 구별 안하고 사는데, 대통령 나온 안철수도 딸 하나만 낳는 세상인데 그때 법은 아들 없으면 몇 촌수 없는데 가서 양아들을 데려와 제사를 맡겼으니까. 친정은 올케가 재산 다 팔고 김씨 집을 떠나버렸으니까 그럴 처지도 못 되는 거지.

남문통에 말뚝을 박다

작은언니는 혼수하고 남은 내 돈을 꽉 쥐어 내놓지 않았어. 쌀 살 돈이 없어도 언니에게 맡긴 돈은 딱 감금해서 주질 안 해. "이 돈을 부모인가 친정인가 생각하라, 상애떡(밀가루로 만든 빵) 가져먹듯 쓰면 그게 남느냐"고 하면서.

남문통에 집터가 나왔을 때, 언니에게 맡긴 돈 40만 원으로 집터 63평을 샀어. 넷째 임신한 몸으로 그 터에 집을 지으니 빚이 15만 원 났어. 그때 생각에는 평생 이 돈 갚는 낙으로 살아야지 했지. 새 집에서 넷째 딸을 낳았어. 딸 넷을 낳고 마루에 앉아 있으면 방 빌러 온 사람이 주인은 어디 갔냐고 물었어. 내 나이가 스물아홉이었으니 집주인이라고 생각하지 않는 거야.

아들, 아들, 아들

내가 다섯 번 째 임신을 하니 동네사람들까지 적극 동참하여 각종 비방과 예언이 날아다니는 거라. 아들이라는 보장이 없으니 나는 소리 소문 없이 아이를 낳고 싶은 거라. 시아버지가 아들 작은 각시를 얻으러 다닌다는 소문에 시집식구 모두가 조마조마할 때니까.

솔직히 나 자신부터도 아들을 꼭 낳고 싶은 목마름이 있었어. 오빠가 대구형무소에서 행방불명 된 후에 작은언니와 나는 시집 몰래 친정 일을 보면서 서러움이 만만했지(많았지). 친정부모 천리(이장)만 4번을 했어. 내가 돈을 벌지 않았으면 친정제사를 떳떳이 할 수 있었을까. 속 좋은 남편도 친정제사 대를 물리는 문제에서는 "누구 맘대로?" 하여 간장이 물이 되게 하더라고. 남자 하나가 걸으면 쉬울 일을 언니와 내가 꾸역꾸역 걸으며 겪었던 설움을 내 딸들에게는 주고 싶지 않더라고.

아들이 태어나던 날은 여름 복더위에 산파도 부르지 않고 기저귀 담은 큰 구덕 안고 신음하다가 큰딸에게 전재민 나라비에 사는 할머니를 불러오라고 해서 낳았어. 12살에서 한 살까지 두 살 터울로 6명의 아이를 낳으니 막내가 두 돌까지는 옴짝달싹 못했어. 그때부터 몇 년 동안은 집에서 할 수 있는 뜨개질이나 발미싱(재봉틀)으로 할 수 있는 부업거리를 맡아 했어. 집도 막내가 태어나기 전까지는 7식구가 방 한 칸만 쓰고 나머지는 다 세를 주었어. 남편만 믿고 앉아있으면 아이들 고등학교도 못 보낼 것 같았으니까.

할망당에 의지하여 키운 6남매

당에 갈 땐 흰 옷만 입어야하는 줄 알고 결혼할 때 입은 흰 유동 치마에 양단저고리를 입고 갔어. 결혼하고 한 2-3년은 오라리 당과 도두리 당을 같이 다녔지. 친가 당이라고 해서 오라리 당을 먼저 가서 보고 다음에 도두리 당을 가는 거야. 큰딸이 목에 자꾸 허물이 나니 안 갈 수가 없어. 밥 세 보시기, 고기 구운 것 세 개, 쌀로 만든 도래떡 몇 개 만들어 도두릿당을 가서 심방(무당)에게 밥 한 보시, 고기 구운 것 하나, 도래떡 하나를 드리면 큰 주머니에 받아 가. 그러니까 어릴 땐 심방을 부러워했지. 맨날 쌀밥에 고기 먹는 것 같아서.

한번은 도두릿당을 갔더니 심방이 어린 아기 집에 놔두고 다시는 여기 오지 말고 오라릿당에 도두릿당 할머니 몫까지 차려가서 도둘봉(도두봉) 쪽으로 절하면 할머님이 다 아신다고 고맙게 시켜주더라고. 그렇게 다니다가 방법을 하면 당에 안다녀도 된다고 해서 이젠 오라릿 당도 안 다녀. 그때 30만 원인가, 지금으로 하면 큰 굿 허는 몫을 낸 거지. 어른들은 오라릿 당이고 뭐고 딸을 처음부터 올리지 말라고 했어. 시집을 딴 마을에 가도 똑 오라릿당을 와야 하니까. 그런 말을 들어도 그때는 딸만 넷을 낳았는데 딸을 올리지 않을 바에야 당에 뭐하러 가나 생각하면서 다녔지.

당을 가는 것도 절에 가는 것도 믿음은 나 의지에 달린 것이라 생각하지. 덕도 있는 것이지만 덕지게 하는 믿음이 어디 쉬운가? 난 살면서 절에 가는 것이 쉬는 거야. 오전에 절에 갔다가 오후에는 밭에 가는 날이 더 많았지. 남편이 죽은 후에는 어디 가서 오래 앉아 놀려면 가슴이 더 탕탕 뛰었어. '내가 이렇게 앉아있으면 우리집은 뭘 먹고 사나' 생각에. 그러니 몸이 늘 치쳐서 난 옛날부터 마음은 간절해도 절 100번을 못해봤어.

   요왕신도 무서운 신이라 생각되지. 난 당을 다니는 일은 그만두었지만 요망맞이는 아직도 매해 가지. 절 아래 개것(바다)에도 축원하는 시간에 맞춰서 가고. 칠성은 명을 담당하고 산신은 병고나 사업하는 사람들이 비는 신인데 당도 산신이라고들 하지. 집을 멀리 떠나도, 일본에서도 오고 정성이 지극한 믿음이야.

   아이를 여럿 키우며 병원 갈 형편도 못 되니 그저 정성으로 믿음으로 키우는 수밖에 없었어. 다행히 아이들이 큰 병 없이 커줘서 살림이 견뎠던 것 닮아. 결혼해서 한 15년은 할망당에 가서 빌고 그 후로는 부처님께 빌면서 오늘까지 살았어. 당이나 절이나 믿음은 매한가지일거야. 대가족을 거느려 살려면 모든 사람, 산천초목에도 고개 숙이게 되는 거라. 그런 믿음 공력으로나 살아질 건가 하는 마음으로.

돌고 돌아 내게 온 사오기(왕벚나무) 궤

                남문통 동네에서 '놋그릇 친목계'가 만들어졌어. 그땐 놋그릇으로 대소사를 쓸 때라 공금으로 놋그릇을 사서 큰일 치르는 집에 빌려줘서 돈을 모으자고 의논이 된 거지. 나보다 10살 위 어른들이 주선을 해서 나를 총무로 맡겼어. 친목에서 놋그릇을 담아 보관할 궤를 하나 사 왔는데 그 궤가 세상에, 도두리 친정어머니 궤였던 거라. 한 20년 잘 운영했는데, 후에 스텐레스 그릇이 나오기 시작하니 이젠 놋그릇 제기가 필요없게 된 거라. 그러니 그동안 수고했다고 친목어른이 그 궤를 나에게 주는 거라. 그때 심정은 뭐라 말 할 수가 없어.

   어머니는 시국 가까워갈 때 사오기 궤를 두 개 만들었어. 그 궤가 방에 있을 때 장롱보다 빈직빈직 붉은 나무태깔이 보기 좋았지. 어머니 방이 훤했어. 느티나무로 만든 굴무기 궤 보다 한라산 왕벚나무로 만든 사오기궤가 더 위로 보지.

도두리 집 불탈 때 나는 우선 그 궤를 꺼내서 작은언니 시집에 가져갔어. 마차를 빌어 가는 길에 사람 죽은 시체 넘어 가면서. 거기도 집안에 놓을 데가 없어 이젠 우영팟에 가서 숨겼지. 하나는 작은언니가 보관하다가 수길이 결혼하니까 조카며느리에게 넘기고 하나는 내가 큰아버지 집 갈 때 따라 온 것이지. 큰아버지가 저 궤는 나중에 나를 주겠다고 했는데, 큰어머니가 몇 푼 안 받고 그걸 팔아버리더라고. 어멍 얼굴 보듯이 보고파서 그걸 죽게 갖고 싶어도 "그 궤 나 줍서게(주세요)" 말을 노시(끝내) 못했어. 세상이 돌고 돌아 다시 나에게로 온 거야. 나무태깔이 도두리 집에서 보던 색은 아니라서 목공소에 가서 단장하니 붉은 빛이 그대로 나왔어. 도두리목수가 그 궤를 만들 때 100년은 넘은 나무라고 했으니까, 이제 저 사오기궤 나이도 200년은 훨씬 넘었을 거라.

세상에서 제일 귀한 건 사람

이제 난 6남매에 손주가 13명. 올해 증손녀도 한 명 봤어. 친정어머니는 경찰서에 있을 때도 '우리 족은 년 어떵 허코(우리 작은 딸 어떻게 하지), 우리 족은 년 어떵허코' 내 걱정만 했다고 해. 어머니 고문 받을 때 같이 있던 어른은 어머니 제사상에는 물만 잘 올려놓으라고 했어. 전기고문 받았는지 지서에서 물물 하던 모습이 안 잊힌다고. 어려울 때마다 12년 인연 밖에 없는 친정어머니가 어디선가 나에게 의견과 지혜를 주며 살게 도와준 것 같아.

사람은 절대 이녁 힘으로만 살지 못하는 거라. 더불어 살아야지. 좋은 일보다는 궂은 일이 더 많은 게 인생살이고. 그래도 속은 늘 자본주의로 살았어. 부모가 없는 자신에게 믿고 의지할 것은 돈의 힘이라는 걸 알았으니까. 부산 영도에서 살 때부터 나에겐 돈과 신용이 친정부모요, 재산이라고 생각했어. 그래도 4·3사건을 겪으며 억만금의 돈보다 사람 하나가 더 중요하다는 생각을 늘 하면서 살지.

(구술채록 · 정리_양성자)

아픈 기억 뒤로 하고 일본으로 떠났지

박승자
_1922년 생. 4·3 당시 제주읍 연동리 거주

가족들

나는 1922년. 우리 나이로 하면 98세야(2019년 현재). 어릴 때 이름은 아후. 호적엔 승자. 승자는 이쿠노(生野區)경찰서에도 올라간 이름이지. 우리 남편은 67세에 세상 떴어. 난 여기 같이 사는 아들 하나, 딸 둘 있어. 아들 한텐 딸 둘, 아들 하나가 있고 일본에 사는 우리 큰 딸은 아이 둘, 서울 사는 막내 딸은 4남 3녀 7남매야. 그래도 다들 살아있어. 우리 막내딸하고 아들하고는 열여섯 살 차이가 나지. 다들 어쩌다 났어.

우리 어머님은 오도롱(이호동) 경주 김씨. 아버님은 연동 연안 박씨. 두자 휴자. 아버진 할아버지가 일찍 돌아가시고 오누이로 컸어. 원래는 세 오누이였어. 하루는 밭에 갔다가 저물 때 와보니까 누이 하나가 열이 나서 죽어버렸다고 해. 아버지는 머리도 좋으시고, 목청도 좋으시고, 일*에서도 이거(엄지척). 마을에서도 이거라.

우리 어머니가 자식을 많이 낳어. 난 아들 다섯 형제, 딸 넷 아홉 남매 중에 다섯 번째로 태어났어. 나 위로 오빠가 넷. 나하고 큰 오빠하고는 열두 살 차이지. 나 밑으로 을미년에 난 여동생이 참 고왔는데 다섯 살에 죽었어. 그 다음에 돌아가신 분이 두 번째 오빤데 스물한 살에 폐병으로 갔고. 넷째 오빠하고 또 하나 남동생이 4·3사건에 죽고, 그 다음으로 여동생 둘. 다들 저세상 가 버리고. 지금은 막내 동생하고 나 혼자만 있어.

어릴 때 그렇게 야학하러 가고 싶었지

우리 아버지는 옛날에 큰 아들만 공부시키면 큰 아들이 동생들을 잘 봐준다고 생각한 사람이라. 그 당시 연동리에서 책가방 지고 북국민학교에 간 것이 우리 큰 오빠가 젤 처음이지. 큰오빤 우편국에서 근무했어. 동생들은 야학도 못 보내고. 넷째 오빤 그냥 돈 벌러 열 두 서너 살 때 일본으로 떠났지.

일제 땐 여자들이 공부하는 거 막 어려웠어. 여자는 공부하려면 무당 할거냐, 점쟁이 할거냐, 혼이 났어. 우리 아버지가 한문을 많이 하신 분이야. 낮에 사랑방에 한문 배우는 사람들이 와서 글을 읽거든. 낮에 하늘 천 따 지 하는 거야. 어릴 때 난 굴묵에서 그 소릴 들어. 굴묵, 온돌 때는 데 있지. 거기서 듣다보면 줄줄줄 다 읽어지는 거야. 그렇게 하는 걸 어쩌다 아버지가 알게되면 나는 회초리로 맞는 거지.

기집년이 한자 배워서 뭐 할 거냐고. 그래도 딱 한 번 야학소에 갔다 왔어. 물론 집에서는 반대했지. 내가 아홉 살 때 저 광령에 살던 이가 우리 마을 연동리에 왔어. 이병기 씨라고 소리도 좋았어. 그분 아버지가 광령에서 막 부자로 살다가 선도 종교를 믿어서 거러지(거렁뱅이)가 되었어. 그 아버지도 연동리 와서 집 빌려 살고, 아들도 집 빌려 살고 했어. 거기서 야학을 한 거야. 우리 친구들이 거기 야학 간다고 했어. 그땐 나도 가볼까? 그랬지. 모르게 하는 아이들도 있는데, 나는 모르게 할 수 없었어. 아버지가 마을 일을 봤거든. 절대로 못하게 했어. 할머니도 무섭고 하니까 결국엔 야학을 못 갔어. 나도 공부를 얼마나 하고 싶었는지 몰라.

그래도 공부하는 아이들도 있어. 돈 있는 아이들이라 해도 다 공부하는 거 아니야. 어쩌다가 공부를 하지. 우리 친구들은 학교 다니는 아이들은 없었어. 밤 때 야학이나 다녔지.

나도 아버지처럼 <삼국지> 읽고 싶었어

우리 집은 연동리에서 워낙 큰 집이었어. 그러니깐 문을 열면 땅땅 소리가 나서 아무도 모르게는 못 나가지. 우리 아버지가 상두거리에 나간 때는 맘대로 문을 열고 닫고 충분히 하는데 밤에는 못 나갔어. 그러니깐 그 야학한다는 사랑방 집, 거긴 담 넘어서 닷새만 갔어. 닷새 갈 때까지 어끈(어근) 밖에 안 배워줘. 나흘 째 가니까 우리 아버지 작은 고모님 딸이 나보고 "큰 년아, 할머니한테 허가 받고 왔느냐?" 해. 우리 할머니가 젤 무섭거든. 서른 전에 든 생과분데. 할머니 허가만 받아오면 우릴 반갑게 받아주겠는데 안 받아오면 야학소를 못 다니게 한다는 거라. 우린 할머니 허가는 받지를 못하지. 그렇지 않아도 어머니가 발자국 보면서 '이 년이 밤에 어디 나가신고' 하는 거라. 어머니가 할머니한테 그 말을 하니까 "이 년 뭐 죽을려고..." 그 말을 하니깐 난 가지 못했어.

난 내가 요만한 때, 아주 어릴 때부터, 우리 아버지가 <삼국지> 읽을 때부터 생각했어, 나도 저렇게 해야 한다고. '나도 저렇게 책을 잘 읽어야지' 그런 생각만 머리에 꽉 넣었으니까. 근데 내가 못나버리니까 누굴 원망 안 해. 내가 요만이 아주 조그맣게 태어났어. '내 팔자야, 에구 내 팔자야' 했으니까. 일본에서도. 나 야학 하러 일본 간 말 할까? 나 열세 살(1935년)에 혼자 일본에 갔어.

열세 살에 일본으로 도항… '가갸거겨' 전부 암기

일본에서는 야학을 한다는 얘기가 들리는 거야. 자꾸 일본 갔다 왔다하는 사람들 얘기를 들어보니까. 아버지한테 일본에 가서 야학하겠다고 했어. 아버지는 그때 일본 가면 돈 번다고 말들 하니까 반대를 하진 않으셨지. 아버지 육촌 동생이 갈 때, "야이 일본 데리고 가라"고 한 거라. 그 육촌 동생분이 나한테 "배 타려면 증명을 들고 가야 하는데 그 증명하려면 일본 가서 살게 될 집 번지를 말할 수 있어야 해. 그래야 도항증명을 받을 수 있는데 그거 할 수 있어?" 하는 거라. 그러니까 내가 "해 보겠다"고 했지.

아버지가 야학은 못 다니게 하고는 '가갸거겨' 열두 개를 써 준 거 뿐이라. 내가 그걸 전부 암기해버렸어. 요런 시간일 거라(오후 4시 경). 삼촌이 '대판시 상도정 61번지에 박종팔 방'이라고 하면 된다고 해. 1구서(경찰서)에 갔어. 그 삼촌하고 같이 갔어. 거기서 "일본 번지 알 수 있어?" 하니까 내가 "읽겠습니다." 읽으니까 도장 팡 찍어줬어.

그 삼촌님이 집에 와서 아버지한테 말하는 거라. "야이 어떤 아입니까?" 아버진 웃음만 하고. 그 삼촌님넨 공부도 못 하니까 '먹돌대장 삼촌'이라. 학교 가도 안 되고. 글을 못하고 머리가 안 돌아가는 삼촌이지. 그렇게 해서 내가 일본을 갔어. 일본 갈 때 군대환 타고 갈 때. 그거 내가 얘기할까.

군대환 그 선장 노래 지금도 잊지 못해

그때는 군대환이지만 산지(제주시 산지포구) 축항이 없었어. 배를 먼 데 놔가지고 종선 타고 가서 배에 올라야 해. 내가 배를 탔어. 이렇게 계단을 올라 3등실에 가는데, 요렇게 주르르 사람이 앉아 있는 거야. 그 배 가운데 거기 요렇게 기둥이 하나 있었어. 거기에 사람이 올라가서 얘길 하는 거지. 난 거기 가서 앉았어.

근데 배를 곧 띄우려니까. 아, 그 배 선장님이 나타난 거야. 야, 신흥리라고 했던가. 이름은 잊어버렸지만, 그분이 그렇게 멋있었어. 선장님은 키는 별로 크지 않았지만 얼굴도 미남이었어. 배 타는 선장님 모자는 흰 것에 띠만 두르거든. 의복도 흰 것에 구두도 전부 하얗게 차려 입고. 가운데 동그란 데 올라서는 거라. 나는 배 냄새만 맡아도 멀미하거든. 지금은 비행기 타고 배 타도 안 하는데.

근데 그 선장 소리가 왜 그렇게 좋았는지, 그 목청은 왜 그렇게 좋았을까. 멀미도 안 해지는 거라. 그때 그 노래가 너무 좋아서 그랬나, 내가 노래 하나 할까?

"할로산아 잘 있거라 / 부모형제를 이별하고 / 산지야 축항아 떠나가니 / 궁글려라 궁글려라 / 대천바다를 궁글려라 / 직구야 산밭을 뚝 떠나니 / 부모님 생각이 절로 난다 / 얼씨구 좋다 절씨구 좋아 / 아니 놀지는 못 하노니"

아, 선장님 소리는 정말 환장할 소리라. 나 열 세 살에 들은 거. 그 '궁글려라' 소리가, 그것이 그게 그냥. 아, 그 모습, 세상에 살았으면 한 번만 보았으면 좋을텐데(하하).

그때 일본 갈 때는 저고리 치마 입고 갔어. 그 후에는 그것도 못 입었거든. 일본사람들이 옷을 막 찢어버리고 해서 못 입었던 아이들도 있었다고 해. 하얀 저고리에 둥당치마. 머리는 뭐, 난 어린 때도 머리카락이 안 좋았어. 지금 이 뽄(모양)이야.

고리짝 하나 들고 도착한 오사카

맨 처음 일본에 간 셋째 오빠는 노다(野田) 시간지마(大阪市此花区四貫島)에 죽 살았어. 어린 때 갔을 때는 상도정 1번지에 살다가 결혼해서 오사카시 니시나리구(西城區)에 살았어. 다음이 네 번째 오빠, 나 하고는 세 살 차이가 나지. 나는 세 번째로 일본 간 거야. 큰 오빠는 두어 번 갔다 왔다 했지 뭐. 일 하고 받은 월급으로 생활하고.

내가 그렇게 해서 오사카시 상도정에 갔거든. 그때 요만한 고리짝(버들고리나 대오리 따위로 엮어 만든 옷상자) 하나 있었어. 그거 하나 들고. 배에서 내려서 친족 할머니, 할아버지, 삼촌들, 오빠들 있는 데 갔어. 아버지 육촌 동생이 같이 갔으니까 겁이 나진 않았지. 그분이 친족 할아버지네 집에 같이 가줬어. 우리 아버지 오촌 하숙집이라. 첫날 밤부터 혼자지만 무섭진 않았어. 난 거기서 이삼 일 있다가 일 했어. 열세 살 요만한 키에 일하기 시작한 거지.

밤 열두 시까지 메리야스 고무줄 넣기… 밥값 6원

나는 졸졸졸 할머니가 메리야스 빤스 고무줄 놓는 거 같이 하고, 묶어드리고 했어. 일은 메리야스 공장이니까 열한 시, 열두 시까지 하다가 와. 그 시간에 밥 먹는 사람들도 없지. 할머니는 하숙을 하니까 아침 세 시되면 일어나서 큰 가마솥에 불 때서 밥 했어. 다섯 시에 일 가는 사람들 밥 먹고 나가니까.

나는 옛날에 요만큼한 다다미 세 잎 짜리 알아? 거기 잤어. 할머니 일어나면 내가 네 시에 일어나서 청소하고, 부름씨하고, 할머니 "요거 가져오라" 하면 거드는 거지. 그땐 밥값을 6원을 받거든.

우리 아버지 8촌 누이동생, 결혼 안 하고 간 그분도 우리 할머니네 집에서 식사를 할 때야. 그분이 어디 친구들 사는데 가보니까 친구들은 5원에 살고 있다고 거기로 가겠다고 하는 거야. 자기는 밥값 좀 싼 데 간다고 하는 거지. 할머니한테는 말하지 말라는 거라. 할머니가 참, 밥값을 조금만 내려주면 좋을 건데 하나도 내려주지 안 했어. 한시도 쉬지 않고 일 하는데 말이야.

바쁠 땐 한시라도 일을 더 하면 더 주거든. 내가 15원, 16원 월급을 받아오면 밥 먹는 오빠 친구들하고 손님들이 "이거 어떤 아이냐"고 다들 놀라는 거라, "이런 월급 받아 오는 아이가 어디 있냐"는 거지. 그래도 할아버지가 밥 값 딱 6원을 다 받아. 메리야스 공장은 일본사람이 사장이야. 제국 때니까. 그 집에 1년쯤 살았어.

'아후' 이름 때문에 생긴 일

처음 메리야스 일 나가서 일 할 때거든. 메리야스 하나하나 세어서 열두 개 묶는 거 하면 됐어. 하사미(가위)로 실을 똑똑 자르고 있었어. 거기서 오줌은 마려워도 화장실이 어디냐고 물어볼 수가 있나. 가만히 눈치를 보니까 어떤 사람이 문을 열고 앉았다가 나와. 아, 저것이 화장실이 아닌가. 나는 먼저 사람 나오는 거만 봐서 나도 저렇게 열어서 앉아야지 하고 들어갔어.

그때 '단도상', 일하는 책임자가 왔어. "아후!" 하는 거라. 나 이름이 '아후'거든. '아후!', '아, 이 사람은 내 이름을 어떻게 아는고?' 생각하면서 앉아 있으니까 그 사람 '똑 똑' 두드리면서 어서 나가라고 하는 거라.

나중에 우리 아버지 팔촌 누이동생이 하숙을 치는데, 그이가 '아호(あほ)는 병신, 바보라는 말이라고 하는 거라. 난 아후지만(웃음). '하이따, 하이따'(はいた・들어갔다)라고 하는데 난 몰랐던 거라. 난 아침에 났다고 '아후', 동생은 을묘년에 났다고 을묘. 세번째 동생은 오후에 났다고 '오후', 막내 동생은 계오년

에 났다고 '계오'. 하하하. 호적에는 승자로 올라갔어. 왜정 때까진가 뭐. 밀항 가서도 그 이름이지.

일본에서의 야학 사건

일본에서 일을 다닐 때야. 나를 데려다 준 삼촌님네 집까지 걸어서 갔어. 과자 만드는 데 일 다니면서 두 부부가 사는 집. 삼촌 큰 형님네 집이라. 그 삼촌님도 쬐그만 이층 빌려주고 사는데 내가 안 되려고 하니까 그 집엘 간 거야. 그 삼촌님네 딸이 나보다 한 살 아래라. 연실이라고. 연실이가 하루는 "같이 가젠?" 해서 가보니까 거기가 하동이라고 하는가? '가나다라' 쓰고, '가갸거겨' 써서 "아는 사람 손 들라" 해. 그 아이는 그런 거 저런 거 모르니 손을 안 들고 난 척 들어버렸거든. 그러니까 나는 갑종에 가 척 앉히고, 연실이는 병아리 반에 앉혀버렸거든요.

야학 다녀 온 다음날은 그 집 제사였어. 그때 옛날엔 제사 먹으러 가거든. 제삿날 저녁에 그 연실이 어머니가 친족들 있는데서 말해버린 거지. 오도롱 아주머니 딸이 야학소에 갔다고. 오장이 나빠서 그런가. 그냥 난리가 났거든. 우리 아버지가 알면 자기가 욕 먹는다고 막 난리가 났어. 아버지 팔촌 형님들이 여기저기서 야학소 가면 안 된다고 하는 거지. 난 책도 읽고 싶어서 갔는데.

이제 생각하면 왜 날 데려다준 삼촌이 "야이 일본에 가면 야학 갈 거라고 들었는데, 형님이 야학 가라고 보낸 거 아닙니까?" 말해주면 되는데 그걸 못 했나 싶어. 내가 안 되려고 하니까 다 그런 거지. 난 삼촌님네 집에 가면 안 되는 거였어.

우리 세 번 째 오빠는 성질이 무르니까 안 되고, 네 번 째 오빠는 파릇 파릇 하니까 형제 중에 하나 불러야겠다고 했어. 지금 같으면 전화나 있나? 휴일 날

가야 얘기 할 수 밖에 없으니까 넷째 오빠 불러야 한다고.

야학소에 닷새 동안 간 때야. 넷째 오빠가 왔어. 겁이 나서 난 요만한 가방을 착 숨겨버렸거든. 근데 그때 배운 노래 "봄이 왔네 봄이 와 시집가서 삼년 만에" 그것을 써서 방에 놔뒀거든요. 오빠가 그것을 보고 좍좍 찢어 던지는 거라. 두 번 다시 이 창가 하면 이번 군대환으로 보내버리겠다고. 책을 읽고 싶어서 갔는데. 오빠만 아니고 삼촌들도 두 번 다시 이 창가하면 송환시킨다는 거지. 오빠가 증명해주지 말라고 하니까 나는 그만 거기서 야학소는 포기. 공부는 그걸로 끝. 만고풍상이 시작되는 거지.

열병 걸린 딸 소식에 딸이 심은 콩 내부친 아버지

그때 나는 3월(1934년)에 일본 갔는데, 8월 쯤 되니까 마누라(홍역) 걸렸던 거 같아. 열병을 앓았어. 일본에서 "딸이 열병이 나서 죽어간다"는 편지가 집으로 간거야. 우리 친정아버지는 그 소식을 들으니 어쩌겠어. 미운 자식이라도 내 자식이니까 속이 아팠겠지. 3월 달엔가 내가 보리콩을 심어두고 일본에 갔어. 두불콩, 그 콩을 갈아서 아직 콩에 물도 안 든 때라. 콩을 했다가 식구들이 잡수면 되는데, 그 콩을 심은 딸이 죽어가니까 너도 같이 죽으라고 '탁' 그 콩을 내부쳐버렸다고 해. 우리 친정아버지가(웃음). 얼마나 속이 상하면 그랬을까. 콩한테 화풀이를 한 거지. 우리 친정아버진 무당, 이런 것은 절대 반대야. 비는 건 안 된다는 분이었어.

우리 오빤 내가 아프니깐 뭐 먹고 싶은 거 있으면 말하라고 했어. 난 호갱이 떡에 아이스크림 같은 거 먹고 싶다고 하는데, 우리 오빠가 "아고, 큰일났다"고. 그건 사다주면 안된다고 빵을 사다줘. 내가 먹고 싶은 걸 사다달라는데 이걸 사 왔냐고 난 안 먹었어. 내가 먹고 싶은 걸 줘도 아무 일 없을 건데 왜 그러냐고 자꾸 떼를 쓴 거야. 물을 달라고 "할머니, 물, 물" 해도 안 주는 거야. 마누라할 땐 금하는 것이 있다는 거지. 그렇게 한 3주일 이상 간 거야. 그때야 열이 쳐지는 거라. 옛날에 마누라 잘못되면 얼굴이 얽어지지. 그래도 난 깨끗이 끝났어.

메리야스 실먼지로 눈 아파 15살에 귀향

난 열네 살 때까지 친족 할머니 집에 살았어. 메리야스 일 하면 먼지가 가득이야. 그게 눈 속에 들어간 모양이야. 눈이 막 아파. 그러니까 쓰루하시에도 병원이 있거든. 그래도 아버지는 내가 눈이 아프단 소식을 듣고 고향에 들어오라고 해. 오빠들도 제주에 가라고 자꾸 해. 난 안 가겠다고 했어. 그래도 많이 아프니까 눈만 좋아진다면 좋겠다 싶어서 열다섯 살 될 때 제주에 들어왔어. 일하면서 번 돈 10원, 20원 조금 갖고, 세루치마도 5원짜리 사고 왔어. 중국 사람들 "비단 사소 비단 사소" 하면 겨울에 비단도 하나 사고 왔지.

산지 축항에 내리니까 아버지가 날 데리러 왔어. 제주 향교 알지? 향교 아래 집에 우리 큰 오빠가 사는데, 거기에 날 놔두고 아버지만 가버리는 거야. 조금 있으니까 아버지가 친구 집에 가서 눈에 놓는 약을 가지고 왔어. 아버지가 현대약방에서 제조한 가루약을 갖고 와 내 눈 양 쪽에 넣었어. 근데 눈이 이만큼 부어올라. 조금 있으니까 우리 아버지 외사촌이 와서 "조캐(조카), 이거 눈 아파서 왔다고 하는데 울지마라. 울지마라. 여수병원만 가면 다 고치고 올 수 있다"고 하는 거라.

집에 와서 내가 일본에서 일해서 번 돈을 아버지한테 드렸거든. 그러니깐 아버지가 "월왓(월밭) 팔아서 여수 병원에 데려가려 했는데 밭 안 팔아도 되겠다"고 하는 거라. 그때 내가 드린 돈이 꽤 큰 돈이었던 모양이지.

침 놓는 할머니… 피 보면 제사 못 차린다

그때 어머니가 어디서 듣고 왔어. 오라리 중뎅이굴이란데서 조금 가면 눈 잘 보는 할머니가 있다고 해. 갈 때는 내가 눈도 잘 뜰 수 없으니까 어머니 홀목(손목) 잡고 갔어. 오라리 아래로 한참 내려가다가 보니까 굴다리가 있어. 그 아래로 쑥 내려가는 거라.

갔더니 어떤 할머니가 있어. 거기 할머니한테 내 눈을 보였어. 할머니가 눈을 영영(이렇게 이렇게) 걷어보더니. "오늘 우리 집 제사니까 이 아기 놔두고 가면 저녁에 제사 해 먹고 내일은 눈을 봅니다. 오늘은 피가 나니까 이 아기 눈을 보면 안 되겠습니다." 하는 거라. 우린 어머닌 "어린 딸을 두고 나 혼자 어떻게 갑니까. 조금만 봐주십서." "좀 있어봅서." 할머니가 아들도 죽어버려서 홀로된 과부 며느리를 부르는 거야. 나보다 두 살 위야. 이름을 부르더니, "오늘 제사는 네 손으로만 해라. 내 손으로 하면 안 되겠다. 제사하기 전에 피를 내버렸으니 제사하는 방 안에도 못 가겠다"고 하는 거라.

할머니가 침을 내 놓고 팥 방울을 내놓고 내 눈을 속속손 하니까 실겁(실오라기)이 죽 나와. 근데 눈에서 실겁이 나오니깐. 시원하게 눈이 좋아버린 거야. 실겁은 일본에서 일할 때 먼지들이 다 들어가 뭉쳐진 거 같았어. 내가 눈을 고쳤다고 소문이 나니깐 후에 사람들이 할머니를 많이들 찾았지. 그 할머니 그때 이쪽 방면에 일류 가는 선생이라고 사람들이 줄 지었다고 해. 할머니가 그때 돈 많이 벌었어. 나도 옛날엔 나대로도 침을 놓고 눈도 봐주곤 했는데 이젠 못 하지.

"군대환아, 제발 날 실어가라"

눈 고치고 난 다음에 집에서 군대환만 보면 다시 일본 가고 싶었어. 거 뭐, 바다에 배만 봐도 떠나고 싶었지. 군대환이 떠나가면 "군대환아 날 실어가라". 나 혼자 밭에서 소리했어. "군대환아 날 실어가라" 그랬지.

집에서는 일본엔 다시 가지 말라고 말렸어. 오빠들이 증명을 세 번까지 보내 줬는데도 안 된다고 집에서 하니까 오빠도 포기하더라고. 세 번째 되니까 경찰서에서 그러는 거라. 오빠가 증명 내주지 말라고 하는데 어떻게 하냐고. 그러니까 다시 일본 가는 것은 포기해서 살게 됐지.

우리 오빠는 농촌에서 아버지가 일만 하고 올케는 이런 일을 안 하려 한다고 걱정해. 어머닌 나 없으면 일하는데 힘이 든다고 하지. 머리도 마누라 했던 머리를 놔두면 안 된다고 머리도 박박 잘라버리고. 그렇게 살았어. 그렇게 사는데도 우리는 어디 보통 집안에서는 다들 잘 사는 집 딸이라고 막 부러워했어.

난 그때도 일 밖에 몰랐어. 근데 우리 아버지는 일본에 한 번도 못 가봤어.

열안지서 물맞이, '서낭대신' 불러라

한번은 내가 어머니한테 말했지. "언니네하고 열안지(제주시 오라동 소재)계곡에 물 맞으러 가면 안됩니까?" "니가 간다면 가라". 나는 뛸 듯이 좋아했지. 열안지 앞에 가보니까 그때는 왜정시대였거든. 일본 사람들이 와서 장사했던 여관집이 있었어.

거기서 살면서 옷 벗고 물을 맞았어. 하루는 보살님이 하얀 옷을 입고 와서 "아기들, 이 물은 신령님을 부르면서 맞아야 효과가 있는 물이지. 서낭대신, 서낭대신 부르면서 맞아라" 하는 거라.

그러니까 우린 '서낭대신'을 부르면서 물을 맞았어. 한 5일 쯤 살았어. 하루는 수양버들 앞에 앉았는데, 저쪽에서 아기구덕을 흔들면서 책을 보는 이가 있어. 하루는 보니까 아기 어머니가 젖을 먹이고 있어. 나는 "아기어머니. 이 아기 아버지가 책을 보던데 무슨 책인지 보고 싶요." 그 어머니가 책을 보여줘. 보니까, 부처님 열반하신 책이라. 그걸 보니 내가 책을 놓을 수가 있어야지. 얼마나 그 책이 좋았는지. 어머니한테 말했어. "어머니, 절간에 가서 식모살이하면 안 됩니까?" "내가 아느냐. 아버지한테 말해야지." 난 어머니한테 말씀해주시라고 부탁을 드렸어.

근데 이미 어머니가 머릴 쓴 거지. 저기 우리아버지 작은 외숙몬데 이십대에 남편 세상 뜨고 혼자 사는 산짓(산지포구 있는 곳을 말함) 할머니가 있었어. 재산도 많고. 그 산짓 할머니가 좋다고 하면 절간에 가서 살라고 하겠다고 하는 거야. 산짓 할머니 한테 가서 물어봐라해서 내가 갔어. "할머니 계십니까." "아이구, 딸아 어떻게 왔냐. 이리 와라." 그러는 거라.

"할머니 절간에 가서 부엌 심부름 하면 안 됩니까?" 했어. 할머니가 욕을 하는 거라. "아니 이년, 머리에 피도 안 마른 년이 어찌 절간에 가려느냐. 절간에 가서 사는 사람들이 어떤 사람이 가는 줄 아느냐. 세상에서 막 못난 팔자야." 막 욕을 해. 난 막 울면서 돌아왔어. 어머닌 "그것 봐라. 잘 됐다." 하는 거라. 어머니가 미리 짜 놓았던 건데 난 몰랐던 거라. 거기서 집까진 꽤 멀었어.

왜 그런지 난 절간에 가서 '천수경'을 읊으면 일이 잘 풀렸어. 일본 간 때도 나한테 목청이 좋다고 했거든.

우리집은 제충국 크게 재배 했지

우리 아버진 제충국을 크게 재배했어. 연동엔 제충국이 길에도 있었어. 녹두방울 닮은 거. 그것이 옛날엔 밭에 많았지. 곡식 밭은 그렇게 손이 안 들지만 제충국 밭은 사람이 많이 필요해. 마흔 사람도, 오십 사람도 빌려서 일을 해야 해. 난 그 사람들 검질(김) 메는 데 가서 같이 검질을 멨지. 제일 조그만 아이가 검질을 메는 거지. 어떤 사람은 흙만 훅 지쳐두고 갔어. 아버진 돈 오면 톡톡 나눠 줬어.

제충국 할 때는 모기도 없고, 벼룩도 없어. 제충국은 꽃 따서 약으로 써. 관덕정에서 받는 날이 있어. 우린 꽃을 말려서 가는 거지. 도청에서 그걸 받았어. 우리 아버지는 그때 연동 1등이었어. 아버지가 말 구르마했는데 거기에 싣고 갔어. 등에 지고 가기도 하고. 요 계절 좀 전에 따고 말리고 바치고. 그때 그 시절엔.

우리는 일만 일만 했지. 노는 아이들도 있었는데. 제충국은 다른 농사하는 것 보다 어렵진 않아. 꽃이 막 피면 따지. 보리 훑으듯이. 그걸 말려서 집 안에 마루에 장치해 놔두면 모기도 없고 벼룩도 없어. 그 나무로 불도 때고 하니까. 일제 때도 돈은 받았지. 난 어린 때 곤란이란 것은 몰랐지. 일은 그리 많이 했지만.

겨울 들면 남조순 오름 옆 광이오름이라고 솔나무만 가득 있어. 나는 겨울나면 솔잎 해다가 팔고하면서 한 해 겨울 넘겼어. 그때도 10원 얼마 돼. 그 돈을 아버지 드리고 또 드리고. 그때 다른 농사는 미깡(귤)나무도 심어서 그냥 버리고. 콥데산이(마늘)도 해서 그냥 버릴 때야. 얼마든지 돈만 있으면 밀감나무도 심었지. 왜정 때 일본사람들이 조금 심었어.

공출로 수난... 해방 후 한 일본군 "제주에 살고 싶다"

일제 때니까 곡식이다 뭐다 공출이 많았어. 밭에 농사하면 여기 와서 한 평당 쌀이 얼마다 하는 것 딱 계산해요. 여기 평당 얼마씩 내라고 하면 거 어디 수량이 나와? 어느 집에 가서 받아다가 수량 채우고. 못 채우면 돈으로 내놔야. 내놓지 못하면 잡아가서 매로 사람을 치고.

정뜨르 비행장에 태역(잔디)만 공출하는 게 아니야. 산에도 나무 심으러 갔다 와라. 청소도 하러 와라. 제국 때는 사람을 막 재촉했거든요. "징용 가라" 이런 말도 많이 있었지. 여기도 어뜩하면 "나무 심으러 와라" 걸핏하면 "청소하러 오라." 뭐뭐 하러 오라고 많이들 했어. 집집마다 안 나가면 안 됐지. 집 주인 딸이라도 나가야 해. 동네 책임자들 시켜서 다 나오라 했지.

제국 땐 일본 군인들 많이 봤지. 내가 일본 갔다 와서 여기 있을 때도 봤어. 해방된 다음에 어쩌다가 가지 못한 군인들이 있었어. 여기 우리 친정에 내가 와 있으니까 군인 한 명이 빠져 나왔어.

우리집에 들어와서 우리 아버지 어머니한테 말하는 거야. 여기 살고 싶다고. 그래도 살지 못했어. 아무리 살고 싶다해도 안 되는 일이지. 일본으로 가게 됐지.

톳밥, 쑥밥 주로 먹던 시대

그 제국 때 나는 짚신, 그런 것은 신어보지 안 했어. 오빠가 부산에 출장 갔다오면서 고무신 갖고 와. 부산에서 고무신 만들거든. 친구들은 짚신을 신었지.

먹는 건 그때 쌀 다 바쳐버리면 먹을 것이 없어. 톨(톳), 톨 밥에다 넣고 먹어. 쑥 뜯어다가 그거 해서 먹고. 우리 집은 그 정도는 아니지만 아버지가 있으니까 식사는 하는데 어머니가 고생하셨지. 뭐 굶는 집안이 굻이 있었지. 쌀 받으려니 돈도 없고. 물론 거지도 있었어. "밥 한 술 주시오. 쌀 한 줌 주시오." 많이 있었어.

내가 들어왔을 때는 치마 저고리 많이 입었지. 여기 친구들은. 보통은 갈중이 적삼 주로 입었지. 밭에서 일만 하니까.

내가 열다섯 살에 일본 갔다 와서 여기 스물한 살까지 살다 다시 일본 갔어. 내가 일본 있을 때 여기선 일본군이 한복도 착착 그어버리는 일이 있었다고 들었어요. 군인들이 그런 행동 하는 것들은 직접 못 봤고. 해방 되기 전엔 한국 말

쓰면 착착. 검은 옷엔 붉은 색으로 착 칠하고 했던 모양이라. 친구들은 당했던 모양이야.

열여덟에 결혼… 부끄러워 숟가락 못 내려놨어

내가 열여덟 살(1939년)에 결혼했어. 여기 이 집(하귀리 관전동)으로 시집온 거야. 우리 아들 아버지는 키도 크고 얼굴도 좋았어. 그때는 절로 이렇게 돌아 앉아 삼간 쬐그만 초가 막살이었어. 저쪽은 점방집. 가게는 그때 시아버지 명의로 있었어. 시아버지는 북해도 석탄 캐러 갔다오신 분이시지. 그땐 조금 산다고 그때도 집안만 보면서 중신(중매) 오는 것 같았어. 몰랐는데 그때 당시는 아버지가 사돈 잘 한다고 해서. 하하하하하.

내가 결혼식 하던 그 시절엔 색시 수저로 하나 수북하게 밥 올려놓으면 새각시는 한 두 번 떠 먹고 더 안 먹거든. 그러면 남은 밥을 바깥에 있는 아이들한테 밥을 한두 숟가락 나눠주거든. 나도 그 생각을 해서 나도 저렇게 해야 할 거 아닌가 속으로 그 생각을 했어.

그런데 내가 결혼할 땐 자그마한 방에 우시(신랑 친척)들이 들어와. 할머니들은 앉았다가 다 나가시고 나 뒤로 네 사람이 왔어. 큰 올케는 여기 앉고, 큰 아주머니는 넉넉하게 생겼어. 네 번째 아주머니는 나를 잡아끌면서 밥을 막 먹으라고 하는 거라. 난 속으로 서른 번을 세었어. 근데 부끄러워서 수저를 놓으려고 해도 못 놓았어. 밥 얻어먹으려고 문 밖에 선 아이들 밥 한 숟가락도 줘야 하는데 못 줬어(하하하).

그런데 전영선이라고 한 이는 일본에 가서는 "언니, 결혼 할 때 왜 그렇게 밥을 많이 먹어버렸어? 우리 밥 한술도 못 얻어먹었어. 가서 쭈그려 있었는데 밥 한술은 줘야지." 그러는 거라. 허허.

우리 동서는 내가 시집을 와 보니까 스물네 살이었어. 시아주버니가 일본에 살아버렸어. 그러니까 결혼해서 한 1, 2년 사나마나 했던 거라. 근데 시아주버니는 병 들어 스물일곱 살에 여기 돌아왔어. 여기서 병원에 다니다 세상 떠버렸어. 우리 아들이 할아버지 재산 물려받는다고 이 집을 산 거야.

시모노세키에서 야매배 타고 위험한 귀향

나는 결혼해서 스물한 살에 일본 갔어. 남편 먼저 가서 회사에 다녔지. 나는 나중에 가서 살다가 우리가 소화 20년(1945년), 해방되는 해 5월 달에 왔어. 일본 시모노세키에서 한 보름 있다가 야매 배 탔거든. 비행기가 막 지붕 위, 하늘 위에서 붕붕 나는데, 여관에 있는 사람들도 다 방공호에 숨었어. 막 비행기가 와닥와닥와닥. 나도 들어가려고 바깥에 섰는데 총부리가 딱 떨어져 가지고. 이것 맞았으면 난 즉사할건데 살았어.

한참 가다가 대마도 조금 오기 전에 무슨 소리가 펑 나니까. "헤엄치는 손님은 배 위로 올라와주세요. 곧 대마도가 비춥니다." 하는 거라. 남편은 올라가지 안 하는 거라. 육촌 시아주버니 형제가 탁탁 올라갔어. 여자도 헤엄칠 수 있는 사람은 뱃창으로 올라가는데 "여(바위)만 보며 헤엄치세요." 하는 거야. 우리가 올라가니까 문을 탁 닫아버려요. 그러니 시 오촌님도 와와 울고. 아기 하나 달고 올랐는데 아마 곧 죽을 걸로 알아서 그랬겠지.

나는 이제 바다 귀신이 되는구나. 곧 귀신이 될 거니까 "요왕제신님 관세음보살님. 둘째 아들만 살려주십시오." 속으로 빌었어. 조금 있으니까 벽장 열어 가지고 기라이가 멀리 가니까 손님들 내려가라고 하는 거라. 좀 걸어 가는데 오월달이니까 네 시나 다섯 시가 되면 해가 조금 어렴풋이 베지근(동이 터오는 모습을 제주어로 비유)할까.

갑자기 와왕 했어. 아차, 뒤에 오던 배가 앞으로 착착 나갈 때야. "저 배는 기라이 맞았네" 했어. 우리 배는 멈췄거든. 그 배가 대마도에서 나와서 실어가는 거라.

당시엔 일본에서 배 타고 오다가 기라이(기뢰)가 배에 닿으면 죽는 사람들 많거든. 우리 큰 시아버지네는 큰 아들 둘째 아들 아기들 둘씩 네 식구 뱃속에 든 아기 하면 열 식구가 한날 아침에 어디 가버렸는지 몰라. 8월 초에 일본에서 전쟁 끝났는데 어디서 죽었는가 몰라. 히로시마 폭탄에 죽었는가 배 탔다가 바다에서 죽었는가, 시모노세키에서 없어졌는가 몰라. 감감 무중. 간 곳 없어. 일본에서 배가 떴으니까. 공장도 다 내버려두고 온 거지. 다른 사람들도 해방되어서 못 사니까 일본으로 다시 밀항 가다가 죽고, 또 죽고. 그런 세월이었어.

동척회사 불타던 날 고향에 왔어

겨우겨우 살아서 우리는 고향에 왔어. 그날이 동척회사 부수는 날이었어(미군 공습 있던 날). 그 회사 폭탄 하나로. '파앙팡'. 불이 났어. 바다에서 무슨 소리가 나니까 우린 산지 축항으로 들어오려고 그것 때문에 신흥리로 내려왔어. 그땐 정말 놀랐어. 비행기가 삭삭삭삭 날아다니는 거라. 그냥 내려서 보니까 신흥리 사람들은 허벅으로 물을 지고 비우고 해. 우리는 신흥리에서 말구르마 타고 여기로(제주시) 왔어. 그러니깐 당시 길이 다 자갈길인데 제주시 오는 사람들 다 짐만 같이 싣고 오는 거지. 그땐 걸어도 젊은 때니까 괜찮았지.

그때 우리 남편은 키도 180 가까웠어. 기타 치고 창부타령 하면 가던 사람들이 다 돌아봐. 아이고, 가는 데마다 여자가 붙는 거라. 가는 데 마다. 그 신흥리에서 말구르마 타고 내려오는데, 어떤 여자가 하얀 상의를 입고 헤뜩 보고 헤뜩 보고 하는 거야. 화북 오기 전에 동쪽으로 내려가는 길이 있어. 거기로 내려가면서도 못 볼 때까지 돌아서서 봐. 아이고 여자가.

미군들 목격 "유 베비?"

　　　　　맞아. 얼마 없어 미군들이 들어왔어. 키가 이만큼씩 한 사람들. 제주시내 막 다녀. 우리 아이가 해방 뒷 해 태어났으니까 내가 임신 중에 목포 담배 사러 갔다 왔거든. 목포에 시아버지가 사니까. 담배 장사도 했었어. 물건을 사서 올 때 일이야.

　밤에 큰 배가 우릉우릉우릉 불 환하게 켜서 배를 이렇게 대는 거야. 그러니까 배가 더 못 나가거든요. 그때 군인들인가 뭔가 몰라. 희척휘척한 사람들이 배에서 툭툭 내려서 오는 거라. 지금 같으면 청초를 받겠지요. 그때 어떤 아기 어머니가 젖을 먹이고 있는 걸 봤어. 군인들이 그러니까 아기한테 "유 베비?" "유 베비?"하는 거야. 내가 그걸 봤는데 그 말을 잊지 못해요. 그렇게 하고는 짐들을 자기들 배로 탁탁 올리는 거라. 담배고 뭐고 신발이고 뭐고. 지금 같으면 이게 무슨 물건이냐고. 도둑이라고 해서 청초 받을 거 아니?

　배가 오는데 그놈의 배가 팍 박아져서 빠져나오지 못해요. 어찌어찌해서 배가 빠져나왔어. 또 좀 오다가 그만 배가 파산할 정도라. 그러니까 뭣인고 하니 추자, 추자도에서 배가 물에 휩쓸려 갔던 거지. 우린 할 수 없이 거기 추자도에서 하룻밤 자고 여기 왔어요. 해방 당시니까. 그런 일을 당한 적이 있지.

　해방 되었다고 하니까 다들 이젠 살았다고 했는데, 그게 아니지. 4·3사건이 나 가지고 사람들이 다 죽는 거라.

관덕정 3·1사건 참가 남편 목숨 건 일본 밀항

　　　　　일본에서 와서 우리가 제주시 무근성에 살 때야. 조금 있으니까 관덕정 3·1사건 있었어. 난 아이가 있어서 거길 못 가고 남편이 관덕정 갔다 왔어. 갔다와선 "휴우" 하는 거라. 무슨 일인지 난 모르지. 하는 말이 "나도 잠깐 했으면 죽어졌을지 모를 건데 나 앞에 사람이 그냥 죽었다"고 하는 거라. 젊은 남자가 남편 바로 앞에서 죽었다고. "한 발 짝만 앞에 있었으면 죽었다"고. 그걸로부터 4·3사건이 시작됐어.

그런 일을 당하니까 주인이(남편이) 이젠 일본 가겠다고 했어. 살 길도 없고 일본 가려고 한 거지. 사업하려고 했는데 잘 안 됐어. 남편은 아들이 태어나서 1년 있어 일본 갔어. 아들이 46년 음력 7월생인데 다음해 7월에 나갔으니까. 남편은 부산으로 가서 야매배 타고 갔어. 그 전에도 가려고 했지. 원당봉 아래 가니 배가 와당와당 들락키니까 못 갔어. 다음에 갈 때는 오빠네 부산 있으니까 부산으로 해서 일본으로 갔어.

해방 되어도 여기서도 살 형편이 안 됐지. 고향에 와 살아도 맨날(매일) 곤란한 거야. 돈 하나 나는 것도 없고. 농축원이라고 해서 트럭도 사서 했는데 그것도 안 돼. 남편이 일본 간다니까 내가 가라고 했어. 일본은 그때 일이 많았지. 여기는 일이 없었어. 일본 가려고 그 전에도 자꾸 마음 띄우긴 했어. 친구들 셋이서 배를 탔는데 사라봉 곁에 가니까 배가 막 와들랑탕 와들랑탕 죽을 형편인지라 내려서 왔어. 가려고 해도 밀항으로 가다가 죽는 사람도 있고 어려웠지. 관덕정 마당에서 그런 위험한 일이 있었으니깐 더 가려고 한 거야.

아들 하나 데리고 사는데 뭘 먹어야 젖이 나거든. 막 울어. 근데 내가 목청은 좋아났거든. 이리 걸었다 저리 걸었다 하면서 아기한테 노래도 해주면서 그리 살았지.

내가 거기 무근성 살 때 우리 아기 출산 때 물건들 보따리에 싸서 궤 안에 놔 뒀는데 잃어버렸어. 나중에 보니까 거기 젊은 주인 아줌마가 아기가 안 들어섰거든. 아기 들어서게 하려고 우리 아기 걸로 해서 빌었던 게 아닌가 해. 나중에 보니. 그거 갖고 기도해서 낳은 아기가 일본에서 와 보니 죽어버렸다고 해.

　우리 남편은 일본 가버리고, 4·3사건이 났지. 그 4·3에 우린 완전히 망해 버린 집이라.

남동생 "누님 우리 아기 젖 좀 줍서"

　　　　　　우리 남동생은 정말 기막히지. 내가 우리 아기를 업고 친정집에 갔을 때야. 우리 올케가 쌍둥이 아들 형제 낳았는데 아기가 태어나자 탁 목숨이 없어져버렸어. 해산하면서 숨이 팍 넘어가버렸어. 입으로 '콕' 소리가 나더라고. 아고, 사람 목숨이 그렇게...

　아기가 먹을 게 있겠어. 어머니가 집에서 쌀을 물 담갔다가 그걸로 죽 쒀서 아기들 입에 넣으니까 아기들이 살아났어. 그렇게 아기죽 먹여서 살아나니깐 하나라도 살까 했지. 하나라도 살아날 거라 생각했지.

　그 아기 나서 두 달 아니고 석 달 안 된 때야. 내가 친정에 가니까. 남동생이 막 울면서 "누나 아기 젖 좀 주세요." "젖 좀 먹여줍서" 하는 거라. 나는 아무리 젖을 주려고 해도 젖이 안 나오는 거라. 사람이 참 애석한 거요. 안 나오는 젖 물려도 아무 생각도 안 드는 거라.

하룻밤만 친정에 있었으면 우린 다 죽었지

　　　　　　한 며칠 친정에 있었어. 우리 어머니가 어서 어서 아기 데리고 내려가라고 해. 집에 가라고 하는 거야. 아이고, 그때 나도 거기 있었으면 붙들려 가 죽거나 아기까지 어떻게 됐는지 모를 일이었어. 남편 어디갔느냐고 자꾸 할 때니까. 우리 남동생이 바로 다음날 군인들한테 잡혀갔거든.

하룻밤만 친정에 있었으면 우린 다 죽었지. 음력 시월이야. 도두리 몰래물로 내려가면서 보니까 이쪽 밭에, 저쪽 밭에 사람들이 죽어서 시릉시릉. 사람들이 그렇게 죽었어. 몰래물은 나를 중신한 육촌 시아주버닌데 친정으로도 육촌 오빠야. 그 집에 갔어.

가니까 거기 딸이 있어. 옥화라고. "아고, 삼촌! 어떻게 왔어요. 삼촌! 연동 집에 가지 말아. 나하고 여기 있어." 그러는 거라. 그래도 거기 있을 생각이 없었어. 집에 오는데 넙은여 쪽으로 와 보니까 좋은 양복 입은 미남이 죽어 있었어.

아이고, 아이고, 요 남자는 일본에서 온 이로구나. 집에 오니까 뒷날은 우리 연동에 불이 확 올라가는 거라. 연동리는 사람이 하나도 없고 다 죽어버린 거. 아이고, 내가 거기 있었으면 그냥 다 죽어버리는 거였지.

도령마루에서 남동생 참혹한 희생

저기 공항에 가는데 도령목(도령마루)이라고 있지요. 도령마루에서 내 남동생이 죽었어. 동생은 키도 크고 미남이라. 훤하니까 소대장도 할 만하다 했다고 했어.

연동 집에서 군인들이 동생을 잡아다가 어떻게 두들겼는지, 거 사람이 그럴 수가 있나. 얼마나 두들기고 사람 몸을 그리했는지. 도령마루 거기 소나무에 달아매서 막 등창이고 어디고 완전히…후렸어. 그 창오 남동생은 나보다 세 살 아래. 스물 한 살이었어. 그땐 집단적으로 총살 당했어. 무슨 죄가 있어 그랬나. 우리 남동생, 아무 죄 없는 젊은이를.

남동생이 완전히, 막 등이고 뭐고 어디 성한데 없이하게 죽여버렸어. 그렇게 소나무에 매달린 채 죽으니까 어떤 군인이 어머니한테 달려와서 "어머니, 죽었어요. 아들이 죽었어요" 한 거야. 우리 어머니가 정신이 나갔겠지. 달려 나가니깐 그 군인이 데려다 줬어. 그 도령목 아들 있는데로 데려갔어. 가보니깐 아들이 소낭(소나무)에 목 달아매 있는 거라. 어머니가 기절한 노릇이지. 거기 낭에 매달려진 거 탁 푸니까 동생이 "흐" 한 모양이라. 아고. 아고, 그거 말 못해. 말 못하지.

울어 울어 내가 그리 울어본 거 처음이지. 남동생 죽은 재, 그처럼 울어본 적 없을 거야. 지금도 그 생각만 하면...

통곡하던 어머니 총상 후유증으로 얼마 없어 세상 떠

어머니는 거기에 앉아서 막 울었어. 아버진 총소리가 팡팡팡팡 나가니까 담 옆으로 가고. 그리 오라고, 아버진 어머니한테 막 손짓하는데 어머니가 그게 보였겠어.

어머니가 막 통곡하다가 총을 맞았어. 그때 우리 친족 오빠가 다른 데로 막 뛰니까 군인들이 팡팡 쏘았다는 거라. 어머님은 아버지가 담 옆으로 오라고 오라고 해도 그대로 앉아서 울기만 하고 있으니까 달려가지도 못하고. 다른 사람 맞히려던 총이 팡하니까 어머니 쪽으로. 어머닌 거기 앉았다가 총을 맞았지.

요거 일로(이리로) 팡 쏘니까 요것이 어머니 살 구멍을 뚫어버린 거라. 피도 엄청 나고 아파서 살 수 있나. 그때 확 돌아가시지 않았어. 그래도 그 총 맞아서 그 후유증으로 일 년 못 돼 세상 떴어. 어머니가 고통이 정말 심했어. 아프다 소리도 못하고. 총 맞아도 치료를 할 수 있나. 제대로 치료도 못했지. 당시 어머님은 56세. 기막히지. 아들들 그렇게 죽었지, 살 수가 없지.

남동생 그 아기들도, 우리 어머니가 그리되니까 아기들을 살릴 수 있나. 외할머니가 데려갔는데 할머니가 일만 하는데 아기한테 뭘 먹일 수 있나. 아기들이 죽어버렸어.

우리 어머니가 아기 9남매를 낳았는데 난 아기 많이 나는 거 안 좋아. 많이 나면 고생이라. 고생이야.

넷째 오빠 대구형무소 행방불명

넷째 오빠는 대구 형무소에서 행방불명. 오빠도 무슨 죄가 있겠어. 오빤 일본에서 기술자 하다가 해방 전에 들어왔어. 일만 하다가 온 사람이야. 오빤 대구형무소에선 양복을 지었다고 해. 교도소에서도 미싱질 했던 모양이야.

넷째 오빠가 딸 형제 놓고 돌아가니까 올케는 재혼해서 가버렸어. 오빠는 일만 일만 하고 살았는데. 사상이고 그런 건 없는데도 그렇게 살아버리니깐 잡혀갔어. 아래쪽 말도 산쪽 말도 안 들으면 안 되는 세상을 살아버리니깐. 딸이 함덕 있거든. 사위가 천돌이라고. 돌아가셨거든. 좋은 조카 사위였어. 거기 비석도 있고. 그 아이들이 아버지 묘를 관리하고 있거든.

일본에서 온 남편의 편지 한 장이 살렸어

한번은 총을 꽉 여기에(가슴에) 대면서 "남편 어디 갔어요?" "일본 갔어요." "일본은 뭐 일본? 산에 갔지?" 하는 거라. 무슨 증거가 있겠어. 그때 일본에서 남편이 편지 한 장 온 거 있었는데 방에 놔뒀거든. 일본에서 편지를 보내온 거라, "아이 감기만 걸려도 빨리 병원으로 데려가서 약을 먹여야 한다"고. 해방 전에 우리가 일본에서 10개월된 아들을 아파서 잃어버렸어. 그러니 더 걱정이 된 거지.

내가 얼른 그 편지를 갖다가 그 군인한테 주었어. 그 양반이 편지를 갖고 바깥으로 나가는 거라. 글 아는 것이 병정인가. 글 모르는 것이 병정인가. 그렇게 편지를 바치는 건가. 난 몰랐어. 왜 저러는가 했지. 금띠 두른 군인이 그 편지를 읽어보고 나한테 오는 거라. 그 군인이 빙삭이(빙그레) 웃으면서 "잘 알았습니다." 해요. 그때 저 벽에 내가 스물 한 살에 일본 기모노 입어서 찍은 사진이 걸려있었어. 그 사진을 보면서 금띠 두른 군인이 하는 말이, "저 사진은 아주머니입니까? 아이고, 이쁘시네." 그리 해두고 나가는 거. 그 뿐. 그 편지 없었으면 나도 1구서(제주경찰서)에 갔지. 편지가 있으니까 안 갔지. 그 편지 이젠 어디 갔는지 없어요. 그 남편 보내온 편지 하나로 살아나고. 그 다음은 편지 하나도 없어.

4·3, 우는 아이 안고 산으로 피신했어

우리 애가 세 살 쯤이야. 난 이 동네(하귀리)에 와서 동네사람들하고 접촉하지 않았어. 여기 시고모님네 자그마한 방에 살 때 집에서 보면 한길로 이리가고 저리가는 사람들 있었어. 산으로 안 가면 살지 못한다고 다들 산으로 올라가라고 한 때가 있었어. 다들 안 올라가견 산에서 다 쏘아불겠다고 해서.

그니까 눈 하얗게 묻을 때 시고모님이 나를 불러. "아기 데리고 오라. 여기 방 따시난." 가니까 고모님 하는 얘기가 만일에 산에 사람이고 대동청년이고 와서 만일 들어오게되면 아기는 데리고 나가지 말라고. 너만 가라고 그러는 거야. 아이가 울게 되면 다 같이 죽게 된다고.

동네 어른 아이 할 것 없이 다 산으로 올라갔는데 광령리 조금 넘어가니까 그때 시아버지도 와서 같이 올라가셨어. 아침이 밝아오니까 우리 아이가 '야아아' 우는 거라. 울음 소리가 멀리까지 들리거든. 그러니까 아버지 하는 소리가 "그 아이 하나 살리젠허당 우리 다 고찌 죽을 꺼난 저 밭듸 내부러덩 글라"(그 아이 하나 살리려하다가 우리 다 같이 죽을 거니까 저 밭에 두고 가라)는 거라.

아이구, 어떻게, 아기를 버립니까? 못 버리거든. 올라가서 사흘 살았거든. 이승굴. 광령 넘어서 가면 이승굴 오름 있어. 아기가 막 울어. 그때 아기들 많이들 죽었어.

나만 살면 뭐 할 거라. 난 가만히 있었어. 집집마다 산에 간 사람들을 다니면서 조사해서 남자 없는 거 있는 거 다 잡아 가는 거지. 그 당시에는. 산에 갔다 내려온 후 겨울에도 그 엄쟁이 대동청년들도 밤에 요리 달아나고 저리 달아나고, 어쩌다가 산에서 내려온 사람도 밤에 발자국 소리 나면 동네 사람들이 착 밀고해서 잡혀가는 거지.

미군 지프차 찌익… 바다에선 청년들 죽었어

산에 올라갔어. 이 마을 산에 오른 청년들, 폭도라 했지. "얼마 있으면 좋은 세상 납니다." "금방 해방됩니다." "금방 뭐 헙니다." 하는 거라. 이승굴 위에 목장에 가서 여기 마을 사람들 전부 가서 살았어. 대동청년들이 막 들어와서 붙들어가서 죽이지.

아이고, 그때 그 시리시리한(젊은) 청년들 세상에 다 죽었거든. 그러니 산에 간 사람은 집에 왔다가지도 못 하고. 이제는 해제 되어서 내려오라 해도 그래도 죽는 사람 많았지. 위에는 빨갱이, 폭도. 다 시리시리한 청년들, 다 죽었거든.

한 사흘 밤을 거기서 자는데 나흘 째 날이던가. 한길로 처음 보는 차라. 지프차. 조그만 차. 처음에는 짜악 산간부락 길로 차가 올라오거든. 아, "저리로 미국 놈 차가 올라온다. 우리 다 잡아먹을려고 온다"고 했어. 그러다가 이제는 밤 안으로 또 내려가야 한다는 거야. 산에 있으면 다 잡혀가게 된다고해서 다들 내려왔어.

내려오니까 산에 간 가족 어머니고, 아버지고 잡아다가 두드리고 하지 않았

나. 그때 당시는.

  노인당, 마을회관에 불러서 가니까 마을에서 양민 폭도 구분한다고 나오라 하니까 나갔거든. 우리는 시아버지가 목포 살았고 동생은 아주버니가 돌아가시고 안 계시고 나도 혼자였거든. 우리 큰 시아버지는 이장 때거든.

  우리 시어머니한테는 남편 어디 사냐고 물어. "목포 삽니다." 우리 동서를 불렀어. "남편 어디 갔어?" "세상 떴습니다." 나 부르니까 "남편 일본 갔습니다." 우리 큰 시아버지가 이장 때라도 안 돼. 돌아와서 여러가지 그 조사 해봤겠지. 두 달인가 석 달인가 있어서 불렀어. 그때 가니까 양민증이 나왔거든.

  내려온 다음에는 중산(중산간) 사람들이 방들 하나씩 빌려 살고, 요런 방 하나 빌려 여러 식구가 살고 했어. 그러다가 거의 (계엄령)해제되니깐 그대로 그 집 사서 사는 사람도 있고, 내려온 사람도 있고. 그 위 상동·좌동사람들이 다 내려와버리니깐 마을이 없어졌지. 지금은 살지. 집도 다 짓고. 토지들도 있으니까.

  그때 집들은 문도 안 잠궜어. 쌀들은 지고 가고, 밥은 동네에서 가져온 데도 있고 어떤 집은 가마솥에 감자 쪄서 가져갔는가. 거기서 쪘는가 그건 모르지. 반찬 같은 건 그 동네서 사다 먹고. 동네서 기부하는 것도 있고 했어. 천막 쳐서 이런데 눕던가 앉던가 했어. 아기는 막 울어.

  바당에 헤엄치던 사람들도 죽는 거라. 시체가 올랐는데. 죽은 사람들도 많이 있어. 잡혀가면 죽을 거니까, 총에 맞아 죽을 거니까 그리 죽는 사람도 많았어. 산도 무섭고 위도 무섭고 말이야.

4·3, 어느 어머니는 딸을 경찰에 신고했어

  한번은 정뜨르에 나 아는 집에 방 빌려 살 때야. 우리 고모님이

"야, 난 대정에 고등어 팔러 가면 장사 되더라. 같이 갈까?"해. 나도 같이 간다고 했지. 고모님하고 관덕정에 버스 몇 시에 뜨는 거 알아보려고 갔어. 그때 한 여자가 "중문면 돌숭이로 낼 가는데 오늘 밤 잘 데가 없습니까?" 해서 우리가 데려왔다고 그랬지. 그 아줌마 친정이 중문면 돌숭이라고. 우리보고 같이 가서 하룻밤 자고 내일은 중문에 같이 가자고 하는 거라. 아무 생각도 없이 집에 그 아줌마를 데려오니까 고모부가 막 욕을 하는 거야.

그 아줌마는 그때 아마도 1구서에서 몇 달 살게 됐던 모양이야. 밤에 자다가 "아이고, 어머니 가려와 가려와." 불 켜서 보니까 이가 부글부글. 감옥에 살다보니깐 이가 막 일었던 거지. 디디티 뿌리고, 잠 재워주고, 뒷날 아침에 같이 중문으로 갔어, 돌숭이라 한데서 내렸어. 마침 그 동네에 잔치가 있어. 그 아줌마 어머니 동생들도 잔칫집 가서 사람이 없었어. 그때 누가 오더니 가서 우리 얘길 했어.

얘길 듣고 그 아줌마 어머니가 왔어. 그 어머니가 딸한테 "너 뭐 하러 왔느냐. 동생 하나 있는 거 잡아먹으려고 왔느냐. 거기서 죽어버리지 뭐 하러 왔느냐." 하이고, 이거 깜짝 놀랐어, 이거 무슨 일인고 할 거 아닙니까. 그날 밤 그 어머니가 그 딸을 그냥 경찰에 신고해버렸거든. 딸이 왔는데, 누님이 왔는데도 경찰에 신고했거든. 그러니깐 중문면 경찰에 가서 고모님하고 나는 청초를 받았어. "그 사람 어떻게 아느냐." "난 모릅니다." 했지.

그러니까 그 여자만 유치장 갔어. 우리 삼촌 조카는 유치장 안 갔어. 안 가서 경찰서 직원 되는 사람 방, 우린 그 방에서 잤어. 뒷날은 석방 시켜줘. 장사를, 고등어 팔아야 하거든. 장사하고 가라고. 그때 우리도 1구서에 갈 뻔했어. 거기 가면 안 되었어. 죽었겠지.

야, 그때는 경찰서에만 가면 두드리고 맞고 죽어야 되는데 살아서 왔어. 아이 혼자 내버려두고 남의 집 방 빌려서 정뜨르 살 때야. 그때 경찰서에만 가면 너무너무 두드려 맞는 소리가 났어.

서문시장 상판 놓고 장사했지

그때 난 대정, 법환리 돌아다니면서 "고기 사시오, 고기 사시오." 했어. 어떤 주막에 갔을 때야. 멱도 짜고 신도 삼고 하는 젊은 남자가 말하는 거라. "어디서 왔어요?" "제주시에서 왔어요." "아고, 서울에서 왔네요." 나는 서울 한번 구경도 못했다고. 닥닥 두드리면서. 그 품팔이 하는 남자는 제주시를 서울이라고 한 거지. 어디 어디 다니면서 고기 몇 개 갖고 가서 결혼식도 보고.

아이고, 그리 살다가. 저 무근성 가서 살다가 팔아서 정뜨르, 서문 파출소 아래 내려간 거지. 향교 길 모퉁이에 집이 하나 있다고 해서 사서 살았는데 거기 오래 살지 못해, 밤이면 빈대가 나와 막 뭐 같아. 빈대 심해서 살 형편이 아니야. 그냥 사는 이들은 아기도 많고 하니까 살지만.

난 아기 데리고 살면서 장사를 했지. 쌀 닷말을 받아서 한 쪽에 아기 올려놓고 한 팡 걷고 한팡 걷고 그랬어. 이것도 저것도 다 팔았어. 미녕 장사로 시작했어. 서문시장 상판에도 나가서 팔고. 그땐 서문시장에 물건 놓는데, 한 칸 한 칸 문도 있었어. 지금도 큰 길로 들어가면 내가 앉아난 상판 있어. 그땐 4·3사건 후야. 아들 학교 다닐 때니까. 일본에 아들 아홉 살 때 갔으니까.

좋은 세상 온다해서 왔는데 4·3이 다 날린 거지

관덕정 내팡골 시장 있어. 거기서 우리 주인(남편) 오촌 고모님 아들이 이승굴 신씬데 날 보고 반가워하는 거야. 아고, 아주머니가 보인다는 거지. 내가 연동리 우리 친정에 간 것을 알고 있으니까 거기 갔다가 다 죽은 줄 알고 있었다고 하는 거라.

"아들은 어떻게 되었어요?" "집에 있다" 하니까 "아고, 다행이다. 나는 연동리로 갔다가 몰수(몰살) 되었는가 했어요"하는 거라.

그 말이 맞아. 나는 그날 밤 친정에 있었으면 지금 없어. 네 남편 어디갔느냐고. 뭐뭐... 그랬겠지. 같이 잡아가거나 했겠지. 그래서 살아지고, 저래서 살아지고.

조금 끔끔 하길래 내가 밖으로 나갔어. 지금 파출소 옆에 한내 다리. 가면 뭐야? 뭐 하러 왔어요? 어디로? 남자들이 묻거든. 내가 벵삭(빙그레) 웃었거든. "웃는 거 보니까 숭실세(흉조일세)." "예. 나는 판찍합니다."

아이구. 고향에 와서. 어쩌면 일본에서 안 온 사람들은 살았지. 한국에 와 가지고. 야, 우린 좋은 세상 본다고 해서 일본에서들 해방돼서 왔는데 4·3이란 것이 한꺼번에 날린 거지. 4·3으로 우리 좋던 재산이 없어져버린 거지.

연동 밭도 아버지가 팔고 큰 오빠가 병이 나 일본에서 돌아와서 "날 살려줍서" 하니까 팔았지. 서말지기 말가웃지기 고래부자였지.

밀항 가다 생긴 일… 죽은 오빠 나타났어

남편은 그때 일본 가고 제주로는 안 왔어. 못 왔지. 내가 아들이 9살 때(1955년) 일본으로 갈 때야. 우선 부산으로 가서 시오촌님을 만났어. 우리 남편이 일본서 시오촌네 집에서 점원으로 일 할 때니까 내가 말했지. "저 일본 가려고 나왔습니다." "아이고, 조카 일본 가도 울어진다." 생각해서 가라고 얘기하시는 거야. 거기서 바지 하나 얼른 만들어 얼마 받고 팔았어. 그 돈을 수중에 얼마 갖고 아들 데리고 버스 타고 마산까지 갔어.

마산에서 배를 타고 막 나가는데 바다가 아주 쎄서 뒤엎어질 것 같았어. 아이고 가질란가. 두시간 정도 갈 때야. 갑자기 눈앞에 뭐가 보여. 이상한 일이야. 4·3평화공원에 표석 세워진 우리 넷째 오빠가 배 위로 활딱 올라오면서 "너 지금껏 여기 있냐? 파딱 올라와" 하는 거라. 야, 그때는 손에 뭐가 있으면 바닷물에 던질 건데 없는 거지. 우리가 죽을 뻔 했는데 죽은 오빠가 나타나 살린 거지.

어찌어찌 국섬이라는데, 조그만 선창도 없는 곳이야. 거기 가서 뱃줄 당겨서 뭣에 묶었는가. 사람들이 내렸어. 거기 가서 집을 빌려서 한 달포는 살았거든. 거기서 우린 일행들하고 배를 기다리는 거라. 배가 올 동안 나는 밭에 가서 주인네 일을 해줬어. 주인이 처음엔 저 손님이 밭에 가서 일은 할 수 있겠는가 하는 거라. 난 매일 골갱이(호미) 들고 가서 일 했어. 주인 아주머니 밥도 해주고, 일도 거들어주고.

다른 일본 가려는 아주머니들은 노래나 부르고 일도 잘 안 해. 나는 쉬지 않고 일을 했어. 주인 아주머니가 점심 주고 저녁이 되면 고구마 쪄서 아기 주라고 주고. 나무하러 가는 거 같으면 같이 따라가서 도와드리고. 동백나무 탁탁 잘라 갖다 드리고. 그러니까 주인 아주머니가 막 잘 해주더라고.

내 아이, 남의 손에 맞지 말고 내 손에 맞아라

국섬에 있을 때 한번은 우리 아이 하고 국섬 아이하고 싸움을 했어. 우리 아이한테 국섬 아이가 아마 '섬놈'이라고 놀렸던가봐. 난 여기까지 와서 우리 아이가 남의 손에 맞느냐고 내 손에 맞으라고 내가 직접 우리 아일 때렸거든. 그러니깐 우리 아이는 바다에 가서 빠져 죽겠다고 하는 거라. 아홉 살인데 막 뛰어. 국섬은 절벽 위에 집이 있고, 동백나구가 많았어. 삼동나무 밭이 있고 봄이니까 꿩마농(달래) 막 날 때야. 그때 어떤 학생이(일본으로 함께 밀항 가던 가족 중 한림출신 고교생) 막 뛰어서 우리 아들을 팍 안아요. "너 빠져죽으면 어멍은 어떻게 할 거냐." "우리 어머닌 제주도에서도 싸워서 오면 나만 욕하고 나만 때렸다"고 아들이 그러는 거야. 어머니는 널 미워서 때린 줄 아냐고.

절대 그렇지 않다고. 그 학생이 참 고맙지.

"이번엔 용서하라" 해서 그 학생이 우리 아일 데리고 여관엘 들어와. 그날 저녁을 먹고 있으니까 주인 아저씨가 나를 모셔오라고 한다는 거라. 아, 그럼 나는 '책망을 먹겠구나' 해서 들어갔어. 들어가자 주인 아저씨가 일어서서 "아, 제주 어머니 올라오십시오. 큰 집안에서 난 따님이라고 생각합니다. 오늘 잘 못했으면 일본 가는 손님들 다 붙들려가고 이 국섬이 난리가 날 건데 오히려 자기 자식을 나무라서 곱게 넘어갔습니다. 고맙습니다." 하는 거라. 주인 아저씨도 그냥 좋은 사람이었어.

일본 가는 고깃배, 돈 5원 몰래 경찰관에 줬지

밀항 가는 날이야. 거기 소나무밭에 이렇게 앉아있으니까 팡팡 나오라고 해. 나가니까 고깃배지, 배 타라고 하는 거라. 배가 뜨자마자 총소리가 팡팡. 순경들 하고 짜서 한 거지. 배가 떠나버렸다고 표시를 한다고 한 것이지.

그땐 목걸이나 반지 같은 거 가져 있다간 다 뺏겨. 경찰관들이 왔어. 나는 돈 5원을 몰래 주었어. "아, 아이도 가니까" 순경들이 이렇게 하는 거라. 우리 아이도 바짝했어. 그래도 가진 게 없으니까 어찌 할 거라. 국섬에서 선주한테 돈 얼마 준 영수증만 갖고 배를 탔어. 고기 놓는데 사람 61명을 꽉 앉히니까 숨이 막히지. 하룻밤에 아이가 열이 나서 파닥파닥 죽을 것만 같았어. "선장님! 이 아이 좀 살려주십서." 위에 올라가서 바람 좀 쐬고 내려 오니까 '대변 보겠다' '소변 보겠다' 난리야. 아휴, 선장님들은 어렵게 어렵게 가는데 왜 저렇게 못 참아서 저러나 생각이 들었어.

일본 하카다에서 내리니까 난 막 소나무밭으로 뛰어 갔어. 오줌 싸려고 갔는데 이틀 밤 사흘 꽉 참으니까 오줌이 나올 턱이 있나. 오줌은 막 마려와도 안 나와. 조금 있으니까 화물차가 오고 그걸 타서 좋은 집에 가서 내렸어. 거기 가서 주인 할머니가 무슨 미역 넣고 국을 끓여주더라. 그래 한 그릇 먹으니까 오줌이 나왔어. 천정 위에 아홉 살 난 아이가 일주일 살았거든. 거기서 오줌도 받아내리고, 대변도 받아내리고 일절 아래 못 내려오게 했어. 같이 간 우리 시어머니 일가 삼촌하고 우리 동네 처녀하고 넷이 거기서 살았지. 그때 일본 갈 때 배는 고깃배지. 조그만 거. 일본 가는 것도 죽기 살기, 다들 고생했지.

일본서 일만 일만… 집 장만했지

일본 가서 남편 만날 때까지 이런저런 말하지 못 할 일들이 많았어. 일본에서는 여기저기 이사도 많이 다녔어. 내가 일본에서 제일 먼저 한 일은 그때 부인복 바느질 하는 거야. 치마 같은 거 그거 바느질 했어. 한국 할머니가 이층에서 일을 했어. 난 일 못해서 한 것이 아니고 돈 못 받으니까 고생했지. 그 할머니 자기 월급 못 받으니까 십 원 한 장을 나한테 안 줘. 사람 형편을 보면서 쌀 한 되는 줘야지.

"주인 어머니 외상 좀 주세요" 그랬어. 그러니 장도 외상, 물도 외상하면서 살아갔어. '아끼다'라는 제주시 산지 어른네 집 빌려서 살면서는 한 달 일 했어. 그 할머니는 고생 고생하다가 돌아가시고. 에이고, 그래서 사는 것이 방 하나 빌려 살고 저 방 하나 빌려 사는 것이, 그럭저럭 살면서 일을 했지.

아끼다네 집 일 하러 아침 8시에 가서 밤 11시까지 하면 그때 돈 하루 80원. 그거 받아서 그걸로 살고. 그때 당시는 작은 돈은 아니지.

그렇게 살다가 그 집 떠나서 조천 사람 남자 양복 일 하는데 가서 일 했어. 나한테는 몇 년 더 일 한 사람 봉급을 주는데, 그 사람 봉급 주고 나 주고. 따로 더 돈을 담아줘, 나머지 또 집에 가져와서 또 아침에 일 해야 하는데 피곤해서 안

된다고 해도 잠이 안 오니까 일을 했지. 처음엔 오사카 조그만 데 살면서 양복 단추 다는 거 하고, 단추 구멍 감추는 건 마도메(まとめ 단추 등을 다는 마무리 손바느질)는 전부 내 차지. 만들면 일본 사람들 다 가져갔어.

한국서 온 사람들 다 가져가면 십 몇 만 원 들어오거든. 저 병목골에서 태어난 김임옥 씨라 하는 할머니. 지금 살아있으면 백 열 몇 살 되겠지. 병목골에 살면서 고등학교까지 나온 할머니야. 이달에 이 사람 돈이 얼마 들어온다 하는 거 다 알아. "삼촌님, 이거 다 나 돈이지요?" 하면 "그렇지" 그래도 나 그때 월급이 6, 7만 원 됐어.

내가 많이 한 일은 우리 한복 만드는 일이야. 남자한복 여자한복 만들어 장사해서 돈 벌었어. 일만 일만 죽을락 살락하며 살았어. 내가 일본 갈 때 먹돌새기 땅은 남의 것이지만 집도 하나 해 두고 연동리 밭 세 개 사 두고 했는데 일본 가서 고생했지. 그러니까 고향 집에다가 "연동 밭 팔아서 보내주십서" 했어. 몇 푼 안 되는 거지만 그 돈 보태서 이쿠노에 지금 사는 집 샀어. 이층이야. 맨 처음 집 장만할 때는 우리 딸이 두 살 그물어 갈 때야. 59년 전에 그 집을 그렇게 해서 샀어. 일 할 때, 어떤 사람은 돈 60만 원 어치 물건 갖다 주겠다고 해 놓고 하나도 안 갖다 주기도 하고. 지금은 대통령 사는 삶이라.

일본에서는 일본 글도 배우고 일본 말도 배우고. 얼마든지 부녀친목회 있는데 나는 그런데 가보지도 못 했어. 며느리가 결혼한 다음에 "야학 가세요" 해도 이제까지도 살았는데 무슨 야학인가 했어.

아이들 생일 같은 거 나 해 본 적 없어. 생일이 어딨어. 딸들 보육원 가니까 신청하는 날이 있다고 해서 우리 딸 네 살 쯤인가. 안 된 때지. 아랫 아이 업고 큰 년 손 잡고 가니까 받아주지 안 했어. 이름 부르길래 가니까 거기 남자가 나를 상담해서 안됩니다 하는 거야. 다스께데 구다사이(살려주세요). 살려달라고 했지.

아들 고등학교 때 수학여행 갈 때도 과자가 어딨어. 아무것도 못 해줬어. 나중에 보니 수학여행 간 때 친구들 부끄러워서 자기만 나무 아래 앉아서 먹었다고. 친구들은 부모들 반찬도 하고 과자도 하고 갔지만 없으니깐. 허허. 죽을락 살락 일을 해도.

일본에서도 제사는 꼭 같지

예전엔 일본서 제사 때는 남의 제사도 먹으러 갔어. 이젠 그것도 없어져 가고. 차차. 일본에서 제사는 사진을 놓으면 지방을 안 써. 여기선 지방 썼지. 거기서도 자기네 가정 풍습대로 하지만. 에고, 처음엔 친족들끼리 남의 제사에도 끌려간다 끌려온다 식으로 몰려다니기도 했지만 이젠 자기 제사 솔작 솔작(살, 남모르게 하지.

우리도 세 시사촌형제가 있을 때니까 집마다 명절도 돌아가면서 했어. 우리 광산 김칩은 나라(奈良)에 몇 천평 공동 묘지를 가졌거든. 한국 사람 이름으론 안 되니까 거기 일본 사람 이름 빌려서 했어. 공동 묘지 불하 받아서.

팔월 명절 공휴일이면 위령들 하지요. 막 유세차 소리 내면서 유건들 써서. 여기나 저기나 조상을 모시는 건 똑같아.

일본에서 살던 사람들 이제야 겨우 겨우 고향에 와. 오는 것도 어렵지. 한 번도 못 오는 사람들 있어. 돈 있어도 왔다가려면 빈손에 올 수 있나. 친족집에 와도. 못 와서 죽는 사람도 있고. 5대가 살아도 집 하나 못 장만해서 사는 사람도 있고.

남편, 귀덕바당 곁 집 지어 살고 싶어 했지

내가 시집 올 땐 이 집은 정말 쪼그만 막살이었지. 남편이 67세에 세상 떴는데, "68세 되면 제주도 가서 귀덕 바당용달이 기정, 왕석 있는디 집 지어서 바당에 낚시 들이고 고기 낚아서 살크라(살겠어)" 했었지. 그때 내가 그랬어. "용달이 기정은 그냥 놔두겠다고 합니까" 그래놓고 남편이 먼저 갔어. 남편이 가고 6년 있다가 내가 이 집 지었어. 나 일흔셋에 지었지.

고향에만 오고 싶었어. 요번에도 아이들한테 얘기했는데, 이런 일이 있었지. 이 집을 지을 때야. 도배도 안 하고 공구리만 한 땐데 동생네 집에서만 내가 잠시 살았어. 한번은 "나 오늘은 관전동 가서 자야겠다"고 했어. 여름이니까 초석 하나 깔아서 자는데 꿈을 봤어, 우리 주인(남편)은 기타 틀면서 노래는 잘 하는데 요거는(춤) 해 본 바가 없어. 죽은 때 호상은 양단으로 했는데, 굿 할 때 내가 베 도포를 만들어줬는가. 베 도포를 입고 남편이 막춤을 추는 거라. 야, 이거 귀신도 있다고도 할 수 없고, 없다고도 할 수 없고. 귀신춤이로구나. 야, 그때 죽어도 잊어버릴 수 없어.

어려서 청에 조금씩 먹다보니 술 맛 알지

제주 사람들이 굿을 많이 하지. 일본에서도 돈 있는 사람들은 굿들 했어. 나는 나대로 '조왕경'을 읽었지. 그때는 나도 목소리가 잘 나와. 목청이 좋다고 했어. 지금은 안 나와. 하하.

저녁 땐 나 꼭 술 한 잔씩 해. 한라산 소주로. 술 먹으면 소리가 나오지. 일본선 사케 요만큼. 술 17, 18도야. 이것은 25도? 여기선 소주도 '한라산' 좋아. 내가 술을 48세부터 먹게 되었어. 그래 목청이 안 나와. 일본서 나중에 주인(남편)하고 같이 사니까 주고 받고 했지. 저녁 때 밖에 나가서 먹지 않게. 기분 좋게만 하려고 먹었어. 과도하지 않게 조금씩 같이 먹다보니 과해서 목청이 그만 안 나와 버려.

술맛은 어렸을 때야. 고팡에 들어가서 나는 조금 먹어본다고. 청을 먹었어. 술을 조금 비워서 청을 탔더니 어찌 맛이 좋은지. 청(꿀)을 먹는 중이(쥐)가 있다고. 우리 어머니가 알아서 그랬는지 그랬던 기억이 있어. 지금도 양봉하는 사람들 청을 따 가지고 하지. 청에다 술 타면 맛있어. 청은 언제라도 집에 있으니까.

늙으면 편안하게 살아야지. 내가 고생한 만큼 그렇게 자식들, 며느리가 잘 해주니까 살아지는 것 닮아. 고향에 와서 살아야겠다 생각은 내가 파랑파랑 다닐 때니까. 일하면서도 며칠 고향에 살다가 일본 가고 했어. 일 없게 되니까 더 있다가 일본 가도 되고.

2016년에 와도 일 년에 한 번 갔다가 오고. 요번 가면 다음엔 가질 건가. 이번 가면 '사요나라'해서 올건가 하는 거야. 난 몸이 이렇게 되어버리니깐. 그래도 고향에 오니 좋지. 문은 항상 이렇게 열고 살아요. 바로 바당도 보이고. 길에 다니는 사람도 보고. 공기가 얼마나 좋아.

그레저레 살다보니깐 후딱 백 가까이 왔어. 야, 나 밑에 그 잘 살던 사람들은 떠나갔는데 야, 자기대로 생각해봐도 난 참 오래 살아진 거라. 어찌어찌 하다 보니 몸이 달라져 버렸어. 그러니깐 돈도 필요 없어요. 마음으로 '천수경' 읽다 보면 편안해지고. 이젠 많이 잊어버렸어. 나는 잘 모르지간 뉴스밖에 안 들어.

(구술채록 · 정리_허영선)

참혹했던 시대,
유복했던 소녀의 기억

안봉순

_1935년 생. 4·3 당시 제주읍 오라리 거주

외동딸의 가족사

내가 태어난 데는 제주시 용담리인데, 제주향교 옆에 있는 부러리란 곳이라. 본적은 거기로 되어있어. 어렸을 때 오라리로 이사해서 결혼할 때(1954년)까지 쭉 거기 살았지. 살았던 동네는 오라 3구(현 오라 3동)인데, '중댕이굴'이랜 허여. 지금도 오라비네 가족이 그 동네에 살고 있지.

우리 아버지는 주로 농사일과 목축을 했어. 오라 3구에 살 때, 집안의 큰 수입은 남의 땅 병작해서 벌어들인 것과 집안 소막에 우마를 길러서 이를 비싸게 팔아 돈을 벌었어. 아버지가 우마를 길렀던 건 할아버지가 고향(어음)에서 우마를 크게 키웠건 적이 있었기 때문일 거라. 그러니까 아버지가 할아버지한테 우마 기르는 기술을 보고 배웠던 덕분이지. 그 덕에 할아버지는 젊은 시절에는 재산이 많았다고 해. 넓은 밭에 많은 우마를 가둬놓고 '밭떼기'로 우마를 팔았다고 하니까 돈을 많이 벌었던 거지. 할아버지는 재산이 많았던 탓인지, 노름도 좋아해서 많은 재산을 탕진했다고 해.

우리 어머니는 주로 밭에서 검질(잡초)을 매거나 농사일을 했고, 집안일만 했던 것으로 기억해. 평소 문밖출입은 거의 하지 않았고, 당시 대부분의 사람들은 탕건 짜는 일을 했는데, 어머니는 틀 앞에 앉아 솜에서 실을 빼내 '민영 실'이란 걸 만들고, 그걸로 집에서 갈옷을 만들어 입곤 했지. 어머니는 이걸 내다 팔기도 했고, 집안의 옷감으로 쓰기도 했어. 동네에서는 우리 어머니가 유일하게 이 기계를 가지고 있었던 게 아닌가 싶어. 아버지가 우마를 팔고 번 돈이 있으니까, 그래도 그 돈으로 그런 기계를 살 수 있었겠지. 어머니는 집에서 이 일을 했기 때문에 나도 어릴 때부터 어머니가 하는 일을 옆에서 지켜봐서 그 과정을 잘 알고 있지.

우리 형제는 3남 1녀인데, 위로 오빠가 둘이 있고 밑으로 남동생 하나가 있어. 이건 우리 어머니가 낳은 자식들이고, 아버지 첫째 부인이 계셨는데 그 어머니 속으로 낳은 아들도 하나 있어. 그러니까 호적상으로는 4남 1녀가 되는 거라. 근데 내가 태어나기도 전에 아버지가 첫째 부인하고 이혼(1922년 5월 20일 협의 이혼)하게 되면서, 그 어머니하고 아들은 일본으로 가 버리는 바람에 난 그 오빠에 대해선 잘 몰라. 내가 시집간 후에 우리 집 아이들이 어릴 때도 당시에는 아주 귀했던 일제 옷을 입고 크레용을 들고 다녔던 건 그 오빠네가 선물로 보내왔기 때문이라. 우리 아이들은 그 오빠를 '일본 삼촌'이라고 기억하고 있지. 4·3 당시에 희생된 오빠는 일본으로 가버린 그 오빠가 아니라 우리 어머니 속으로 낳은 큰오빠(봉윤. 1926년 8월 9일 용담리 출생)라.

우리 아버지는 나를 참 귀하게 키워준 것 같아. 그런데 어머니한테는 그러지를 못한 것 같아. 일본으로 가버린 첫 부인은 아버지가 제멋대로 사는 생활을 하는 바람에 결국 자식을 데리고 이혼했다고 하는데, 우리 어머니하고 재혼해서도 그 버릇이 나아지지 않았던 것 같아. 그래서 처음에는 우리 어머니도 아버지를 피해서 일본으로 가버린 거라. 할아버지는 우마로 돈을 벌게 되니까 노름을 좋아했던 것 같고, 우리 아버지는 우마로 돈을 버니까 방종한 생활에 빠진 거라. 아버지는 첫 부인하고는 이혼해서 헤어진 거지만, 우리 어머니하고는 이혼을 한 게 아니어서 아버지가 어머니를 찾아서 일본까지 가서 고향으로 데려왔어. 아버지 버릇 때문에 우리 어머니 마음고생이 많았던 것 같아. 내 어린 시절에도 어머니는 담배를 많이 피웠는데, 내가 물어보면 담배를 피우면 아버지로 인한 가슴의 체증이 시원하게 내려가는 기분이어서 담배를 즐겨 피운다고 했거든.

아버지가 일본에서 어머니를 데리고 온 후에는 용담에서 오라 3구로 이사를 했지. 거기로 이사 가서는 아버지가 열심히 남의 땅 병작도 하고 과거에 우마를 키우던 경험이 있어서 집안 소막에 우마를 키우고 돈을 많이 벌었다고 해. 덕택에 난 먹는 거나 입는 거나 경제적으로는 많이 호강했지. 아버지가 고향(어음)에 갈 때는 호마를 타고 갔기 때문에 그 동네에서는 꽤나 유명인사였다고 해. 제주 성안에 사는 성공한 고향 사람이 말을 타고 고갯길을 넘어서 오는 모습이니까 동네에서도 구경거리 났다고 소문도 날 정도였나 봐.

어쨌든 난 외동딸인 데다가 앞의 자식들이 다섯 명 씩이나 일찍 죽는 바람에 부모님이나 형제들이 날 많이 아껴주고 귀여워해 줘서 부족함 없이 자란 것 같아. 아마도 그렇게 '외똘아기'로 호강하게 자란 탓인지 몰라도, 남들처럼 '일본에 가고 싶다'거나 특별히 '무엇인가를 갖고 싶다'거나, '어떤 특별한 사람이 되고 싶다'거나 하는 꿈이나 소망을 품었던 적이 없었던 같아. 우스운 얘기지만, 사실 어릴 때는 학교를 안 다닌 것도 나만 호강하는 것으로 생각을 했다니까.

일제 때 어린 소녀의 특별한 기억, 일본군

어린 시절 일상생활에서 특이한 기억은 별로 없는데, 일본 군인하고 친하게 지냈던 특별한 기억이 있어. 어릴 때니까 일본군이 좋다 나쁘다는 그런 사상적인 생각은 없었고, 일본하고 미국이 전쟁을 하고 있다는 의식도 별로 없었지. 그때는 우리 동네에서 가까운 데에 일본말로 떠드는 군인들이 있구나 하는 정도였지.

당시 내가 살던 오라 3구 집에서 얼마 멀지 않은 곳에 일본 군인들의 숙사가 있었던 것 같아. 오라 3구가 그때 정뜨르비행장(현 제주국제공항)에서 가까운 곳에 있으니까. 숙사는 오라 3구와 다호부락 사이에 있었던 걸로 기억하고 있어. 밭에 숙사를 만들어서 거기에 살고 있었는데, 그 일대에서 일본 군인을 자주 만났던 것 같아.

그때는 그 일본 군인들이 무섭다는 생각은 전혀 들지 않았어. 그 사람들이 나를 자기네 딸처럼 많이 귀여워해줬거든. 특히 기억에 남는 건 일본 군인들이 "가와이이(可愛い)~~, 가와이이(可愛い)~~"('귀여워'라는 일본어) 하면서 나를 많이 아껴줬지. 건빵이나 알사탕, 노란 설탕 같은 먹을 걸 자주 받았지. 그게 세월이 지나도 지금도 생생하게 기억나.

우리 아버지도 일본 군인들이 날 귀엽게 대하는 것을 잘 알고 있었고, 그 때문인지 그걸 못 마땅히 여겨서 거길 못 가게 하거나 한 적이 없었어. 그래서인가 몰라도 일본 군인에 대한 나쁜 기억도 없어. 그냥 귀여움을 받았던 기억만 남아 있지.

아버지도 일본 군인하고 접촉이 많았던 것으로 기억하고 있어. 근데 어린 내게도 아버지는 일본 군인들이 요구하는 것이 많아서인지 성가셔 했던 것 같아. 뭘 요구했는지는 정확하게 기억하지 못하지만, 평소에 아버지가 그 사람들 요구 때문에 많이 힘들어서 불평하는 소리를 했었거든. 일제 때는 아버지가 구장을 하지 않았기 때문에 공출 때문은 아닌 거 같고, 아마 재산을 많이 가졌던 아버지 개인에 대한 요구 때문이었지 않았나 생각돼.

일제 시기 소녀와 학교

난 지금도 학교 공부를 제대로 못해본 게 항상 한이라. 우리 부모님은 나보다 앞에 생긴 자식들을 다섯 명이나 일찍 보냈다고 해. 옛날에야 그런 일이 워낙 많았으니까. 그때는 자식을 낳아봐야 살아남을지 언제 죽을지를 모르니까 낳자마자 호적에 올리는 사람이 없었지. 그래서겠지만, 우리 아버지나 어머니도 내가 태어나니까 호적에 올리는 걸 오랫동안 미루다가 내가 9살이 돼서야 늦게 호적에 올렸다고 해. 그 바람에 난 일제 때는 정식으로 학교에 입학하지도 못한 거라.

내가 9살까지 살아남았으면 그때라도 학교에 보내야 하는데 우리 아버지가 그렇게 안 한 걸 보면 공부가 힘든 일이라는 생각을 했던 때문인 것 같아. 아버지가 나를 농사일 같은 데는 손을 대지도 못하게 한 것도 외동딸인 나를 귀하게 여겼던 때문이고. 아버지는 농사일이나 학교에서 하는 공부나 힘들기는 마찬가지라고 생각한 게 아닌가 싶어. 공부를 해야 되겠다는 생각을 하게 된 것은 해방 이후에 들어서였는데, 동네 공회당에 개설된 야학에서 한글과 숫자를 배웠지. 학교란 데는 해방 후에 동네 공회당에 개설된 야학밖에 기억이 없고, 공부란 것도 거기서 배운 한글하고 숫자가 전부인 셈이지. 그래서 일제 때 일본인 교사나 학생들의 분위기에 대해서는 아는 게 없고, 내 주위에도 학교를 다닌 친구들이 거의 없어서 학교에 대해서는 무슨 얘기를 들은 기억이 없어.

해방 후, 야학이기는 했지만 여자아이라는 이유로 공부를 못하게 하거나 방해하는 사람은 없었어. 우리 부모님도 그렇고 나도 스스로 원해서 공부를 하게 된 거야. 야학이라고 해봐야 선생님은 한 사람밖에 없었던 것 같고, 학생들은 나하고 처지가 비슷한 또래 학생 한 20여 명 정도가 있었나 싶어. 선생님의 이름이나 얼굴은 기억이 희미해서 알 수가 없어. 그때 어린 시절 친구로는 단짝으로 김순애라고 있었어. 시집가서 아기 낳을 때 죽어버려서 어릴 때 친한 친구는 아무도 없이 지냈지. 그 친구의 동생이 있었는데 나하고는 친자매처럼 지냈지. 육지에 살고 있는데, 세월이 많이 흐른 지금도 종종 전화연락이 와.

야학에 나하고 비슷한 처지에 있었던 또래 학생들이 많았던 걸 보면 배울 기회가 없었던 것은 나만의 문제는 아니었겠지 싶어. 그리고 난 19살에 결혼해서 자식을 낳아 기르다보니 공부할 기회도 없었던 거고. 난 그게 지금에 와서는 가슴 한 켠에 한으로 남은 거 같아. 지금도 친목모임 같은 데를 가면 학교 얘기가 나오는데, 그때마다 기가 죽는 것 같아서 학교에서 정식으로 배우지 못한 게 참 후회가 많이 되지.

그래도 그런 어린 시절의 친구들하고는 어디 놀러가거나 놀이를 했던 게 가장 기억에 남지. 지금도 마찬가지지만, 그때도 노래는 아는 게 거의 없었어. 한국노래만이 아니라 일본노래도 아는 게 거의 없어. 뛰고 돌아다니고 하는 놀이가 전부였지. 고무줄놀이 같은 게 생각나고, 새내끼(새끼)를 가지고 놀던 배뜰락(줄넘기)이 생각나고, 널뛰기나 공기놀이, 이시끼리, 다마치기, 고분재기(숨바꼭질), 술래잡기, 무궁화꽃이 피었습니다 하는 놀이들이 생각나. 우리 자식들이 어릴 때 놀던 거하고 거의 비슷한 거지.

지금처럼 어디 멀리 놀러가는 것은 생각도 못했지. 당시에는 마땅히 놀러갈 곳도 없었고 해서, 주로 집이나 동네에서 놀았지. 해방이 되니까 그때는 여름에는 가까운 이호해수욕장에 가끔 놀러간 적이 있고, 멀리는 삼양까지 모래찜을 하러 간 적이 있었던 정도야. 주로 동네의 4살~5살 손위 언니들이 나를 많이 귀여워해서 자주 데리고 다녔지. 4·3 당시 이덕구의 시신을 봤던 관덕정에 갔을 때도 이 언니들이 같이 가자고 해서 갔지. 가까운 곳에 한내가 있었지만 거기선 거의 놀았던 적이 없고, 동산물까지 가서 몸을 감았는데 헤엄치는 건 거기서 배웠어.

일제 시대 전후, 외동딸의 의식(衣食) 생활

학교 교육도 제대로 못 받고 나이가 어려서 세상일도 잘 몰랐지만, 의식주에 대한 것들은 지금도 생생하게 기억하고 있지. 먼저 의류나 신발 같은 건데, 그 당시 옷감은 대부분 광목이었어. 가난한 제주사람들이야 광목 말고는 해 입을 옷감이 없었지. 그런데도 난 해방 후에 동네에서 거의 유일하게 유동치마(명주실로 짠 옷감의 한 종류이며 빛깔이 곱고 보드랍다.)에 양단 저고리를 입고 다녔지. 신발은 거의가 초신(짚신)을 신고 다녔는데도, 난 일제 말기부터 해방 직후 시기까지 아주 드물게 운동화를 신고 다녔어. 검정색 유동치마에 하얀색 양단(은실이나 색실로 수를 놓고 겹으로 두껍게 짠 고급 비단의 하나)저고리를 입고 녹색 운동화를 신고 있어서 동네사람들이 "안 구장 딸은 최고급 옷을 입었다."고 동네에서 소문이 자자했고, 동네 아이들도 나를 많이 부러워했던 것으로 기억하고 있어.

아주 최고급이었지. 그만큼 우리 아버지나 어머니가 나를 얼마나 귀하게 키웠는지 알 것 같아. 근데 모자는 없었어. 난 지금도 모자를 안 쓰지만 옛날에도 모자를 쓰고 다닌 적이 없었고, 당시 동네사람들이 쓰는 모자는 패랭이 정도가 전부가 아니었나 생각해. 내복 같은 경우인데, 그 당시 팬티는 없었고 남자나 여자나 살마다를 입었지. 여성 저고리 안에는 내의를 입었던 것으로 기억하고 있어. 그땐 팬티나 상의 속내의 같은 내복을 입는 문화가 없었거든. 그래서 지금 생각으로도 남자들도 밑에는 그냥 바지만 입었던 것 같고 상의도 저고리만 걸쳤고, 여자들도 마찬가지였어. 브래지어 같은 것도 따로 없어서, 그냥 치마를 가슴 높이 올려서 입었던 같아.

난 옷만큼이나 먹는 것에도 여유 있는 생활을 했던 것 같아. 우리 부모님이 경제적인 여유가 있어서 아주 힘들었던 일제 말기나 해방 초기에도 쌀과 조, 보리 섞은 밥을 먹으며 그런대로 어려움이 없었어. 지금도 기억이 나는 건 집에서 밥을 할 때는 밥솥에 아버지가 먹을 쌀밥은 솥 한 켠에 산듸쌀을 넣어 '동제'라고 해서 따로 지었지. 이상하게 그 산듸는 같은 솥에 있으면서도 다른 조나 보리하고 섞이질 않았어. 그 시절엔 나도 아버지가 먹던 그 산듸 쌀밥을 많이 먹고 싶어 했던 기억이 있지.

근데 그 당시는 조밥이나 보리밥을 먹는 것조차 쉬운 일은 아니었던 거야. 살림이 어려운 집에서는 쌀도 귀하고 다른 곡식이 없어서, 밀채밥(밀의 겨를 재료로 해서 만든 밥)을 먹었던 것 같아. 이 밀채밥이 왜 가능했는가 하면, 일제 때도 동네마다 차이는 있어도 밀농사가 있었는데, 밀의 겨는 보리 겨보다 상대적으로 부드러웠거든. 그래서 이걸 재료로 해서 밀채밥을 만들어 먹었던 거라.

옛날에 우리 아버지가 들려준 얘기인데, 자기 고향에서는 유명인사였던 아버지가 어음리 친척 제삿집에 가면 성안사람 왔다고 아버지에게는 쌀밥을 해주고 친척들은 붉은 기운이 도는 밀채밥을 먹더라는 거라. 그래서 우리 아버지가 자기가 먹는 쌀밥과는 달리 친척들은 특이한 색깔이 감도는 밀채밥을 먹길래, 뭔가 특별히 맛있는 것을 먹고 있는지 궁금해서 호기심에 먹어봤다는 거라. 근데 맛이 영 아니었나 봐. 그래서 "어떻게 이런 걸 먹느냐?"고 했더니, 친척들은 "우린 밀채밥도 없어서 못 먹는다."고 대답하더라는 거야. 이게 다 공출 때문에 집에 남아도는 곡식이 없었던 때문이라고 기억돼. 난 그런 걸 먹어본 적도 없이 컸으니 또래 친구들에 비해서는 호식한 거지.

국은 대부분 나물이나 배추, 무를 넣은 된장국을 먹었지. 그게 일반적인 거고, 콩국은 그중에서도 제일 고급스런 국에 속했지. 당시는 고등어나 갈치가 유난히 많이 잡혔던 기억이 나는데, 바닷가 동네에서 생선을 파는 여자들이 우리 동네에 자주 왔던 걸로 기억해. 그럴 때는 고등어, 갈치 같은 생선을 재료로 만든 생선국을 먹기도 했지. 생신 기념이나 결혼식 특히 제사 같은 특별한 날에는 돼지고기나 당시에도 매우 귀한 소고기를 재료로 사용했고, 생선국 중에서도 제일 고급에 속했던 옥돔을 사용하기도 했지. 환갑잔치에도 육고기 국이나 옥돔 생선국이 나오는 경우가 있는데, 잔치를 여는 것 자체가 경제적으로 여유 있는 사람이나 가능했고, 일반인들은 아예 그런 잔치를 생각도 못했지. 내가 이걸 기억하는 이유는 우리 집에서는 그렇게 했기 때문이야.

당시에는 정육점이 없었기 때문에 돼지고기나 소고기, 가끔은 말고기도 있었는데, 이런 육고기들은 동네에서 가축을 추렴해서 나눠가졌지. 부자나 가난한 집안이나 제사는 반드시 지내야 했기 때문에 육고기가 필요한 때문이야. 가난한 사람은 약간의 고기를 추렴 받고, 재산이 있는 집에서는 돼지고기나 소고기를 많이 사두었다가 보관하면서 사용했다고 해. 생선은 어떻게 구했냐 하면, 우리 오라 3구하고 가까운 도두나 백개(이호의 옛 지명)에서 여자들이 구덕에 고등어나 갈치를 가득 담고 동네에 와서 장사하곤 했지. 돈이나 쌀로 교환하기도 했는데, 그땐 고등어나 갈치가 하도 많아서 고기가 많이 잡힐 때는 매일처럼 왔어. 경제적으로 여유가 없는 집에선 그때그때 먹을 만큼만 조금씩 샀지만, 우리 아버지는 구덕을 통째로 샀어. 지금은 비싼 생선이 돼버렸지만, 그때는 고등어나 갈치는 참 흔했던 거 같아. 그땐 냉장고가 없던 시대였지. 그래서 우리 집에선 소나 돼지 같은 육고기는 부패하지 않도록 간장에 절여서 보관해두었고, 고등어나 갈치는 한꺼번에 많이 사서 장을 담가두었던 큰항아리에 소금으로 절여두고 1년 내내 먹었지.

반찬으로는 어느 집이나 김치나 된장, 간장, 마농지를 주로 먹었어. 된장은 거의 모든 집에 있었는데, 콩을 삶아서 메주를 만들고 산듸줄로 집안에 매달아 두면 곰팡이가 피면서 메주가 마르게 돼. 이 메주를 12월경에 장을 담그는 큰 항아리에 담아서 소금물(소금 석 되에 물 한 허벅 비율)에 담가두면 2월경에는 까만 간장이 되고, 메주를 들어내서 된장과 간장으로 만드는 거지. 이렇게 된장과 간장을 만드는 건 어느 집이나 마찬가지일 텐데, 우리 집에선 2월에 장을 담갔던 큰항아리가 비게 되면, 아버지가 봄철에 고등어나 갈치를 1년 동안 먹을 만큼을 구덕 채 통으로 사들여서 항아리에 소금으로 절여두고 두고두고 먹었던 거지. 돼지고기나 소고기 같은 육고기를 보관했던 항아리도 이것하고 같은 항아리지. 간장된장도 담그고, 항아리가 비면 돼지고기나 소고기는 간장에 절여서 담가두고, 생선들은 소금으로 절여서 보관해 두면서 먹었던 거야. 근데 고추장은 조금 달랐어. 된장은 어느 집에나 있었지만, 고추장은 그렇지를 못해서 여유 있는 집이 아니면 없었지. 왜냐하면 고추장은 찹쌀로 끓인 죽에 고춧가루를 풀어서 만들어야 하는데, 찹쌀을 사려면 경제적으로 여유가 없으면 힘들었기 때문이야. 그래서 고추장을 만드는 건 돈이 있는 집에서나 가능했어. 우리 집에선 고추장도 만들어서 먹었으니까 난 이래저래 호강했던 셈이지.

일상적인 식생활은 그렇게 했고, 경제적으로 힘들었던 시절의 제사상인데, 제사상에 올라가는 건 지금이나 그때나 종류가 크게 다른 건 없어. 뫼(밥)하고 갱(국) 올리고, 채소나 작게 만든 고기 같은 거 올렸거든. 집집마다 다르긴 해도, 우리 집에선 뫼나 갱, 고기, 전, 채소, 떡 같은 걸 올렸어. 뫼는 꼭 곤밥(쌀밥)으로 올렸고, 갱은 옥돔국이나 소, 돼지고기로 고깃국을 했지. 젓갈은 소고기와 돼지고기를 재료로 썼고, 야채도 준비하고 전도 부치고 과일, 술, 떡도 마련했어. 지금하고 제사상에 올라가는 건 크게 다르지는 않는데, 유독 기억에 남는 건 고기젓갈 같은 건 크기나 양이 지금보다 작았던 것이 차이라면 차이인 것 같아. 워낙 고기가 귀해서 지금처럼 소고기나 돼지고기 젓갈을 크게 만들 수 없었거든. 손가락만한 두께로 작게 만들었던 기억이 나지.

 제사상에 올라갈 음식들은 지금처럼 큰 시장이나 슈퍼가 있던 것도 아니어서 대부분 집에서 스스로 장만할 수밖에 없었지. 특히 떡 같은 경우인데, 그땐 빵집도 없고 떡집도 없었기 때문에 시루떡이나 송편은 집에서 만들었지. 보통 쌀 반 가마니 정도를 물에 담갔다가 떡을 만들었던 것으로 기억돼. 쌀 반 가마니면 적은 양이 아니지. 우리 집에선 파제 후에 동네사람들에게 반을 나눠줘야 하기 때문에 많이 만들었던 걸로 기억해. 제주사람들이 제삿날을 기다렸던 건 하얀 곤밥하고 이런 귀한 고깃국이나 고기젓갈, 떡을 먹을 수 있는 날이었기 때문이었지. 집안마다 다 사정이 있지만, 경제적으로 힘든 집에서도 고등어나 갈치 같은 바다생선 국을 올리는 일은 없었던 걸로 기억하고 있어. 가난한 집에서는 소고기 젓갈을 올리는 것은 힘들었고, 그나마 가능했던 돼지고기 젓갈의 경우에도 크기도 줄이고 개수도 줄여서 아주 작게 만들었어. 고기젓갈을 작게 만들었던 건 우리 집도 마찬가지였지만.

해방 전후, 일상생활에 대한 외동딸의 경험과 기억

    일제 때하면 공출이나 징병, 징용에 대한 야기를 많이 하는데, 사실 나는 그때 나이도 어리고 여자아이였던 탓도 있고 가족 중에 징병이나 징용으로 끌려간 사람도 없어서 그런지 몰라도 별다른 기억이 나지를 않아. 근데 공출 때문에 사람들이 밥 먹기 힘들어 했던 거는 기억이 나. 나는 집안에 여유가 있어서 공출이 무슨 일인지도 모르고 지냈지만, 주위 사람들은 엄청 힘들어 했던 걸 기억하고 있지. 또 창씨개명이나 신사참배 같은 것에 대해서도 별로 들어본 기억이 없어. 아마도 일제 때 정식으로 학교를 다녔으면 그런 소리를 들었을지도 모르지만, 학교를 다니지 않았던 때문인지도 모르지.

먹고사는 농업이나 어업문제는 내가 그때만 해도 어린 나이여서 잘 알 수가 없지. 특히 어업에 대해서는 아는 게 아무것도 없지만, 좁쌀(조) 농사에 대해서는 좀 기억이 있지. 조 농사는 밭에 조 씨를 뿌리고 섬피(나뭇가지 등을 다발로 묶은 것)를 말이 끌도록 해서 밭을 오가며 흙으로 조 씨를 덮은 뒤에 여러 말들을 밭으로 몰아넣어 흙을 밟게 했지. 음력 6월~7월경이면 아주 무더운 날인데, 어른들이 밭에서 검질 매면서 땀을 뻘뻘 흘리던 걸 기억하고 있어. 대부분 집안에서는 아이들도 이런 농사일을 거들곤 했지만, 난 이런 농사짓는 걸 구경한 적은 있었지만 농사일을 하지는 않았어.

생각해 보니 목축에 대해서도 약간 기억이 있구나. 당시 '번쇠'라는 것이 있었는데, 소를 가진 동네사람끼리 하루하루 돌아가면서 당번을 정해서 동네 소에게 꼴을 먹이러 산에 다녔던 것은 기억해. 우리 동네에서는 가까이는 오라동 민오름이나 멀리는 열안지오름(현 제주대학교 인근)까지 다닌 걸로 기억해. 우리 아버지도 어린 소나 말을 사들였다가 이렇게 목축을 해서 집안 소막에 가둬 두었다가, 성장하게 되면 비싸게 팔았던 것으로 기억해.

아까도 얘기했지만, 우리 아버지는 원체 나한테 힘든 일을 시키려고 하지를 않았어. 근데 땔감의 경우는 좀 달랐던 것 같아. 나도 일하러 다녔거든. 땔감은 '지들커'라고도 하는데, 일제 말기와 해방 초까지 제주에서 연료로 사용했던 땔감으로는 주로 솔잎이나 솔똥, 삭다리(삭은 나뭇가지), 크지 않는 나무, 소똥, 말똥 같은 것이 있었지. 연탄을 사용되기 시작한 건 1950년대 이후의 일이니까, 그때까지 그런 걸 땔감으로 사용한 거지. 불을 지필 적에는 검질이나 보리낭으로 밑불을 지핀 후에 땔감을 넣어서 불을 붙였고, 나무 땔감을 구하지 못한 집에서는 검질과 보리낭으로 밥도 해먹었어. 우리 집엔 동네에서 몇 안 되는 귀한 말 수레가 있어서, 아버지가 주로 이걸로 많은 땔감을 구해 왔지. 나도 솔잎이나 솔똥은 오리리에서 가까운 민오름이나 남조봉(남조순오름, 제주해군지역사령부 인근에 위치)에 가서 주워온 기억이 있어. 나무의 경우는 아무 나무나 베는 게 아니고, 일정 정도 성장하면 더 이상 자라지 않는 나무들이 있는데, 이걸 잘라다가 사용했지. 굵은 나무는 톱으로 자르고 집으로 가져가서 도끼로 패서 사용했는데, 일제 때는 함부로 나무 베는 걸 금지했기 때문에 몰래 나무를 잘라오는 건 힘들었지. 이 땔감을 마련해야 되는 문제가 있어서, 어느 집에나 톱과 도끼 정도는 전부 가지고 있었던 같아.

나무나 솔잎, 솔똥 외에 다른 땔감으로는 말똥이나 소똥을 많이 썼지. 이런 거는 날씨가 좋을 때마다 평소에 주워두었다가 마당에 널려서 바싹 말린 후에 사용했지. 우리 아버지는 집에 소막을 두고 우마를 키우고 있었기 때문에 굳이 말똥이나 소똥을 주우러 다닐 필요는 없었지. 해방 후에 연탄이 나올 때까지 대부분 땔감은 거의 이런 식으로 조달하면서 생활했어. 솔잎이나 삭다리는 바로바로 사용가능한 것이었으나, 말똥이나 소똥의 경우에는 말린 것을 보관해 두면서 사용했지.

근데 다른 땔감과 달리 솔똥은 시장이나 아니면 자연스레 형성된 길거리 거래처에서 가마니 단위로 매매가 이루어 졌어. 가마니는 어른하고 아이에 따라 그 크기가 달라서, 어른들은 무거운 큰 가마니에, 아이들은 가벼운 중가마니에 솔똥을 담고 걸어서 운반했지. 나도 솔똥을 주워서 팔러간 적이 있었는데, 관덕정 서쪽에 있는 서문다리 근처에 솔똥을 사고파는 사람들이 모여 들었기 때문에 15살 전후였을 텐데, 그때 등짐으로 운반해서 팔았던 경험이 있어.

땔감이라고 해서 쓰는 데가 다 같은 건 아니었지. 솔똥이나 나뭇가지 같은 거는 주로 부엌에서 취사용으로 사용하였고, 구들방에 불을 때는 굴묵(온돌) 땔감으로는 나무를 사용하기도 했지만 주로 말똥이나 소똥 말린 것을 사용했지. 아무래도 우마 배설물을 부엌에서 쓰기에는 냄새 문제도 있지만 불결한 생각이 들 수밖에 없었지.

해방과 미군에 대한 소녀의 기억

해방 소식을 들은 건 내가 11살 때, 동네에서 들었어. 그 나이에 무슨 식민지니 해방이니 하는 의미를 자세히 알았겠어. 나야 어리니까 특별한 소감 같은 건 기억이 안 나고, 다만 동네 사람들이 밖으로 나와서 '일본 사람들로부터 해방이 돼서 자유롭게 됐다.'고 박수치며 좋아하던 모습들이 기억나.

그렇게 좋아했던 이유야 여럿 있었겠지만, 동네 사람들은 무엇보다도 공출이 없어질 거니까 '먹을 거'에 대해서 자유롭게 됐다는 의미에서 아주 좋아했던 것으로 기억해. 열심히 농사 지어 수확이 생겨도 일제 공출로 남아나는 게 없어서 밀채밥을 먹을 수밖에 없었거든. 근데 이제 해방이 됐으니까 제대로 된 밥을 먹을 수 있게 돼서 아주 좋아했던 거 같아. 당시 동네 분위기에 대해서는 나도 어린 나이였지만, 지금도 생생하게 기억하고 있지. 어쨌든 해방이 되니까 동네 사람들이 좋아서 밖으로 나와 기뻐했던 것만은 확실하게 기억이 나는데, 아마도 공출에서 해방된 것이 제일 큰 기쁨이었던 것으로 기억하지. 공출 때문에 농사를 짓고도 밥을 제대로 못 먹고 채밥을 먹여야 했던 것이 가장 큰 고통이었으니까.

해방이 되기까 이런저런 단체들도 많이 만들어졌다고 하는데, 나야 그땐 나이가 어리니까, 무슨 단체에 가입하거나 활동할 수는 없는 노릇이었고, 다만 인민위원회에 대해서는 얘기를 들어봤던 것 같아. 자세한 기억은 아니고,

희미하게 인민위원회라는 얘기가 있었던 걸로 기억해. 우리 부모님들은 그런 활동에는 관심이 있었던 건 아닌 것 같아. 집에서 그런 얘기를 들었던 기억이 나질 않거든.

이제 해방이 돼서 일본 군인이 물러나니까 미군이 들어올 거라는 얘기는 들었지. 그 일본 군인하고 미군에 대한 기억인데, 일본 군인은 우리하고 생김새도 비슷하고 내가 일본말도 약간은 이해할 수 있어서 편안했어. 근데 미군은 키도 크고 인상도 우리와 다른 데다 미국말은 전혀 알 수가 없으니까, 겉으로 보이는 인상은 일본 군인에 비해서 미군은 두렵고 무섭다는 생각을 했던 기억이 나지. 그냥 미군이 우리하고 겉모습이 다르고 무섭게 생긴 탓에 두렵게 생각했던 것 같아.

뭐 그럴 수밖에 없는 나이이기도 하지. 그래서 해방 당시 유명한 인물이나 사건 등에 대해서는 기억나는 게 없고, 신탁통치 찬성이니 반대니 하는 논란도 있었다고 하지만, 어린 나이이기도 했고 관심이 없던 탓인지 아는 바가 없어. 그래도 단지 어린 나이에도 당시 양력은 일본식이고 음력은 우리식이란 걸 알고는 있었지. 일본식 연도(쇼와)와 우리식 연도인 단기를 사용했던 것도 기억이 나니까.

1947년 3·1사건에 대한 기억

당시 3·1운동이란 말이 오갔던 기억이 있어. 우리 마을(오라 3구)에서도 3·1운동에 참석해야 한다는 분위기가 있었던 것으로 기억하고 있는데, 기념식에 참석했는지는 정확한 기억은 없어. 단지 정확히 언젠지는 모르겠는데, 동네 사람들하고 단체로 관덕정 마당에 갔던 생각이 나. 가보니까 사람이 많이 있었다는 기억이 있거든. 왜 갔는지는 정확한 기억은 안 나는데, 무슨 기념식이 있으니까 간 거라는 생각은 해.

누군가가 권유를 했을지는 모르겠는데, 그때는 오라 3구 동네사람들하고 단체로 여기저기 많이 갔던 기억은 있어. 지금은 다 죽었지만, 주로 동네의 4살~5살 손위 언니들이 나를 귀여워해서 여기저기 많이 데리고 다녔거든. 그때 대체 몇 명 정도가 갔는가는 기억이 나지 않고, 나야 어린 나이니까 대부분 동네 사람들 하고 단체로 함께 움직였던 건 확실하게 기억이 나지.

관덕정에서 사람들이 모여서 무슨 노래를 하거나 구호를 외치거나 했던 건 기억이 없어. 아마도 어린 탓이겠지. 그러니 3·1집회가 끝난 후 제주경찰서 앞에서 있었다는 발포사건에 대해서도 들은 기억이 없어. 당연히 누가 희생당했다든가 하는 말도 들은 기억이 없지. 무슨 총파업이니 발포사건 희생자 조위금 모금운동이니 하는 것도 알지를 못하고, 우리 집안에 체포된 사람이나 희생자나 일본으로 도피한 사람들이 있는 것도 아니어서 기억에 남는 일이 없는 것인지도 모르지. 다만 내가 기억하고 있는 건 4·3사건이 일어나면서 우리 집안에도 희생자가 생겼다는 거야.

4·3 당시에 대한 기억

정확한 때는 모르겠는데, 해방 후 4·3이 일어난 그 어간에 우리 아버지가 동네 구장을 했어. 4·3으로 경찰들한테 희생당한 큰오빠 때문에 아버지가 '폭도구장'이라는 이유로 고생을 많이 한 거는 기억해.

내가 어린 여자아이여서 그랬는지 모르겠지만, 4·3사건으로 달리 고초를 겪은 적은 없었어. 큰오빠가 경찰한테 총살당한 거하고 아버지가 '폭도구장'이란 이유로 경찰에 잡혀가서 심하게 고문 받았던 것이 집안의 가장 큰 고초였지. 내 기억 속에도 이게 가장 큰 것 같아. 큰아들이 총살당한 것에 대해서 부모님이 두고두고 억울하다고 생각하던 건 잊혀지지가 않거든.

우리 가족 중에 4·3사건 희생자는 큰오빠야. 큰오빠는 인물도 좋고 동네에서는 인정을 받았던 똑똑한 청년이었어. 당시 동네의 생각이 있는 청년들과 교류가 있었고, 때문에 경찰에서는 오빠를 위험인물로 주목하고 있었던 거 같아. 큰오빠가 경찰에 체포된 건 마을 청년단체에 가입했다는 이유 때문이었다고 해. 4·3 발발 이후 오빠는 산사람이라는 이유로 경찰에 체포되어, 도남 입구(지금의 시청CGV 주차장 인근. 당시는 태역밭)에서 총살당했다고 해.

큰오빠 시신은 우리 아버지가 수습해서 제주시 오라동 동산물 밭 인근에 매장했어. 제사는 아버지가 지내다가, 아버지 죽은 다음에는 3남(안봉효)이 제례를 지내왔지. 큰오빠 일로 아버지는 산사람에게 협조한 '폭도구장'이라는 이유로 경찰에 지목되어 체포되었는데, 심하게 고문을 당한 것 같아. 난 지금도 그때 아버지 온몸에 새까맣게 멍들었던 고문 자국을 기억하고 있거든.

아버지한테는 큰오빠 죽음이 억울해서 평생 잊을 수 없는 일이었는데, 나한테는 어린 나이였는데도 불구하고 내가 아버지를 구하려고 백방으로 뛰어다녔던 기억이 생생해서 이 일을 평생 잊을 수가 없는 거야. 아버지가 경찰에 구속되어 있을 때, 아버지가 키우던 소를 사려고 아버지하고 친했던 '문 구장'이라는 친구하고 몇 사람이 찾아 왔어. 근데 그때 13~14살밖에 안 된 어린 나도 어떤 요령을 생각한 것 같아. 아버지가 키우던 소를 판 돈을 가지고 면회를 간 거야. 돈의 일부는 경찰에게 건넸고, 일부는 아버지에게 영치금으로 넣어주었어. 나이는 어렸지만 그때도 나름 심산이 있어서 경찰에게 돈을 건넬 적에, "돈을 주면 우리 아버지 나올 수 있는 거냐?"고 굴어보고, 지금 기억으로 약 2만 원 돈을 건넨 거야.

어린 나이에도 뇌물을 주는 그런 느낌이었지. 경찰한테 뇌물을 주면, 아버지한테 좋은 일이 있을 거라는 생각을 했던 것 같아. 그리고 아버지는 내가 면회한 뒤, 얼마 없어서 정말로 석방이 된 거야. 그렇게 되니까 마을에서는 "어린 딸이 소 판 돈 가지고 가서 아버지 빼냈다."고 '요망진 딸'이라는 소문이 자자했었어. 특히 아버지 친구이자 동네구장 후임이기도 했던 문 구장도 "우리 안 구장 딸! 우리 안 구장 딸!" 하면서 나를 대단히 칭찬했던 것을 기억하고 있지. 아버지는 산사람에게 협조를 한 적이 없는데도, '폭도구장'이라는 이유로 심하게 고문을 받은 것에 대해서 매우 억울해 했었지. 큰오빠 죽음에 대해서는 두고두고 더 억울해 했지만.

하여튼 당시는 밤이 되면 산사람이 습격해 올까봐 무서워서 다른 사람 집에 피신해서 몸을 숨기기도 했어. 밤에는 산사람이 무서워서 피했고, 낮에는 경찰로부터 '폭도구장'이라 불리면서 고통을 받은 거야. 당시 경찰이 마을사람들을 오라 3구 듬돌머리(듬똘머리)에 모아놓고는 전부 눈을 감으라고 해서 누군가가(누군지는 기억에 없다고 함) 손가락질하면 지적당한 사람은 전부 체포되었다고 하지. 우리 아버지도 이때 체포된 거야. 당시 큰오빠는 현장에 없었다고 해. 큰오빠가 체포된 것은 밭에서 산듸를 베고 있는데, 경찰이 와서 체포해 갔다고 하지. 그 길로 큰오빠는 총살됐다고 해.

우리 집안 일 말고도 당시 우리 동네에서 있었던 사건 중에 잊지 못하는 일이 있어. 당시 경찰이 우리 동네 청년(박기준)을 체포했는데, 이 청년을 우리 마을로 데려와서 듬돌머리에서 총살시킨 거야. 시신은 동네 사람들이 모여들어서 수습했는데, 그 사건이 일어난 지 지금 70년이 다 되어가는 지금도 어린아이였던 내가 그 청년의 이름을 기억하는 건 큰오빠의 친한 친구이기도 하고 당시 인기가 있는 청년이어서 그래. 이밖에도 당시 경찰들이 사람들을 트럭으로 가득 실어다가 연동 입구 소낭밭에서 집단총살했다는 소문을 기억하고 있어.

4·3에 대해서 내가 선명하게 기억하고 있는 건, 어느 날인가 동네 오라 3구 남로당 사람을 잡아내려고 총을 든 경찰들이 '시커떻게'(경찰 제복도 검은색이었지만) 동네를 에워싸던 모습이야. 경찰이 온다고 하니까 이웃집 아주머니가 내 손을 끌고 무덤가 산담에 숨었던 기억이 나지. 마을을 포위하던 경찰이 숨어있는 자신들을 봤는데도, 그냥 지나갔어. 남자가 있었으면 그냥 지나치지 않았을지 모르지만, 어린 여자 아이와 아주머니만 있어서 그랬던 것으로 기억하고 있어. 근데 그게 어느 때 사건인지는 모르겠어.

또 다른 기억으로는 선거에 반대해서 산으로 피신했던 일이야. 당시 우리 동네 사람들도 선거 반대에 동조했던 것 같아. 내가 동네 사람들과 함께 오라동 민오름 남쪽에 위치한 열안지오름(현 제주과학고 인근)까지 피신했던 기억이 있거든. 산으로 갈 때는 아버지, 어머니, 오빠들도 같이 갔던 걸로 기억해. 큰오빠는 활동적이어서 동네 청년들과 반대운동을 하느라 함께 산으로 피신하지는 않았던 것으로 기억하고 있어. 산에 올라가서는 그렇게 오랜 기간 있었던 건 아니었던 걸로 기억해.

다른 마을에는 피해도 많았던 것 같은데, 우리 마을에는 방화되거나 했던 기억은 없고, 소까이(소개)에 대한 기억도 없어. 우리 집도 불에 타거나 소나 말을 빼앗기거나 했던 기억도 없거든. 근데 성담 쌓는 일로는 다을사람들 고생이 많았던 걸로 기억해. 오라 3구 남쪽 귀아랑에 돌로 성을 쌓았거든. 이 일로 동네 사람들이 매일 불려나가서 성을 쌓아야 했기 때문에 고생이 참으로 많았던 것으로 기억하고 있어. 나는 보초를 섰던 적은 없고, 산사람들이 성담 넘어 산에서 공격하거나 식량을 뺏으러 왔던 기억은 없어. 이 성담을 쌓고 나니까 변한 건 있어. 성담을 쌓기 전에는 밤에는 산사람이 무서워서 옆집에 피신해서 밤을 보내곤 했거든. 근데 성담 쌓은 후에는 안심해서 밤에도 집에서 보냈던 것 같

아. 지금 생각해 보니 밤이 되면 집안의 등불이 밖으로 안 새게 담요나 검은 천 같은 걸로 불빛을 가렸던 것 같아.

큰오빠를 죽인 건 경찰이었지만, 어린 나이에도 산사람들을 무섭게 생각했던 건 이유가 있었어. 사람을 많이 죽인 건 경찰이어서, 당시에도 경찰이 무섭다는 생각이 많았지. 그때도 경찰하면, 무조건 사람을 심어다가(잡아다가) 죽여 버리는 사람들로 생각했으니까. 근데 산사람이 무서웠던 이유는 식량을 빼앗아 갈까봐 두려웠던 것이고, 사람을 죽일까봐 무서워했던 것은 아니었어.

4·3하면 이덕구에 대한 기억은 빠질 수가 없을 거야. 내가 이덕구 시신을 본 것은 관덕정 경찰서 앞에서야. 거기에 이덕구 시신이 내걸려 있었는데, 동네 사람들이 가게 되니까 같이 가게된 거지. 그 후에는 관덕정 경찰서 앞에서 목이 잘린 채 매달린 이덕구를 본 적도 있어. 그때도 동네사람들이 '이덕구 목 잘린 거 보러가자'고 해서 가게된 거지. 어린 나이이긴 했지만, 사람들 하고 같이 있어서 무섭다는 생각은 없었어. 그때 어린 내 느낌에도 이덕구가 공산당 일을 하니까 죽은 거라고 생각했어. 불쌍하다는 생각은 없었고, 나쁜 일을 해서 죽은 거라고 생각했지. 우리 큰오빠는 죄 없이 죽었고, 이덕구는 공산당이니까 죽었다는 생각 같은 거야.

4·3으로 인해서 우리 집안에도 큰 희생과 고초가 따랐지만, 당시 4·3 때의 생활이란 거는 해방 직후의 생활하고 크게 다른 것은 아니었지. 난 우리 아버지 덕분에 잘 먹고 잘 입고 한 편이지. 어린 시절 일본군이 준 건빵하고 알사탕, 노란 설탕도 기억에 새롭지만, 해방 후부터 4·3 당시까지도 우리 집에선 큰 항아리에 간장이나 소금으로 절인 육고기나 생선이 있어서, 당시 상황에서는 그래도 호강하게 먹었기 때문에 특별히 그리워하던 음식은 없었지. 옷도 평상시에는 광목옷을 입었고, 외출할 때는 유동치마와 양단저고리에 녹색 운동화를 신

고 다닐 정도였으니까.

왜정 때부터 해방 직후까지만 해도 우리 아버지는 밭일이나 집안일, 공부하는 것도 힘든 일일까 봐서 나한테 그런 일을 시킨 적이 없었는데, 4·3 당시에는 물은 길러 다닌 것 같아. 물은 한천교 상류에 있는 동산물에 가서 길어다 먹었는데, 어른들은 큰 물허벅을 담은 물구덕을 등에 지고, 아이들은 물대바지(아이들이 지는 작은 물허벅)를 등에 지고 물을 날랐지. 먼 길이고 아직은 어린 나이여서 많이 힘들었어. 작은 물허벅이지만, 어린 나이에는 꽤나 무거워서 언덕을 오르내리며 집까지 가는데 두세 번은 쉬면서 집까지 걸어갔던 기억이 나. 집에 있는 물항아리를 가득 채우려면, 보통 하루에 두세 번 왕복해야 했지. 먹는 물은 그렇게 멀리까지 가서 길어 와야 했고, 허드렛물들은 초가에서 떨어지는 빗물을 항아리에 받아두었다가 사용하곤 했지.

4·3 때는 아프거나 부상당하면 큰일인데, 동네 가까운 곳에 약국이나 병원이 있는 것도 아니어서, 민간요법이 많이 쓰였지. 뼈나 근육에 통증이 있을 때는 소금을 볶은 뒤에 광목천 같은데 담아서 아픈 곳에 갖다 대곤 했지. 쑥도 민간요법의 재료로 사용했는데, 쑥은 시루에 쪄서 천에 담아 아픈 부위에 갖다 댔어. 효과가 어땠는지는 모르겠는데, 그거 외에 무슨 약이 있던 것도 아니었고, 그게 그래도 알고 있는 유일한 방법이었거든. 난 지금도 무슨 약보다는 옛날에 썼던 그런 민간요법들이 더 익숙하지.

4·3 때의 풍속도 해방 직후하고 크게 다를 것이 없지. 집안의 가장 큰 일은 영장(장례식)인데, 영장은 대부분 동네 사람들이 모여서 매장을 했지. 동네에서는 영장이 나면, 언제나 마을사람들이 모여서 거들어 주었거든. 돈이 많이 있던 시절이 아니어서 조의금을 내는 것보다는 영장밭(장례 식장)에 가서 도와주는 게 부조가 아니었나 생각해. 결혼식도 집안의 큰일이지만, 결혼식 자체에

대한 기억은 없어. 결혼식이 있는 잔칫집에서 사람들이 모여 장구하고 북을 치면서 신나게 춤추며 놀던 광경은 기억이 나지.

나한테 4·3에 대한 기억은 큰오빠의 희생하고 아버지가 심하게 고문을 받은 것, 그런 거에 대한 억울한 감정이 가장 크지. 큰오빠의 무고한 죽음하고 지금도 아버지가 고문당해서 온몸이 시커멓게 멍들었던 것은 지금도 잊을 수가 없거든. 우리 아버지한테는 큰오빠가 죄 없이 죽었다는 억울한 생각이 가장 컸을 거야. 부모님은 오빠가 왜 죽어야 했는지에 대해서 두고두고 억울해 했거든. 오빠가 사상적으로 나쁜 사람도 아니라고 생각했기 때문에 더더욱 억울하다고 생각했던 것 같아.

4·3 와중에 6·25전쟁이 발발하지만, 나는 여전히 어린 나이여서인지 몰라도 뭔가 달라진 별다른 느낌은 없었어. 예비검속 피해에 대해 아는 바도 없고. 다만 우리 둘째 오빠가 전쟁 중에 군에 입대(안봉순의 둘째 오빠는 채록 당시 의식이 혼미한 상태로 입원 중이서 증언채록 불가능)를 했는데, 그런 것이 4·3하고 6·25전쟁으로 이어지는 그때 우리 집안에 일어난 변화인지는 모르지. 나는 6·25전쟁이 끝날 즈음에 결혼(1954년)을 해서 출가외인이 되지만, 나한테 우리 가족의 4·3피해로 인한 어떤 후유증이 나타난 적은 없었고, 경찰의 감시를 받았던 기억도 없어. 내 남편이 공무원이긴 했지만, 우리 남편이나 자식들 중에 4·3과 관련해서 신원조회 피해를 겪은 사람도 없어. 우리 남편은 6·25전쟁 때 군인으로 갔다 왔고 나중에 공무원이 됐는데, 뭐 그런 것 덕분에 별다른 피해들이 없었는지도 모르겠네.

6·25 이후 외동딸의 처녀 시절

우리 집이 잘 살았고 해서 동네 청년들이 나를 보려고 대문 밖을 기웃거렸고, 편지를 대문 문틈에 끼워두고 가곤 했지. 아버지는 딸의 남자문제에는 엄격해서 편지를 바로 찢어버리곤 해서, 정작 편지는 한 번도 읽어본 적이 없어. 당시 동네에는 내 맘에 들거나 관심을 끌었던 남자도 없었고. 동네청년들이 편지도 보내곤 했지만 아무런 반응을 안 보이자, 내가 동산물에서 물을 긷고 오는 길에 듬돌머리에서 동네 청년들을 만나게 되면, 청년들이 일부러 물구덕에 돌맹이를 집어넣는 등 짓궂은 장난을 걸어오기도 했지.

6·25전쟁이 끝나고 나서 시집갈 나이도 되자, 결혼은 중매로 했지. 당시 연애는 한 마을에 한둘 정도 있을까 말까 할 만큼 드물었고 대부분이 중매결혼이었거든. 지금 기억으로는 혼담이 2차례 정도 있었던 것 같아. 한 번은 남자가 당시 오현중학교도 다니고 머리도 좋음직 해서 괜찮았는데, 집안이 가난했고 식구들이 많은 집안이어서 내가 싫다고 했지. 또 한 번은 집안이 돈은 있는데 농사짓는 집안이어서, 아버지가 딸이 농사짓는 집에 시집가면 힘들 거라며 거절했지.

내가 결혼하게 된 건 우리 집안 친척 되는 사람 때문이야. 내 남편은 우리 집안의 삼촌뻘 되는 사람의 친구(훗날 제주산업정보더 교수 역임)였어. 아버지는 내가 농사꾼한테 시집가는 건 고생하는 길이라고 싫어했는데, 남편 될 사람 직업이 그땐 정식은 아니었는데 공무원이라는 말을 듣고는 허락을 했다고 해. 당시는 상견례도 없었고 해서 얼굴도 모른 채 결혼을 했지. 결혼식 날 신랑 집에 가서야 처음으로 남편 얼굴을 봤어. 결혼식은 당시 내가 살던 오라 3구 집에서 전통 혼례복을 입고 머리에는 비녀도 꽂고 족두리도 쓰고 연지꼰지 바르고 혼수용품으로 찬장, 궤 같은 것을 준비해서 용담동에 있었던 신랑 집으로 간 거야. 신랑도 전통 혼례복을 입고 결혼식을 올렸어. 우리 친정집에서는 부모님과 형제들이 결혼식에 참석했지.

다섯 자녀 시집장가 보내고 나니, 이 나이가 된 거야. 아이들 아빠가 공무원으로 평생을 살았고, 나도 집에서 아이들 키우면서 살다 보니 벌써 이 세월인 거지. 근데 이야기를 하다보니까 이런 말은 처음 해 보네. 쓸데없는 이야기가 아닌지 모르겠네. 그래도 내가 살아온 이야기니까, 나중에 치매라도 걸리고 하면 다 사라져버릴 텐데, 누가 기록해서 남겨두면 나쁠 것도 없을 것 같아. 안봉순이란 이름으로 알려도 좋아. 근데 무슨 도움이나 되는 이야기인지 모르겠어. 그래도 큰오빠 문제도 있고 우리 아버지 문제도 있고, 4·3문제는 다 잘 됐으면 좋겠어.

남기고 싶은 이야기

큰오빠의 죽음이나 아버지가 당한 고문에 대한 억울한 기억은 있지만, 내 인생에 억울한 느낌은 없어. 부모님의 사랑도 많이 받고, 지금 자식들도 다 착하게 살고 있어서 좋아. 남편하고도 그렇고 누구하고 싸워본 적이 없고, 원한을 가져본 적도 없어. 다만 제대로 공부하지 못한 한은 지금도 많이 남아 있지. 부모님들은 농사일 등의 경우를 제외하고 특별한 종교생활을 한 건 아니었고, 나도 특별한 종교를 가진 적은 없었어. 지금은 천주교를 믿고 있지만. 먼저 간 아이들 아빠하고 자식들을 위해서 열심히 기도만 하고 있어. 요즘 건강이 안 좋아서, 아이들한테 부담이 될까 그게 가장 염려가 돼. 그저 천주님한테 모든 걸 맡긴다는 생각이야.

(구술채록·정리_이규배)

* 안봉순은 구술 이후인 2019년 9월 2일, 85세의 일기로 타계했다.

선인동 살이 90년

이 문 자

_1929년 생. 4·3 당시 조천면 선흘리 선인동 거주

고향은 선흘 2리 백해동

나, 이름이 이문자. 내가 몇 년에 난 건 몰라도 나이는 알아. 아흔하나, 우리 나이로. 내가 살아온 얘긴 말로는 얼른 다 못 해. 천천히 헐 거니까 선생도 날 만나러 또 와.

저 '백해동'(조천읍 선흘 2리의 자연마을 '백화동'을 말함)이라고 허는 마을 알아질 건가? 선인동이 선흘 2리 아니라? 백해동은 그 선인동 마을 중 하나. 우리가 어머니허고 거기 살단… 그땐 왜정시대라. 어머니가 일본엘 가게 됐어. 겐디(그런데) 우리 어머니가 일본에 가자마자 다른 남자한테 지금 같으면 겁탈을 당한 거야. 이젠 어떻게 할 거라. 그 사람하고 완전히 없던 일로도 못 하고. 그 사람은 제주도 사람이라. 저기 대흘 사는 아는 사람. 친한 사람이 그 방에 잠깐 들어가 보라고 한 것이 그만 일이 난 거. 내가 4살쯤 난 **때**. 이젠, 어머니가 날 떼놓고 가버리니 난 외할머니하고 살 수밖에 없었지.

그때 아버지는 일본에 살았어. 우리 어머니가 아버지 찾아 갔다가 외딴 사람을 만난 거지. 그 친하다는 사람, 그 사람만 안 만나도 됐을 건디. 그럼, 어머닌 우리 아버지 만나서 잘 살고, 나도 고생 안 했을 거라.

그 일이 난 후에 어머닌 외할머니한테 날 내버려두고 새아버지네 집에 가서 살았어. 그러니 이제 나는 완전히 형제도 없는 외톨이가 돼서 외할머니네 식구가 됐지. 그때야 무슨 글이나 배울 수 있었나. 공부 안 시켜줬어. 여자아이가 공부하면 "아유, 저 아이!" 하면서 학교도 못 가게 막았지. 아니 보낸 거라.

우리 어머닌, 나중에 다시 얻은 아방이영 아들 하나, 딸 하나를 납디다. 뭐? 아, 어머니는 일본에선 얼마 안 살고 들어왔어. 우리 어머니가 한국 사람을 만난 거니까 요즘 같지 않아서 옛날은 한 번 만나면 쉽게 떼어집니까? 그 사람하고 고향 돌아와서 살았어. 대흘에서.

난, 그러면, 어린 때난 어머니가 보고 싶을 거 아닙니까? 어머니 보고 싶으면 가는 거라. 걸어서 가. 우리 사는 데서 대흘이 멀진 않으난. 우리 어머니가 그때 날 보면, 어린 것이 귀엽고 할 거 아니라. 다슴아방(의붓아버지) 모르게 바늘쌈지랑, 조팝(조밥) 짓고 해서 날 줘. "이거 먹으멍 가라. 집에 가걸랑 옷 터진 거 헝겊 대고 꿰매서 입으라" 해.

우리 친아버지는 일본에 쭉 살았어. 그 후로 난 한 번도 아버질 못 봤지. 새어머니로 일본 사람 얻고 살았다고 해. 이제 돌아가신지 한 이십 년 돼 가네. 그동안 난 소식만 들었어.

외할머니집에서 보낸 어린 시절

그때 백해동 외할머니 집엔 식구가 많았어. 외할아버지도 있었고, 또 이모들. 삼촌네 다 있었고. 난 나이 먹어가난 외할머니네 일을 조금씩 도왔어. 밭에 가서 일하고. 또 이 동네가 중산간(마을)이라 축산을 많이 해. 소나 말 기르는 거. 밭농산 철에 따라서 봄에 보리나 밀을 거두고, 가을엔 산듸(밭벼)

같은 것들. 우리 선인동엔 밀을 많이 했어. 가을에 씨 뿌렸다가 이제 수확해서 조베기(수제비)도 만들어 먹고 했지. 그때는 찹쌀이'렌 하는 거는 없으니 산듸를 밭에 가는 거라. 이제도 생각나. 음력 5, 6월 나면 마당에 멍석 깔고 밀 베어 온 거 놓고 도리깨로 두드리는 거. 참, 가을엔 콩도 갈아서 먹었어. 조도 갈았고. 가을 들판에 콩이랑 조가 익어 가면 온통 노랗게 변했지. 뭐, 지금이나 똑같아.

우리 외할머니네가 밭이 몇 개나 있었는지는 잘 몰라. 어렸으니 그런 건 관심도 없었지. 그런데 그냥 살만큼은 살았던 거 같아. 내가 남의 집에 가서 일을 안 해봤으니. 우리 옛날에 '수눌어서' 일한다고 하잖아? 이웃집끼리 '맞춰가멍 일손을 돕는' 그런 거. 그것도 난 한 번 안 해봤어. 그때 너무 어려서 기억이 안 나는 건가? 어쨌든, 난 남의 집 일은 안 해봤어. 일을 해 본 건, 우리 집 우영팟(텃밭) 일. 소나 말에 촐(꼴) 주는 거.

외할머니네 식구는 몇 안 됐어. 식구가 없었지. 이모가 둘인데 다 시집가고. 삼촌은 없었고 나중에는 할머니, 할아버지, 나 셋만 살았어. 그러다가 내가 시집가게 되니 할머니, 할아버지만 남은 거라. 또 내가 가끔 대흘 친어머니도 보러 갔다고 했잖아? 그게 얼마나 자주 갔는지는 생각이 안 나. 모르겠어. 이제, 어머니 보고 싶으면 대흘까지 걸어서 가는데 와산 지나고 대흘 가면, 그 거리가 두세 참(한 참은 2km)이 돼. 어린 걸음으로 걸어가면 두세 시간? 내가, 어머닐 막 보고 싶어서 갔는지, 이젠 그 기억도 없어.

그때 어린 지집아이(계집아이)가 많이 한 일은 물 뜨러 가는 일이었어. 우리 백해동 같은 웃뜨르(중산간 마을)엔 물이 안 좋았지. 동네 안에 '골연못'이라는 물통이 있어서 사람도 먹고, 다른 쪽에선 소도 먹고 했지만. 겐디 이 물은 비가 안 오면 말라버리니 항상 있는 물이 아니라. 난 먹는 물은 저 웃밤애기(윗밤오름)에 가서 떠 왔지. 거긴 '산물', '나는 물'(생수)이라. 웃밤애기 중턱에. 물이 참 시원하고. 거긴 저 덕천 사름들도 먹고, 와산 사람들이영 우리 동네 사람들 다 먹었지. 그러고 또 우전제비에도 산물이 있었어. 거기는 물이 너무 좋아서 사람들이 줄을 서서 기다려. 그러다 보면 나중에 온 사람은 떠갈 물이 없어. 조그만 물통이라 곧 말라버리지. 그럼 뒷날 일찍 와야 해. 다른 사람들이 오기 전에 가는 거야. 거긴 나는 물이난 사람들만 먹었어. 참 좋았지. 지금도 그 물 그냥 있는가, 모르겠네.

웃밤애기나 우전제비까진 좀 멀어. 어린아이들이 지는 작은 물허벅도 있었주만 거기 갈 땐 우리가 소를 끌고 갔어. 소에 질메(길마) 지우고, 허벅 두 개를 멩텡이(멱서리)에 담고 묶어서 소 등에 싣고 가는 거지. 그러니 우리 동네선 멩텡이도 물허벅 실을만한 크기로 작게 만들어 썼지. 그때 난 어려서 물허벅을 소에 싣는 거 힘들어 허민 옆에 있던 어른들이 도와줬어. 허벅을 소등에 묶어 놓은 멩텡이에 담아주는 거지.

닷새 다닌 야학

내가 어릴 땐, 그땐 일본 사람들 시대, 제국시대 아닙니까? 우린 이제 학교 가서 공부를 못 배우니까 야학을 했죠. 야학, 밤에 하는 거. 우리가 이 백회동에서 한 열흘, 아니 닷새쯤 하니 '일본이 확 변경돼서'(해방돼서) 야학도 못 했지. 선생님이 우리 큰시아지방(시아주버니)이야. 내가 나중에 결혼해서 보니 야학 선생님이 그분이더라고. 이름이 김영주. 그 양반은 중학교까지 다 했어. 조천학교 나오고, 중학은 시(당시 제주읍)에 가서. 요망져났어.(똑똑했지.) 우리가 백회동에서 남자, 여자 해서 한 대여섯 명. 그때야 낮엔 일하고 밤에 다닐 거 아니라? 우리가 '가갸거겨' 우리 한글하고, 일본글 '아에이오우' 그런 거, 겨우 익혀 가는데 일본이 변경되니 공부도 끝났지. 그래도 다행인 게, 그때 그거라도 하연 놔두니 내 이름자, '이문자'를 지금 쓸 수 있는 거라. 그때 안 했으면 지금은 깜깜했겠지.

우리 시집이 아들 넷에, 딸이 셋 해서 일곱 형제였어. 그중에도, 옛날엔 큰아들만, 큰아들만 했잖아? 그래서 다른 형제는 다 놔두고 그 큰아들만 공부시켰지. 이제 저 사진(벽에 걸린 가족사진)에 보면 다 나와. 저기 그 시아지방네 시에 사는 손자들. 그땐 왠지 큰아들만 주손이라고 하면서 위했지. '우리집 아방'(증언자의 남편)은 둘째 아들이라서 '숯 묻고'(숯을 굽고) 팔러 다니면서 형 뒷바라지하느라 공부도 못 했지.

검은오름에서 숯을 구워 팔다

옛날 우리 마을에선 숯을 많이 묻었어. 주변에 있는 오름에서. 저 웃밤애기, 우전제비, 검은오름 가서 다 했지. 나도 시집가자마자 검은오름 숯막에 가서 밤 자면서 일했어. 지금 저기 검은오름이 막 유명해져서 사람들도 많이 오고 하는데 지금도 거기 가보면 그때 숯막 했던 돌무더기들이 많이 남아 있어. 그러다가 나중 돼가니 검은오름을 우리 시아버지가 샀어. 옛날에. 저 대천동 살던 허 뭐시라고 하는 하르방하고 둘이가. 이제, 그 땅을 사니… 그 땅이 어디 작기나 해? 우린 거기서 숯 묻으면서 살았지. 그러다 시국(4·3)이 나고 우린 그냥 내려왔어. 숯이고, 뭐고 다 두고.

제국시대 말에 저 검은오름엔 일본 군인들이 많이 들어왔어. 검은오름 굼부리(분화구) 쪽 여기저기 곡괭이질하면서 굴을 팠지. 그런데 해방되니 이것도 저것도 마무리 못 하고 그 사람들은 다 일본으로 돌아갔어. 그때 우리야 뭐 알아, 그냥 농사나 짓고 살았지. 지금도 저 검은오름에 가면 볼 수 있어. 일본군들이 굴을 몇 개 파 놓았으니까. 그중에, 이건 일본군이 판 굴은 아닌데, '거멀창'이라고 하는 수직 자연굴이 있어. '그냥 막 깊게 내려간 굴'이야. 거긴 돌을 던지면 돌 내려가는 소리가 착착착착! 알아듣지 못하게 나다가 나중엔 아무 소리도 못 들어. 이런 말이 있지. 전에 마을에서 굴이 얼마나 깊은지 알아보려고 돌을 긴 밧줄에 매고 넣어봤어. 그러자 돌이 내려가다 어디 폭! 건드리는 소리가 나고, 또 한참 가다가 톡! 부딪치는 소리 나고 했는데 나중엔 밧줄이 쫄란(짧안)다 재지 못했다고 해.

거멀창, 그 굴, 4·3 때 사람을 죽연 던져버린 곳이야. 함덕 사람이 자기 아버지 시신을 거기서 건져냈어. 그 사람. 나도 좀 아는 분인데 그 사람이 어디 저 신촌 사람인가, 그런 일을 하는 사람이 있어서 빌었어. 그래서 그분, 밧줄 타고 거멀창 깊은 데를 내려가서 아버지 뼛조각들을 수습하고 올라왔지.

그때 시아버지가 오름을 산 건 숯 묻을 낭(나무) 때문이었던 것 같아. 숯 묻으려고 하니 아무래도 자기네 산이라야 낭도 마음대로 베고 할 꺼 아니라? 남의 산에 가서 낭 베어오진 못할 거니. 그때는, 기억으로도 낭 베는 걸 누구한테 가서 허가받거나, 우리가 낭 벤다고 누가 와서 뭐라고 한 건 없었던 것 같아. 우리가 별 탈 없이 숯을 묻었으니.

검은오름엔 소낭(소나무)도 있었지만 종낭(떼죽나무)이나 뽕낭, 또 초낭(상수리나무, 혹은 졸참나무), 뽁당낭(예덕나무) 같은 나무들도 있었어. 그 종류가 참 많았지. 그런데 숯 묻는 데 가장 좋은 낭은 초낭이라. 요즘은 내가 잘 모르겠는데 그땐 검은오름에도 초낭이 참 흔했어.

우리가 이제 그 숯을 묻으려고 하면 차례가 다 있어. 먼저 낭을 요만씩 하게 잘라서 서로 엇갈리게 세우고 어욱(억새)으로 폭 덮어. 그런 다음 그 바깥으로 돌을 쌓아올려서 봉우리를 만들고 그 위를 흙으로 싸는 거라. 지붕 가운데 고망(구멍)을 뚫어두고, 아래 아궁이로 불을 붙이지. 그럼 낭에 불이 붙을 거 아니? 그 후부턴 불을 떼면서 우린 기다리는 거지. 낭이 어느 정도 다 탈 때까지. 그런 후제, 그 근처에 '댓밧'이라고 헌 곳에 물이 있어서 허벅으로 그 물을 길어다 지붕 구멍으로 쏟아 붓지. 그리고 다시 억새로 구멍들을 다 막아. 마지막엔 그저 기다리는 거. 굴 안에선 이제 숨을 쉬지 못하니 낭들이 다 숯이 되는 거라. 우리가 숯 한 번 묻으려고 하면 한 사나흘 걸려.

우리가 숯을 아무리 고생허멍 잘 묻고 해도 꺼내보면 다 달라. 어떤 거는 그저 숯 넹바리(숯 냉과리)가 되고, 또 어떤 거는 잘 타서 아주 좋은 것도 있지. 그걸 우린 큰 가멩이(가마니)에 담고 등에 지어서 조천장에 가는 거야. 팔러 가는 거지. 나도 한 번은 갔어. 난 4백5십 원을 받으려고 했는데 한 남자가 오더니 4백 원만 받고 집이 머니 빨리 가라고 해. 아무리 생각해도 난 좀 억울했어. 새벽에 일어나서 백해동에서 조천까지 서너 시간 더 되게 걸어서 왔는데 그 값으로는…. 그런데 그 조금 부린 욕심 때문에 감독을 만나버린 거야. 그때 우리가 장에 가면 숯 묻엉 파는 걸 단속하는 사람들이 있었어. 경찰은 아니고, 면서긴가 몰라. 뭐, 허가 없이 숯을 묻엉 판다는 거지. 그때 5십 원 더 받으려고 했다가 난 모두 빼앗겨버린 거야.

그때가… 내가 시집 가서 아기 하나 낳은 때야. 사태나기 직전. 검은오름을 둘이서 샀는데 우리 시아버지는 백만 원을 낸 모양이라. 당신 이름 부르면서 백만 원짜리라고 노래 부르면서 다녔지. 그럼 우리 외할머니가 웃으며 말해. "에유! 저 바람 까마귀 울엄져. 저 바람 까마귀 춤추멍 다념져. 땅 샀노렌 저거봐." 놀리는 거지. 그래도, 사실, 그때 백만 원이면 지금 백억보다도 더 큰 돈 아니야? 이해가 돼. 우린 그렇게 살다 이제 그 시국을 만난 거야. 우리 시어버님은 그 땅을 오래 갖고 있었어. 그러다가 돌아가실 때쯤 해서 다 팔고 지금은 남은 게 없지. 나는, 기억에도 어려서 그렇게 어렵게 살진 않았던 것 같아. 외할머니하고 살 때도 그렇고, 시집가도 양쪽 다 소도 많았고, 말도, 땅도 먹고 살만큼은 있었으니.

16살, 시집가다

내가 한번은 옷을 빨려고 벤벵듸 큰 물통엘 갔어. 그래 한참 빨래를 하는데 나중에 우리 시아버지 되는 어른이 말들 물 먹이러 온 거야. 그 어른은 말을 물통에 다 몰아놓고는 자신은 웃옷을 다 벗고 그냥 풍덩 들어가는 거라. 그리곤 좀 있으니 나한테 말해. "내 딸아! 등 좀 밀어주라!" 나는 그때사 어릴 때난 뭣도 몰랐지. 난, 그냥 가서 그 어른 등을 밀어드렸어. 그랬더니, "아이고! 착하구나. 등 잘 밀었져" 하면서 그 어른은 갔어.

그런데, 뒷날 중신(중매)이 온 거야. 그 하르방네 집에서. 그때 소란이 벌어진 건 오히려 우리 외할머니네 집 쪽이야. "하이고! 저 어린 게 시집가민 어떵 할 거라!" 시아버님은 그 말에 이렇게 대답했어. "저 착한 년! 내가 자저 아이를 메누리로 생각 안 하고 딸 삼아서 데리고 살쿠다.(살겠습니다.)"

우리 하르방(구술자의 남편), 이름이 김영봉. 나하고 나이 차이가 두 살. 게난 지금 살았으면 아흔셋 될 거야. 그리고 우리 시누이들은 아기들 모양으로 막 어렸고, 시할머니에 시아주버니들이 더 있었고. 아, 그때 우리 시아버지가 또 그러셨어. "동생이 장갈 가는데 성(형)이 장가를 안 가면 어떵 하느냐? 큰 아들부터 장개 보내야지." 그리고는 형님을 장개 보냈어. 우린, 그 다음에 잔치를 또 한 거야.

우리 시집이 네 성제(형제)라. 우리 아방 다음 셋째가 '영효'라고 했지. 이 아들은 하이구! 지금 시신도 못 찾았어. 그래서 생일날로 물 올리고(제사하고) 하는 거야. 네 번째는 그냥 장가 가서 아기 나면서 잘 살아. 그러고 이제 딸이 셋. 4남 3녀. 큰딸은 육지 간 살다가 죽어불고, 셋딸하고 작은 딸은 살안 있어. 함덕하고, 시에서. 잘 살지. 우리 시집 일곱 형제들, 다 모이면 정말 와랑와랑해.

그때 나는 서방이 뭔지, 각시가 뭔지 모른 채 아기처럼 살았어. 열 여섯에 뭘 알아? 그래 몇 년 사는디 한 번은 내가 무슨 일로 아기아방과 틀어졌어. 이젠, "나, 안 살겠다. 집에 가겠다" 했지. 그랬더니 아기아방 하는 말이, "너는 내가 아기키우듯 키우기 때문에 아무데도 못 간다. 넌 아무데도 못 간다" 해. 사실 난, 여러 번 일 하던 거 다 버려두고 외갓집으로 가 버리기도 했었지. 그러다 어떤 때는 시아버지한테 칭찬을 듣기도 했고. 그때가, 가을에 촐(꼴) 빌 때라. 시아버지가 촐을 막 비어놓고 우리 두 동서한테 묶으라그 해. 겐디 그때까지도 난 그걸 묶어본 적이 없어. 나는 그저 묶는 시늉만 했지. 그러자 시아버지가 우리 둘이를 부르더니, "그거 경허지 말고 요렇게 영 묶으라" 하면서, 촐을 모아다가 발로 꽉 눌러가면서 묶는 법을 가르쳐줘. 그래 우리 두 동서가 잘은 못 했지만 가르쳐준 대로 그날 하루 많이 묶었지. 그러자 지녁에 우리 시할아버지영 시아버지가 하는 말이, "아이고, 나 똘덜아!(딸들아!) 일헹 살아지켜.(일해서 살아지겠구나.) 이거 오늘 처음인디 참 많이 묶어놨구나!" 했어. 칭찬을 한 거야.

벤벵듸굴로 피난가다

내가 결혼한 게, 해방 전이라. 조금 준인 거 닮아. 그러다가 곧 해방되고 세상이 참 시끄러웠으니까. 다 산사람들 때문이라고 했지. 우린 4·3이 뭔지, 4·3이 일어 났는지 그런 것도 몰랐어. 우린 궛 모르고 하루하루 살아갔지. 근데 하루는, 누가 얘기하는 거야. 벤벵듸굴에 가서 한 사나흘 살아야 된다고. 그때 경찰들이 와서 집을 다 불태워버렸어. 그 집들… 전부. 그때야 모두 초가집에 살아서 지붕을 새(띠풀)로 덮었으니 한번 불이 나자 몬딱(전부) 타버렸지. 경찰들은 이제 그렇게 집들을 다 불태우고는 내려가버렸어.

   우린 이제 굴속에 들어갔지. 그때 사람들이 얼마나 그 벤벵듸굴에 갔는지도 지금 난 잘 기억이 안 나. 굴은 막 컸어. 그러니 안에 들어가도 넓어서 자기네만씩 여기저기 숨어살 데가 있었어. 우린 우리 가족이 들어갈 정도의 구멍, 아니 이런 건 뭐라고 하나? 굴 안에 있는 또 작은 굴 (가지 굴) 뭐, 그런. 어떻든 우린 그 조그만 구멍 닮은 굴에 들어가서 입구를 큰 돌로 막고 살게 됐지. 거긴 그 앞을 지나가는 사람도 몰라.

   그때 우린 그 둘을 저기 알동네 선흘 사람이 가르쳐줜 들어갔어. 우린 그 굴에서 입구만 톡 막아놓고 한 사나흘 살았지. 하루는, 굴을 막아놓은 돌덩이를 퉁퉁 두드리는 소리가 나고, 사람들이 왔다 갔다 해. 하이고, 이건 무슨 소린가! 해서 우린 밖으로 나갔지. 사람들이 여기저기 보이고… 말하는 거라. 우리 여길 안내해준 그 선흘 사람이 잡혔으니 이 굴에 사람들이 숨었다고 다 가르쳐줘 버렸다고. 우리집 아방(남편)은 그때 스물 넘어 아들을 얻었으니 아기를 막 아까워했어. 겨울이라도 굴 안은 더웠지. 우리가 짚을 깔고 살았는데 마침 아방이 아기를 안았다가 덥다고 나한테 주고 밖에 잠깐 나갔어. 난 그 아기를 안고 앉아 있었는데, 사람들 모두 굴 밖으로 나오라는 거야. 우린 몬딱(모두) 바깥으로 나갔지. 그때 군인인지, 경찰인지 기억도 안 나지만 우릴 한곳에 앉혀두고는 다른 사람들 잡으러 가. 그러다가 돌아와서는 우릴 골라서 불러다 놓고 이것저것 물어봐. 그러다 뭐, 대답을 잘못하거나 한 사람은 총 쏘아서 죽여 버리고.

   거기서, 우리 말잣시아방(셋째 시아버지) 딸이 나와 동갑이야. 그 딸이 시집가서 임신하고 있었는데 처녀라고 한 거야. 그러니 바른말 안 한다고 그냥 쏴 죽여버렸어. 이름이 김계수. 또 말잣시아버지도 돌아가셨그, 거기서 일곱 사람인가가 죽었어.

그렇게 하다가 이제 어두워질 때가 되자 우리한테 함덕으로 가자고 하면서 저기 지금 '선녀와 나무꾼'(테마공원, 조천읍 선교로 267) 있는 그 위쪽으로 나오라고 해. 나는 담요 하나로 아기 업고 해서 나갔지. 우린 곧 선인동 길을 걸어서 웃밤애기를 지나고 선흘을 넘어서 함덕으로 갔어. 그때 함덕 해수욕장 옆이라. 함덕(국민)학교에. 우린 학교 창고 같은 집에 산듸짚(밭벼 짚)을 깔고 한 사흘 살았지. 그러다가 지금 절간 하는 데, 그 집에 사람들을 가둬두었다가 다 쏘아 죽였는데, 그 집(4·3 당시 함덕 '3구 집단소'를 말하며, 현재 덕림사가 자리해 있음. 토벌대는 이곳에 '도피자 가족'들을 가둬 놓았다가 학살했음)이 우리가 갈 때는 비어 있었어. 그때는 그냥 가정집. 우린 그 집에서 며칠 징역 살았지. 우리 가족하고 동네 사람들이 같이.

우린 얼마 없어서 석방됐어. 그런데 나중에 큰시아지방하고, 우리 아기아방은 동척회사로 잡혀갔어. 거기서 큰시아지방은 육지 형무소 가고, 우리 아기아방은 석방되연 함덕에 돌아왔지. 큰시아지방도 그 후 석방되고 나완 고향에서 각시도 얻고 살았어. 그리고 저 말잣시아지방. 이분은 장개도 안 갔어. 한번은 우리 아기아방이 말잣시아지방하고 사촌하고 나무를 해서 마차를 끌고 요 아래쪽에서 걸어가는데… 산사람들을 딱 만난 거라. 그 사람들은 무조건 따라오라고 했다고 해. 사람들이 어디 가는 거냐고 물어도, 그냥 따라오라고만. 그래 걸었어. 나중엔 보니 저 교래 가는 곳, 그곳까지 가니 우리 아방이 탁 기절한 거야. 그 걸 본 사촌이, "하이고! 제발 우리 성님 살려줍서!" 군인들에게 울면서 사정했어. 그러자 군인들이 우리 아방하고 사촌은 내버려드고 나머지 사람들만 데려갔다고 해. 그리곤 끝. 그 사람들, 말잣시아지방하고 다른 사람들을 데리고 간 어디 저 '서촌'(제주시 서쪽의 애월, 한림 지역 마을을 말함)에서 죽여버렸다고 해. 우린 나중에 말 들은 것 뿐.

'죽은 동생 찾아내라' 그 매를 다 맞안

우리가 4·3에 시집 식구 몇 분이 돌아가셨어. 아까 말헌 우리 말잣시아지방 돌아가셨고, 사촌시누이도 죽고 헤신디… 나는 그 벤벵듸굴에서 우리 아방하고 헤어젼 우리만 함덕으로 갔어. 겐 나중에 우리 아방이 어디 산에 숨어있다고 하는 말을 들었어. 난 거길 찾아갔지. 지금은 자세헌 건 잊어버려신디, 거기가 옛날 이름으론 '정예수굴'(현재 선흘 2리 복지회관과 선흘분교가 있는 1차 양잠단지 마을)이렌 하는 디야. 그때에 거긴 물도 있어나고. 내가 거길 가는데 파당파당! 하는 소리가 난 딱 보니 아기 아방이 보여. 우리 아기아방이 탁 나타난 거지. 난, 무슨 말도 못 하고 그냥 하아하아! 울기만 해지더라고. 말이 안 나와. 못 해. 이제, 아방이 말해. "울지 말라! 나 죽어불어도 저거 씨 하나 있으니까 울지 말라." 그리곤 가버렸어.

나중에 우리 아기아방, 동척회사에서 풀려나서 함덕으로 왔어. 겐디 우리집 아방은 그때부터가 문제라. 아까 말했지만 말잣시아지방, 산사람들이 죽여버린 그 말잣시아지방을 찾아내라는 거야. 경찰에서 와서 우리 아기아방 잡아다가 '아시 찾아오렌'(동생 찾아오라고) 무조건 패두드렸어. 하이고, 그때! 우리 아기아방은 아시 때문에 매로 죽단 살아난 거야. 서촌 어디서 죽은지도 한참 됐는데 잡아가면 매로 '아시(동생) 찾아오라!'고. 우리가 함덕에서 10년을 살았는데 그때가 제일 무서웠어. 한번은 경찰서에서 와서 아방을 데려가라고 통지해. 가서 보니 이건… 말을 할 수가 없어. 닦달하다가 안되니까 거꾸로 매달아 놓고 발바닥을 막 두드려분 거야. 아프다고, 이젠 신발을 신지도 못해. 내가 신발을 신겨가면 아프다고 탁 걷어차버리고. 이젠 할 수가 없어서 동네 아는 집에 가서 마차를 빌려다가 태우고 왔지. 그 죽어분 동생만 찾아내라는 거야. 그때, 지금도 그 생각만 하면 끔찍해서 말을 못 해.

그래도 보면, 사람 목숨이 질긴 거야. 우린 경허명도 여기 다시 올라 완 집도 짓고, 아기들도 낳고 잘 살았어. 우리 아방도 이 집에서 돌아가셨지. 내가 무슨 원은 없어. 그런데 딱 하나, 자식복은 좀 없나봐. 내가 아기들을 많이 낳았어. 겐디 아들은 넷 낳은 것 중 하나만 남았어. 답답해서 어디 가서 '물어보니'(점을 쳐보니), 아들은 하나만 태웠다는 거라. 내 팔잔데 어떻게 힐 거라. 저 아들 하나 믿고 살아야지.

선인동 복지회관

우리 노인복지회관이 전에는 아침에 와서 놀다가 점심되면 밥 먹고, 매일 그렇게 했어. 그러다 좀 지나자 토요일, 일요일을 떼고 가더니 이젠 일주일에 한 번도 안 나오게 됐어. 내가 오늘 한 열흘 만에 가봤지. 거기가 여기선 좀 멀어. 저 검은오름 가는디, 양잠단지(이곳은 1차 양잠단지이고, 2차 양잠단지는 검은오름 아래쪽에 있음)에. 거기 가면 우리 노인회관도 있고, 또 학교(함덕초등학교 선인분교장)도 있고. 버스 타고 다녀야 해. 좀 멀어.

거기 지금 다니는 사람이 얼마 안 돼. 처음 다 모일 땐 한 마흔 사람도 되고 서른 사람도 되고 했어. 아니, 남자 하르방들도 다 가면 쉰 명도 더 될 때도 있어났어. 그러다 이제 조금씩 줄다가 지금은 스무 명도 어려워. 시에는 많다고 하는데. 우리가 금년 봄부터 이 노인당을 개혁하긴 했지만 옛날 같지가 않아. 자주 모이질 못해. 오늘은 감저(고구마) 쩌서 먹는덴 했어. 나야 밥을 안 해 먹어도 되난 나갔지. 그런데, 감저도 요만씩 헌 거, 젠젠헌(작은) 거. 먹어볼 나

위도 없는 거, 그거 누가 먹어? 그래 노인회장 각시가 밥을 따로 했더라고. 우리 그걸 몇 숟가락씩 나눠 먹었지. 우리가 옛날엔 지슬(감자)이영 감저(고구마)영 다 우리 손으로 갈아서 먹어나신디, 이젠 그것도 힘들어.

요즘 보면 이 동네에도 농사는 육지 사람들만 하지, 제주 사람들은 안 해. 콩도 갈고, 모멀(메밀)도 갈고, 폿(팥)도 갈고. 옛날에는 조하고 피도 했어. 요즘은 조나 피는 장만해 먹기가 힘들어서 안 하지. 우린, 우리 아방 살아 있을 적부터 농사는 많이 안 했어. 축산을 했지. 소하고 말, 많이 길렀어. 그런데 아방 죽은 뒤엔 나 혼자 다 했지. 나 혼자 힘들어도 다 길런. 좀 팔아버려도 될 거 아닌가 했는데, 누가 아방 죽은 3년 안에 팔면 안 된다고 해. 그래서 내가 혼자 고생을 더 했지.

양잠단지, 집 짓다 말고 맡게 된 부녀회장

여기가 선인동이라. 선흘 2리 선인동. 양잠단지, 거기까지가 걸어가면 두 참(1참은 2km) 좀 안 돼. 1리 본동까지는 두세 참. 우리가 옛날은 그냥 걸어 다녔잖아? 힘들어도 많이 걸었어.

양잠단지는 박정희 때(1962년 귀농정착단으로 10가구가 들어와 살기 시작한 것이 시작임) 정부에서, 도에서 사람들을 이주 시켠 살렌 헌 거라. 그때 사람들이 와서 뽕낭(뽕나무)을 심었지. 그리곤 뽕낭이 커가는 대로 누에를 기르고. 그래서 이름이 양잠단지라. 처음에는 하영(많이) 올라왔어. 다 외지 사람들. 그때 우리 선인동 사람들은 마을을 복구하고 선인동에 살 때난 거기 양잠단지에는 안 갔지.

우리가 4·3이 끝나고 이제, 선인동에 살 집을 복구하젠 하난 얼마나 힘들었는지 알아? 처음엔 집에 문도 없어. 가마니떼기 친 게 문이었으니 바람이 씽씽

불었지. 나중에 우리가 집을 지을 때 보민, 먼저 돌을 올려. 그리고 댓가지나 낭으로 엮은 걸 흙을 발라서 그 돌벽에 부쳐. 그리고 초가지붕을 올리지. 이게 우리가 옛날 집 짓는 식인데, 그것도 함덕에서 올라온 다음 조천읍에서 융자 삼만 원, 보조 이만 원을 주겠다고 해서 헌 거야.

그런데 하루는, 마을에서 부녀회장을 나보고 하라고 해. 난, 말했지. 내가 글도 모르는 사람이라 이름자도 모르는데 어떻게 부녀회장을 하느냐? 대답이 더 걸작이라. 글로 된 건 자기네가 다 알아서 헐 테니까 이 마을만 지켜 달라, 육지 사람들 오면 우리 땅 다 팔아먹을 거다, 그 사람들 흉흉헌 도둑들이다. 양잠단지 생겨가니까 마을에서 여러 가지 걱정을 헌 거 닮아.

그래 글은 걱정 말고 마을만 지켜줍서 하더니, 내일은 서귀포에 버스로 가서 하룻밤 자고 놀다올거니 나오십서 해. 난 그때, 말했지. "아이고, 이거 봅서! 집 이렇게 다 뜯어놓고 일을 벌려놓아신디 어디를 갑니까? 빨리 담 올리고 흙질을 해야 헐 거 아닙니까?" 난, 안 간다고 했지. 그러니 서방이 하는 말이, "여긴 걱정 말고 가. 내가 일꾼들 빌고 다 헐테니" 해. 그래 갔지. 내가 서귀포 갔다 와서 보니 일은 다 끝났어. 참, 사람은 태어나면 목숨 값을 하면서 살다가 죽어야 헌다는 걸 그때 알았어. 그때 우리 아기아방이 막았으면 난 아무 일도 못 했을 거라. 겐디 그 반대. 내가 그런 일 하는 걸 막 재미로 하게 했어. 그 생각하면 죽은 아기아방이 지금도 고마와.

옛날 우리가 집 지을 때, 돌벽에 흙을 붙이려면 아무 흙이나 못 써. 촌흑(찰흙)을 해다가 물 묻혀가면서 붙이는 거라. 그 촌흑이 지금도 그렇주만 저기 장개동산에서 나. 요 우진제비 앞에 있는 장개동산에서 벌겅헌 게 나지. 이제 흙벽을 만들고 나면, 요즘이야 도배종이도 있고 해서 고운 걸로 도배를 하주만 그때는 그런 게 없어. 그냥 흙벽. 방바닥엔 납작헌 돌을 깔고 굴묵을 만들어서

낭이나 말똥을 주워다가 불을 때. 그럼, 아주 따뜻해지지. 또 방바닥엔 산듸짚 해다가 놓고 그 위에 멍석이나 초석 같은 그런 걸 깔아. 어떤 집에선 봉덕을 만들고 거기에 불을 피워 놓기도 했지. 지금과는 많이 달랐어. 옛날에야 방에 도배를 해서 살아보질 못했으니 오죽했을 거라.

그 시절, 아기 키우기

내가 열여섯에 시집갔다고 했지? 첫 아이 낳은 건 스물 하나. 아들이야. 내가 이 아들 업고 밭에 가서 일도 하고 했는데 그 시국(4·3)을 만난 거야. 그때 우린 함덕으로 소까이(소개) 간 살면서 나중에 낮엔 여기 올라와서 일을 했어. 그러면 우리 할머니가 애길 돌봐줬어. 그러다가… 이제 그 첫 애긴, 세 살에 마누라(마마)로 죽었어. 내가 아들을 넷 낳았어. 그 다음 두 번째 아들도 그러고, 이제 살아 있는 아들이 하나, 그게 세 번 째. 네 번째 아이도 먼저 가고. 딸들은 많아. 여섯 중에 하나만 가고 나머진 잘 살아. 이제 생각해보민, 왜 아들들은 그렇게 됐는지? 글쎄… 내가 아들은 안 '태운'(타고난) 거 닮아. 지금 같지 않게 옛날엔 아들이 없으면 아들 낳젠 첩을 얻고 하는 세상이었는데.

요즘에야 아이를 많이 낳지도 않지만, 아프면 병원가면 돼. 옛날같이 약이 없어서 죽는 건 없잖아? 내가 아이 낳고 헐 땐, '자식 농사는 반타작'이라고 했어. 아이 열을 나면 다섯은 먼저 보낸다는 말. 내가 꼭 그 짝이라. 먹을 것도 없고, 약도 없고, 그러니 병원에 어떻게 가? 그냥 민간에서 하듯 하다가 다 먼저 보낸 거지.

그때 그 홍역, 마누라엔 하는 거에 걸렸다 하면 우린 어떻게 헌 줄 알아? 저 산에 가면 산뽕낭을 파먹고 사는 '잣'(사슴벌레 유충)이라는 게 있어. 굼벵이 닮은 거야. 그 잣을 잡아오는 거지. 그때 우리가 잣을 잡을 때도 그냥 하지 않았어. 요즘 사람들은 이 말 들으면 웃을 거라. 미신이라고. 우리가 그걸 탁 잡아서 곱게 나오면 그건 '우리 아기가 살 거다' 하는 징조라고 좋아했고, 그게 톡 잘라져버리면 '아이고! 우리 아긴 안 되는구나' 했어. 그래서 이제 잣을 가지고 집에 오면 그걸 꼬리를 자르고 접시에 대고 꼭 눌러. 그러면 하얀 것이 나오지. 그걸 먹이는 거야. 아기에게. 꼭 젖 닮아. 첨, 옛날엔 그 방법밖에 없었어. 하이구! 병원이랑마랑.

그 다음에 또 아기들이 큰 병 드는 건… 그냥 어디 다니다 파짝 놀란 거. 그건 보면 다른 집에선 심방(무당) 데려다가 푸다시(잡귀를 물리치는 무속의례)를 해. 겐디 푸다시하는 건 너무 어려워. 그것도 그런 일을 했던 집안에서나 하는 거고. 우리는, 우리 집안에서는 안 해봤어. 그러니 우린 아기가 아프면 그자 낭밭에 가서 잣이나 해다 먹이는 것 뿐.

하나 남은 아들

내기 지금 하나 남은 아덜. 쥐띠니까 쉰아홉인가, 예순? 이젠 그것도 잘 모르겠네. 지금 검은오름에서 일해. 공무원. 손님들 오면 어디 가라, 모셔오라 하는 주장 일을 하지. 그래서 저기 가게는 우리 며느리가 거의 다 해.

여기 이 사진들 봐. 가족사진. 이게 우리 아들. 저건 큰 사위. 요건 두 번째 사위, 또 이건 막내사위. 야이네가 손주들. 야이가 우리집 상속자 큰 놈. 나하고 얼굴이 좀 닮았다고 해. 우리 집에 옛날 사진들은 없어. 웬지 남아있는 게 없어. 그런데 여기 이 사진. 칠십에 찍은 거. 그때만 해도 난 고와났다고 해. 지금에야 다 늙언 이치록 쪼그라들엇주만. 내가 부녀회장을 십 년 넘게 했는데 그땐 이렇게 팔팔했지.

그러고 사진 얘기하니, 저 앞에 큰 창고 건물 있지? 거기 얼마 전에 '바다에서 죽은 사람들 있지 않아?'(세월호 희생자 가족들을 지칭함) 그 사람들이 와서 살면서 일하던 데야. 그 사람들이 어느 날 오더니 창고를 빌려달라고 하더라고. 그런 다음 저기 살면서 사진도 찍고, 모여서들 무슨 행사를 하면 사람들도 많이 오고 그러드라고. 얼마 전에 다 돌아갔어. 그 사람들이 내 사진도 좀 찍어주고 했어.

지금 아들 얘기해가니 옛날 갓 시집왔을 때 생각이 나. 그때 시집식구들, 참 많았어. 시부모님에, 시할머니 시할아버지, 또 우리 아방네 4형제, 그리고 시누이들이 셋. 그중에 4·3에는 큰시아주방이 육지 형무소에 갔던 일 하고, 동생을 산에서 잡아단 죽여분 거 빼면 큰 탈은 없이 지났지. 아, 그리고 우리 아방이 동생 찾아내라고 잡혀가서 매 맞은 일이 더 있지만 동네 다른 집들보단 피해는 덜 봤어. 이제 그 큰시아주방도 형무소 나완 여기 와서도 살고, 서울도 살고 하다가 얼마 전에 돌아가셨어. 그러고 시누이들은 셋 중에 큰 시누이가 육지 가서 살다 돌아가셨고. 나머지 두 시누이들은 나처럼 잘 살고 있어. 엊그제 제사에도 왔다갔지.

그리고 고생한 얘기 조금 더하면… 우리가 원래는 백회동에 살았어. 여기는 4·3 후에 함덕 갔다 올라와서 자리 잡은 곳이야. 그 후 쭉 여기서 살았지. 처음엔 움막덜. 지금 이 집은 조금씩 조금씩 새로 지어가면서 이렇게 된 거. 그 함덕 가기 전엔 우리가 한 마당 안에 안거리, 밖거리 집들 여러 채 해서 열이 넘는 식구들과 소, 말 다 같이 살았지. 시할아버지하고 시아버지는 함덕에서 돌아가셨어. 시할머니하고 시어머니는 나중에 여기 올라와서 살다 내 손에서 돌아가셨어. 내가 다 돌봤지.

내가 4·3 하면 잊어버리지 못하는 게 하나 있어. 그 굴, 벤벵듸굴에서 우리 이모부를 군인들이 총으로 쏘아 죽여버릴 때 일이라. 그때 이모가 군인들한티 막 매달리며 사정을 했어. "우리 아기아방 이대로 놔두민 까마귀들이 와서 눈알을 다 빼가버립네다. 내가 윗옷을 벗엉 아방 얼굴에 덮젠 헴시난 그거 하나만 허락해줍서!" 그건 들어줬어. 그래서 이모는 웃옷을 벗고 시신 얼굴에 폭 씌워줬지. 이모는 나중에 그 시신을 '토롱'(가매장)했다가 정신 차려지니 이장해다 잘 묻었어.

함덕 소까이

다시 4·3 얘기네. 우리가 함덕으로 소까이(소개) 가서… 뭐, 이건 말해졌는가 모르겠네. 첫날은 군인들 있는 (함덕)해수욕장 학교 창고에 간 살았어. 뒷날부터는 지금 절간하는 집, 거기 간 우리가 한 마흔 날은 살았지. 한 달은 아주 넘었어. 나중에 알아보난 우리 같이 거기 있었던 사람들은 산사람들하고 결연이 좀 있었다고 해야 하나, 아니면 산사람들이 와서 좀 아는 척해 버린 사람들, 그래서 경찰에서는 우리를 산사람들과 가깝다고 전부 죽여버리거나 그 집에 가둬 놓았던 거야.

우리가 이제 거기서 살림을 사는데, 우린 지금 노인당에서 점심을 해줘서 먹는 식으로 밥해주면 먹고, 잘 때가 되면 자고 헌 거야. 그러다 날짜가 지나니 나가라고 해서 우린 자기 식구들만씩 집을 빌리고 나와서 살았지. 우리는 그때 식구들이 다 갈라졌어. 어쩔 수 없었지. 그래서 남의 집에 가는 사람, 궨당(친척)집에 가는 사람 했지. 우린 외할머니가 고씬데 그 외할머니 오라방네 집이 함덕이난 거기 좀 빌련 살았어. 거기서 우리 아기아방하고 나, 우리 아기 셋만. 그러다 새벽에 여기 일하러 왔다갔다 할 때에는 아기를 앞에 싸안고 등에는 짐을 한 가마니씩 지고 다녔어. 그때엔 올라오는 데만도 두 시간이 더 걸렸지. 내려가는 시간까지 하면 하루에 걸음만도 네다섯 시간. 춘 고생들 많았어. 그러다 우리 그 첫 아기, 그때 세 돌이 지난 땐데 죽어버렸지. 그런 후에 두 번째 난 아들도 함덕서 죽고. 큰 딸부터는 여기 올라와서 낳았어.

그때 우리가 함덕에서 여기 올라오려고 하면 경찰에 허가받고 곱은다리(대흘 2리)로 해서 왔어. 저 낙선동 지나고, 선흘 본동으로 오는 게 아니고. 우린 곱은다리로 해서 여기 와서 일하고, 저녁에 다시 함덕으로 내려갔지. 꽤 오래 그랬던 거 같아. 그런가? 잘 기억 안 나네. 하여튼 우린 그보다도 더 후에. 그러니 그땐 세상도 편안해졌는지 마을에 성도 안 쌓았어. 농사도 지금처럼 밭을 갈고 보리영 콩, 모멀(메밀) 다 갈았지. 이 집은 여기 와서 움막을 짓고 살기 시작한 후에 조금씩, 조금씩 하면서 세 번을 고쳐 지은 집이라. 그때 여긴 자기 땅 아니라도 빌려서 그냥 움막집 짓고 살았어. 이 집, 내가 참 오래 살았네. 우리집 아방도 여기서 죽었어. 쉰셋에. 그러니 이거 몇 년이라? 나보다 두 살 위난 지금 살았으면 아흔셋. 이제 사십 년이 지났네.

4·3유족회 활동

그 후에 내가 살다보난 4·3모임에도 나가게 됐어. 거, 뭐라 유족들 모인 데. 아, 유족회에. 그걸 누가 소개했는고 하면 함덕 사람, 유족회장했던 김두연 회장. 내가 그분을 좀 알아. 그래서 그분 소개로 해서 우리 말젯시아주방이 희생자니까 갔어. 가보니 희생자에 이름이 있어. 또 4·3공원에 가서 뒤에 비석들 세운데 가보면 김영효라고 있어. 그러니 이젠 회비 내라고 하면 일 년에 한 번씩 회비도 내고, 또 사월 제사(4·3위령제)에도 나갔지.

내가 몇 년을 나갔는지 몰라. 그러다가 어느 날은 직계 가족이 아니면 받아주지 않겠다고 해. 나는 형의 각시라고 했지. 안 된다는 거야. 형제나 누나 같이 직계 가족이라야 한다고 하는 거지. 그때 내가 조천 어디(조천읍사무소)를 갔던 거야. 신고하러. 사실 그 시아주방이 장가를 안 갔어. 총각으로 죽은 거. 나이가 한 스물쯤 됐을 때지. 그 후 집안에서 논의를 했어. 큰시아주방이 유족일을 해주면 가장 좋았지. 겐디 안 해. 어쩔 수 없이 막내 동생네가 하게 됐어. 사실 그게 맞는 조치였어. 제사를 거기서 하고 있었거든. 제사는 죽은 날을 몰라서 생일날에. 그 후제 나도 안 되겠다고, 어려운 돈에 회비만 내젚겨 하고 유족회는 다 끊었지. 회비도 안 내고, 제사에도 안 가고. 내가 참, 유족회에 여러 해 다녔어.

일찍 세상을 떠난 남편

우리 아기아방은 쉰셋에 돌아가션. 전날, 어쩐 일인지 배가 아프다고 했어. 밤새 뒹굴었어. 배를 잡고. 그러다가 아침이 도니 설사가 터지고…. 무슨 병인지도 몰라. 병원도 못 가봤어. 이젠 병원 가려고 아는 사람 차 몰아다가 태우는데 눈이 희득희득 넘어가. 하이고, 안 된다! 그냥 집에 둬야 헌다! 길바닥에서 죽으면 집에도 못 들인다! 이젠 아방을 업고 집에 들였지. 그러자 우리 아방, 자는 듯이 소록소록 잠들어. 그뿐. 그게 마지막.

그전까지는 밭에 가서 일도 하고 다 했어. 지금 같으면 병원에도 미리 가보고, 다 했을 거야. 그땐 그런 게 없었어. 지금 생각하면 옛날 매 맞은 것 때문도 닮고. 그때 어디 더 아프지나 않은지 검사라도 받아보지 못헌 게 후회도 되고. 겐디 어쩔 거라. 그때사 그렇게 살아난 것만도 다행일 때난. 이제 이런 말, 저런 말 들을 필요도 없는 것 같아.

그래도 다행인 건 우리 집이 살만큼은 살았다는 거야. 내가 밭을 하나 (물려) 받았지. 그 후 난 그걸로 해서 농사도 짓고, 축산도 하면서 조금씩 재산을 늘렸어. 밭도 더 사서 콩도 갈고, 보리도 갈고. 저 앞밭, 저것도 내가 산 거라. 참 힘들었어.

마을을 차지한 외지 사람들

살다보난 어느 날 갑자기, 저 검은오름이 텔레비전에 막 나오기 시작해. 좀 지나니 사람들도 많이 들어와. 그리고 좀 더 있으니, 저 검은오름을 나라에서 다 샀다고 해. 유명해진 거야. 이젠, 저 검은오름에도 그렇고, 이 동네 선인동에도 관광객들이 많이 와.

지금 이 동네를 보면 외지 사람이 더 많아. 여깃 사람 없어. 나나 우리 아이들 밖에. 몬딱 육지에서 온 사람들. 문제는 우리가 서로 아무것도 모른다는 거야. 그 사람들은 마을회나 어디 마을 모임에도 나오지 않아. 이웃에 살면서도 완전 외지 사람. 복지회관에 가도 다 육지 사람들이야. 제주 사람은 양잠단지에 사는 문할망이렌 하는 할망 하고 나 하나뿐. 노인복지회관에 스무 명 갔다고 헌 사람 모두 외지 사람들. 그러니 자연 서로 잘 모를 수밖에. 친해질 수가 없지. 겐디 저기 이 동네에 제일 먼저 들어온 방주할망네 식당. 거긴 돈도 벌었어. 먼저 왔으니. 내가 그 할망네 하고, 이 앞 카페 사람들, 그리고 저기 무슨 펜션 하는 사람 셋하고는 친해. 문제는 그 나머지. 내가 버스를 타고 복지회관에 가는데 서로 봐도 인사도 안 해.

여기가 옛날엔 겨울만 되면 눈이 참 많이 왔어. 집 앞에 이만큼씩 묻었지. 이젠 눈이 안 와. 안 묻어. 옛날 눈이 와도 여기 다르고, 저기 선녀와 나무꾼 있는 데가 다르고, 검은오름이 달랐지. 눈이 내리면 우린 집에 갇혀서 꼼짝 못 했어.

우리가 이제, 동네 사람들이 서로 더 모르는 것도 가만히 보민 차들이 많아서 그런 것 닮아. 지금은 한 집에 차가 두 대도 있고, 세 대도 있잖아? 그러니 자연 버스를 안 타고 자기 차들로만 다니지. 얼굴 볼 일이 없어. 요 뒷집 사람도 몰라. 왜 우리가 옛날엔 식게(제사) 지나면 식게 음식을 온 동네에 다 나눠먹고 했잖아. 식게 먹으러도 가고. 지금은 그런 게 없어. 또 중간에, 몇 년 전엔 반상

회 하면 이장집에도 가고 했지. 새로 이사 온 사람들은 '우리 이사 왓수다' 인사하러도 일부러 오고. 또 여긴 시골이난 검질(밭에 난 잡초)도 '수눌어가멍'(품앗이하면서) 했잖아? 이젠 그런 것도 없어. 요즘 어떤 땐, '내가 왜 여기서 살암신고?' 생각이 들어. 내가 아흔이 넘도록 여기서 살았으니 이제 여기 묻혀야지 하지만, 그냥 이젠 막 외로와.

얼마 전까지만 해도 내가 도에서 사람이 오민 저 검은오름이영, 부대오름이영, 벤벵듸굴이영 다 다니면서 가르쳐났어. 겐디 이젠 하루가 달라. 좀 전에 했던 생각도 조금 지나면 잊어버리고, 정신도 그냥 해뜩 해지고. 게도 어디 아픈 데는 없어서 좋아. 이 다리 아프고, 허리 아픈 거 때문에 지팡이 짚고 다니는 거 말고는 크게 아픈 데도 없어. 이젠 꿈은 하나. 나도 우리 아기아방처럼 소로록 잠들었다 그냥 저 세상으로 가는 거, 그거뿐.

(구술채록 · 정리_김창후)

물질이 먹여 살렸다

이승례

_1934년 생. 4·3 당시 조천면 북촌리 거주

일제 때의 기억… '여자들이 공부는'

내가 1934년생이라. 북촌사건 날 때가 15살. 나는 4남 5녀 아홉 오누이 가운데 다섯 번째야. 일제 때 일본 이름은 쇼레이. 기무라 쇼레이야. 원래 기무라는 박씨인데 그때 제중의원이라고 성안에서 병원장 하던 사촌 오빠가 우리 가지(집안)는 '기무라'로 하자고 해서 기무라로 했어. 그분도 4·3사건에 돌아가셨지.

우린 왜정 때 일본글도 조금 배웠어. 북촌학교(북촌초등학교) 지어서 우리가 1회로 들어갔어. 요시가와 선생이라고 일본인 선생이 와서 일본어를 가르칠 때는 회초리를 갖고 다니다가 말 한마디라도 잘못하면 손을 내밀라고 해서 손바닥을 때리곤 했어. 나가서 운동장을 몇 바퀴 돌고 오라고도 하고.

학교에 가면 아침마다 연단에 올라서서 일본말을 하라고 해. 그러면 우리끼리 아주 우스운 말도 하다가 배꼽을 잡아. 한번은 여자 친구가 일본말을 잘 한다며 한 말이 있어. 우리말로 하면 "아침에 일어나서 세수를 하고 '아침을 먹고 책보를 가지고' 학교에 왔습니다"하는 말인데, 이 말을 "아침에 일어나서 세수를 하고 '책보를 먹고 아침을 가지고' 학교에 왔습니다"고 해서 막 웃고 배꼽을 잡았던 일이 기억나. 지금도 히라카나는 잊어버려도 가타카나는 조금 기억나.

왜정 말에는 일본군인 40~50명이 우리 학교에 주둔했어. 큰 말들을 타고 다녔거든. 우린 제일 큰언니 이름이 '미케'인줄 알았어. 큰언니 이름이 인례인데 '미케야' '미케야'하니까. 어느 날, 할아버지(이태효)가 집에 있을 땐데 큰언니가 학교에 갔다 와서 "저기 병정들이 '미기 미케 옷' 헙디다. 일본 병정들이 말을 타고와서 '미케' '미케'헙디다"고 해서 그게 별명이 미케가 됐어. 그때는 군인이라고 하지 않고 병정이라고 할 때였거든. 일본군인들이 말을 타고 '미기 미케 옷', '히다리 미케 옷' 하는 말을 했었어. 지금도 큰언니 말을 해 가면 미케라고 해. 그때는 내가 학교 다니지 않을 때야. 언니도 시집가기 전에 어릴 때니까 우리는 아주 때릴 때여서 일본사람인 줄도 몰랐어.

우리 할아버님이 제국시대(일제 강점기)에는 "지집년(여자)들이 공부해서 뭘하겠느냐"며 공부를 못하게 했어. 그래서 언니들은 야학했어. 그때는 연습방이라고 있었거든. 구들(조그마한 방) 하나 빌려서 등피 불을 켜서 모여앉아 공부를 했어. 동네 남자 어른들이 글을 가르쳤지. 할아버지는 할머니가 젊은 때 돌아가신 뒤에도 혼자 사셨어. 할머니가 아들 둘, 딸 삼 형제를 낳고 스물다섯에 돌아가셨다고 해. 할아버지는 그 아기들이 아까워서 며느리(어머니)한테 얻어먹어도 재혼은 하지 않았어. 집에서 "재혼해서 사시라"고 해도 "아기들 고생한다"며 재혼하지 않겠다고 했다고 해.

아버지는 왜정 때 서당 같은 데서 한문 공부한 것으로 기억하는데, 크게 공부는 하지 않았어. 농사를 짓다가 바다에도 나가고 했지. 함경도 청진에 정어리잡이하러 갔다오곤 했어. 작은 아버지(이송림)가 젊고 조천면서기도 했고, 북촌학교 선생도 했었어. 우리 아버지는 그게 빽이라.

섣달 그믐, 아버지 실종되다

해방이 되고 학교를 다니다가 1948년이 됐어. 큰언니와 오빠만 시집 장가가고 그 나머지 우리는 어린 때였어. 아버지(이평림)는 그때 마을 구장이었지. 산에서 내려와서 구장을 죽여버려서 그분 대신 아버지가 구장을 한 지 몇 달 지나지 않은 때였어. 어린 때 기억으로는, 양력 섣달 그믐날(1948.12.31.) 산에서 와서 아버지를 잡아간 것 같아. 왜 그날을 기억하느냐면 그때는 우리가 양력 맹질(명절)을 지냈거든. 옛날은 정월명절을 '쇼가츠(しょうがつ・正月)명절'이라고 했어. 쇼가츠 맹질 하려고 고사리를 삶고 메밀묵을 만들고, 적을 해놓고 준비를 했는데, 아버지를 잡아가서 맹질을 지내지 못했거든.

그날이 눈 내리는 밤이었어. 우리는 방구석 이쪽에 눕고 아버지는 저쪽에 누워 있었는데 어릴 때여서 아버지를 잡아가는 줄도 몰랐어. 그 이후는 아버지와 얘기할 기회가 없었지. 아버지가 잡혀갈 때 동네 어른 2명도 함께 잡혀갔어.

며칠 뒤 같이 잡혀갔던 아버지와 동네 어른이 밤에 잠자리에 누워있는 할아버지를 찾아와서 "삼촌, 삼촌"하면서 불렀어. 할아버지가 소리를 듣고 "아이고, 무슨 일이냐. 죽은 줄 알았는데 살아서 왔다"며 곧바로 일어났어. 군·경이 불을 질러가니까 내려왔다고 했어. 아버지와 같이 온 일행이 할아버지에게 굴을 가리켜달라고 했지. "굴 있으면 아는 데 가리켜주세요. 어디 들어갈 곳도 없고 굴을 가리켜주면 임시 숨었다가 가겠어요."

동네 어른의 말에 할아버지가 우리 밭에 있는 굴을 가르쳐주러 나섰지. 가서 보니 굴에는 선흘리 사람인데 산에서 총 맞고 온 남자 한 명하고, 젊은 여자 세 명이 있었다고 해. 그곳에 아버지하고 같이 잡혀갔던 남자 세 명이 들어간거지. 총 맞았던 사람은 나중에 (북촌 사건 때) 발각되면서 죽었어.

그날 북촌리는 불바다로 변했다
눈 흩날리는 학교 운동장은 아비규환

학교 운동장에 모일 때가 음력 섣달 열아흐렛날(1949년 1월 17일)이라. 아침이었어. 그때 할아버지는 우리와 함께 살았거든. 그날 할아버지가 학교 앞에서 총소리가 난다면서 "어떻게 하면 좋을까"하고 걱정했어. 할아버지는 학교 길 건너편으로 사람들이 어디로 올라가는 것 같다고 말했지.

오전 7시, 8시가 됐는가. 군인들이 집집마다 들이닥쳐 학교로 모이라고 닦달했어. 동네 올레에 나타난 군인들이 '나와!' '나와!' 하는 고함 소리가 들렸어. 우리 집은 학교와 가까이 있어서 먼저 나가게 된 거야.

아침부터 학교 운동장으로 모이게 됐지. 학교 운동장으로 내몰려 가다보니 신발을 신지 못한 사람들도 있고, 잠잘 때 입었던 옷 바람으로 나간 사람들도 있었어. 나도 자다 나가게 돼서 잠잘 때 입었던 옷 그대로 입고 맨발로 나갔어. 사람들이 집을 나서면서 군인들이 그대로 집에 불붙였어.

군인들이 나오라고 해서 학교 쪽으로 가면서 마을을 바라보니 온통 불바다가 됐어. 검붉은 불이 활활 타오르는게 불바다로 변했어. "아, 이거 큰일 났구나", 어릴 때여도 그 생각이 들어서 덜덜 떨며 갔어. 모두가 움츠러들었지.

학교 운동장에는 군인들이 엄청 많이 있었어. 우리는 학교 운동장 가운데 있었지. 이쪽저쪽으로 사람들이 막 우왕좌왕했어. 어린 나이에도 보니까 군인들이 순경 가족, 군인 가족은 나오라고 해서 서쪽으로 가라고 하는 거야. 서쪽으로 가는 사람들은 살릴 사람들이 그쪽으로 가려고만 했지. 우린 그것도 몰랐어. 그쪽으로만 가려고 하면 군인들이 마구 때리는 거야.

군인들이 민보단장을 앞에 나오라고 해서 나가자 그 자리에서 총을 쏘았어. 군인 네 명이 합세해서 민보단장을 학교 울타리 밖으로 내던졌지. 사람들이 어떻게 그럴 수 있어? 운동장에서는 민보단장하고, 아기를 안은 아주머니가 죽었어. 그 아주머니는 임신한 몸으로 아기를 안고 앉아 있었어. 아주머니가 운동장에서 죽으니까 그 위에 아기가 매달려 젖을 빠는 걸 우리가 봤어. 그때는 홑적삼을 입을 때였거든. 아주머니 옷이 들려지면서 가슴이 나오니까 아기가 죽은 어머니 젖을 먹는 걸 사람들이 봤어.

군인들이 그때 대창이나 대창 위에 쇠 조각을 꽂은 철창을 들고 마구 두드렸어. 맞는 사람은 처참할 정도로 맞았어. 한 할머니는 마구 맞으면서도 그쪽으로 가려고만 하는 것을 봤지.

우리 어머니는 아이들만 살리려고 어린 우리를 데리고 그쪽으로 가려고만 하다가 맞기도 했어. 군인들이 운동장에 많이 있었는데 주민들을 포위해버리니까 어디로 나갈 곳도 없고, (대나무 같은 것으로) 사람들을 나누며 데려가기만 했어. 영문도 모르고 어떻게 죽이는지도 몰랐지.

30명, 50명씩 줄을 끊으면서 이쪽으로 데려가 죽이견, 다음에는 저쪽으로 데려가 죽였어. 군인들이 '나와!' '나와!' 하면 우리는 끌려가지 않으려고 숨듯이 앉아서 바라봐. 그러면 동쪽으로 한 몫 끌고 가고, 서쪽으로도 한 몫 끌고 가서 죽여두고 오는거야. 나는 총소리만 나면 무서워서 고개를 숙이고 숨어버려 사람 죽이는 장면은 못봤어. 나중에 고개를 들고 보면 사람이 죽어 있고, 죽어 있고 하는 거야. 놀랄 정도가 아니야. 눈은 싸락눈처럼 흩날리는데 운동장은 그야말로 난장판이었어. 우리 가족이 앉은 쪽에서도 동네 어른 형제가 학교 밖으로 나가자 어머니 나이 정도 된 자식들이 '아버지!' '아버지!' 하면서 절규해. "동네더레 가는 걸 보난 살래 감주만은 우린 죽을 거우다. 우린 죽을 거우다" 하는 거야. 그런데 그 어른들은 먼저 가서 죽고, 그 자식들은 살았지.

아! 북촌리
마지막 순간… '중지!'

사람들을 다 죽여놓고 어두워 갈 무렵이었는데 우리가 마지막에 갈 차례였어. 할아버지는 이미 학교 밖으로 끌려간 뒤였지. 운동장에 간 다음에 할아버지와 헤어졌는데 할아버지가 조금 앞에 앉았었던 것 같아. 바로 앞 사람들까지 끌고 갔으니까 그 다음은 우리 차례였는데, 어디선가 '중지, 중지' 하면서 군인이 왔어. 연대장이라고 들었지. 분명히 연대장이라고 했어.

총소리가 나지 않으니까 함께 운동장에 있던 우리 오누이들이 얼굴을 들고 봤어. 연대장이 연설할 때였는데 굴속에 있던 아버지가 군인들한테 잡힌 거야. 보니까 젊은 처녀 세 명하고 산에 잡혀갔던 아버지 포함해서 남자 세 명을 트럭에 태워 함덕으로 갔어. 포승줄 같은 것으로 줄줄이 서로를 다 묶었어. 총 맞아서 부상입은 사람은 굴에서 총을 쏘아 죽였다고 해.

총을 맞고도 살아난 할아버지

죽으러 갔다가 군인이 '중지' 하는 바람에 살아서 돌아온 사람들 하는 말이, 향 피워놓고 제를 지낸 뒤 총을 쐈다고 하는 거야. 향을 피워놓고 '산신님 어쩌고' 한 뒤에 절을 하고 총을 쐈다고 말이야. 우리는 보지 못하고 돌아온 사람들한테서 그런 말을 들었어. 언니가 "할아버지가 양개왓더레 가서. 양개왓더레 가서"(양개왓쪽으로 갔어) 하는 거야. 언니가 할아버지 끌려가는 것을 봤거든. 양개왓은 옴탕밭 바로 옆인데 그곳에서도 많이 죽었어.

할아버지가 양개왓 쪽으로 갔다고 해서 군인들이 학교를 떠난 다음에 어머니가 할아버지를 찾으러 갔어. 밤에 가보니 할아버지가 총에 맞았는데도 한쪽 손으로는 총탄이 지나간 가슴을 가리고, 다른 한 손에는 곰방대를 잡고, 그 팔로 기어서 양개왓 돌담 넘어서 올레에 나왔다는 거야. 어머니가 몸집이 작은데도 할아버지를 들쳐업고 단숨에 한밤중에 왔어.

함덕 소개

학교 운동장에서 연대장이 연단에 올라서 연설했지만, 우리는 무서워서 쳐다보지도 못했어. 이튿날 함덕으로 가라고 했어.

우리 모두 맨발에 그 추운 겨울에 나섰지. 지금처럼 길이 좋지 않았어. 평사동 쪽에 모살밭(모래밭)이 있었는데 그쪽으로 걸어서 갔어. 고무신 신은 사람은 막 잘 사는 사람이고, 초신이라고 짚신 신고 가기도 했어. 집이 불타버려서 갖고 갈 게 없으니 몸만 간 사람들도 많았지. 그때 우리 또래 아이도 오빠가 산에 가 있을 땐데 우리하고 같이 갔다가 "너 아무개 누이 아니냐"고 해서 가려내서 죽여버렸어. 우리는 죄가 없는 것으로 확인됐는지 함덕에 사는 둘째 고모님(셋고모)댁에 가게 됐주.

아버지와 할아버지의 죽음

할아버지는 학교 운동장에서 끌려가 총에 맞았지만 다행히 살아났어. 군인들이 할아버지 뒤쪽에서 쏘았는지 보니까 등에는 총구멍이 작은데 가슴 위쪽은 크게 뚫려서 어머니가 이불솜을 뜯으며 여기저기 막았어. 어머니가 할아버지 앞 뒤 쪽으로 솜으로 임시 막는 걸 봤어. 그때는 반창고 같은 게 없을 때잖아.

할아버지는 함덕으로 소개가서 며칠 뒤에 돌아가셨지. 셋고모님이 베를 갖고 와서 총에 맞아 거동하지 못하는 할아버지를 업고 걸어서 갔어. 할아버지는 그렇게 크게 총상을 입었으면서도 아들이 살아있다니까 그 아들을 살릴 생각만 했지. 할아버지는 누워있으면서 함덕에 잘 알고 있는 유지 어른을 찾아달라고 했어. 할아버지가 그분에게 "우리 아들이 갇혀 있는데 손써볼 수 있느냐?"고 했고, 그 유지는 "될 수 있으면 손을 써보겠다"고 약속했어. 다음날 아침 어머니가 밥을 하고 아버지가 갇혀있는 수용소에 가서보니 북촌에서 잡혀 간 세 어른이 함께 있었다고 해. 아버지네는 며칠 동안 밥을 먹지 못했었거든.

옛날 우리 할아버지, 아버지네 살았던 집이 조금은 좋았던 모양이라. 북촌에서 할아버지 환갑잔치하면서 호상을 했어. 그때는 동네 어른들이 다 모이고, 젊은 사람들은 미싱(재봉틀) 갖고 와서 죽으면 입고 가는 수의를 만드는 호상을 다 해놓았거든. 할아버지가 어머니한테 호상 해 놓은 사이에 돈이 있으니까 그걸 갖고 가면 아들이 살아날 수 있다고 했다는 거라. 그게 작으면 함덕에 사는 어르신한테 가서 자기 말을 해서 밭이라도 줄테니 돈을 좀 빌려달라고 했대. 어머니가 북촌 갔다 오고 난 뒤 그날 저녁에 그 어르신한테 가서 돈을 빌려와서 함덕 유지 어르신한테 달려갔지. 어머니는 "아버지가 돈을 가져가라고 합니다"면서 맡겼어. 그랬더니 그 어르신이 "잘 알았다"고 "내가 잘 해내겠다"고 하는 거야.

우리 아버지는 그때까지는 살아있었어. 다음날 아침에 어머니가 밥을 갖고 갔는데 수용소에서 아버지를 석방했다고 하는 거야. 어머니는 그때 이상한 생각이 들어서 그 자리에서 밥 그릇을 내던져두고 유지 어르신한테 달려갔다고 해. 어머니가 그 어르신한테 "가지맙서. 석방해서 나가버려십다. 어디가서 죽여버린 것 같수다"고 했어. 그 어르신은 그 돈을 갖다 주려고 신을 신고 있었을 때야. 그랬더니 그 유지 어르신이 주머니에서 돈봉투를 꺼내서 어머니한테 그냥 돌려줬어.

"아이고, 죽었구나. 다른 사람한테 꿔온 이 돈 돌려줘. 사람 죽었는데 이거 갖고 가서 무엇을 할 수 있겠나?" 유지 어르신이 어머니한테 그렇게 말했다고 하는 거라. 그 어른이 고마운 사람이지. 어머니는 그 돈을 받아서 빌려준 어르신한테 가져갔지.

아버지가 그때 갈중이 적삼을 입었었거든. 어머니와 함께 북촌 왔다가 함덕으로 가는데 큰 길가 밭에서 아버지가 엎어져서 죽은 것을 봤어. 우리가 길로 넘어오면서 보니까 굴헝밭이라. 지금 생각하면. 머리는 북쪽으로 해서 엎어져 있더라고. 지금 함덕주유소 있는 부근이야. 같이 있다가도 총 쏘아 죽여버리는 시절인데 어떻게 할 수가 없었어. 아버지와 함께 끌려간 사람들은 한꺼번에 죽지 않고 따로 죽었어. 여자들은 전날 먼저 죽고, 아버지는 다른 사람(문계진)과 함께 돌아가셨지. 여자 셋은 다 청춘이었어. 아기들도 나보지 않고 다 죽었으니 불쌍하지.

아버지 제사가 음력 섣달 스무날이야. 스무하룻날(1949년 1월 19일) 죽은 거지. 끌려가서 이틀 만에 돌아가신 거야. 이틀 동안 무슨 일이 있었는지는 몰라. 같이 끌려갔던 여자들은 참혹하게 죽었다고 해.

숙모와 7개월 된 조카의 죽음

(학살) 현장에서 총을 맞고도 살아난 할아버지는 음력 섣달 스무닷새(1949년 1월 22일)에 돌아가셨어. 장례 치를 때도 동네사람들이 오지 못해서 고모님 시아주방(시숙) 형제가 다섯에 딸 둘이 해서 일곱 오누이인데, 그분들이 장례를 치러줬어. 밤에 어른들이 가서 숨어서 장례를 치렀어. 셋고모 형제들이 많고 잘 사니까 당신네 밭에 가서 토롱했지. 북촌으로 돌아가 살게 된 뒤에야 공동묘지에 정식으로 안장했어. 우리는 어릴 때여서 따라가서 보기만 했지. 아버지가 돌아가셔서 묻어도 울 정신이 없었어. 나중에 북촌 온 다음

에 할아버지와 아버지를 나란히 묻었주. 이제야 "우리 어린 때 아버지 어머니가 돌아가셨구나"하지. 그때는 그런 정신이 없었어. 북촌 사람들은 다 정신이 나갔어. 우리 어머니만 그런 경험을 한 것이 아니어서 다 마찬가지였어.

작은 어머니는 생후 7개월 된 딸을 안고 함덕으로 갔는데, 어떻게 됐는지 집단수용소로 가게 됐어. 작은 어머니는 아기와 함께 그곳에 있다가 함덕 평사동 모살밭(모래밭)에서 음력 섣달 스무이렛날(1949년 1월 25일) 총살됐지. 그 아기는 일곱 달 만에 낳아서 '일곱달둥이', '일곱달둥이'하고 불렀었거든. 일곱 달만에 낳고 일곱 달만에 죽은 거지. 그 어린 게 무슨 죄가 있어? 너무나 불쌍하지.

비장한 식량 찾으러 북촌으로
땅속에 조짚 깔고 고구마 저장

함덕으로 소개된 뒤 북촌을 오갔어. 어머니는 북촌에 가서 먹을 거 지어오라고 하면, 와서 식량을 찾았어. 군인들이 북촌에 갔다 올 수 있도록 길을 터줬거든. 군인이 허가하지 않은 날 갔다가는 총 쏘아버려. 군인들이 집에 가서 먹던 거라도 갖고 오라고 하면 그때야 올 수 있었어. 비장한 감자라도 갖다가 먹으라는 거지.

그때는 땅을 파서 곡식을 비장했었거든. 어릴 때라도 보니 우리가 살만큼은 살았던 것 같아. 그때 우리는 '비장해라', '비장해라' 해도 비장하는 것이 뭔지 몰랐거든. 땅 파서 쌀 같은 것을 담은 항아리를 묻고 그 위에 흙을 덮어 다른 사람이 모르게 감추는 게 비장하는 거라. 겨울철이어서 그때는 감저나 고구마도 땅파서 묻었어. 그런 것들은 땅 속에 그냥 두면 썩으니까 조짚으로 만든 지지기(새끼를 꼬아 멍석처럼 만든 것)를 놓고 그 안에 저장해. 그러면 겨울 내내 그걸 꺼내서 쪄서 먹기도 했지. 셋고모네가 도와줘서 말 구르마(달구지)를 끌고 와서 비장해 놓은 식량을 가지러 왔었지.

북촌리 참상

　　　　　　소개된 다음 날 북촌에 먹을 거 가지러 오면서 당팟을 보니까 죽은 사람들이 부풀어 오른 채로 있었어. '쇠도 우리 집 앞이 히여뜩 허게 갈라졍 네발 위로 올령 죽어 있고'(소도 우리 집 앞에 정처없이 쓰러져서 네발을 위로 올린 채 죽어 있고), 사람도 죽은 것이 그렇게 처참허게 죽어서라. 그때는 사람들이 어디서 죽은 지 몰라서 찾아볼 엄두를 내지 못했기 때문에 밭에 그렇게 사람들이 죽은 채 있었던 거지.

　여덟 식구가 죽은 데는 멍석을 덮었는데 머리와 발이 다 나와 있었어. 멍석 하나에 네 명씩 덮어 있었는데 발을 덮으면 머리가 나오고, 머리를 덮으면 발이 나와 있었지. 그 밭을 넘어서 비장한 식량을 찾으러 온거야. 머리가 땅 쪽으로 엎어진 채 죽은 사람도 있고, 그렇게 처참하게 죽어있을 수가 없었어. 하지만 겁난다는 생각은 한 적이 없어. 사람 죽는 걸 보는 게 겁나지 않았어. 할아버지가 총을 맞아 헝겊으로 막는 걸 봐도 무서운 줄을 몰랐어.

사흘 다니고 받은 졸업장

　　　　　　함덕에 갈 때는 내가 6학년 때라. 내가 학교를 사흘 갔다오고 졸업장을 받았어. 함덕초등학교 6회 졸업. 그때 언니들이 시집가지 않을 때였거든. 언니네가 미역을 채취해 와서 가마니에 길이 1m 정도 되고 해서 한 낭 두 낭 해서 널어 말려. 열 낭(10개)을 한 곡지라고 하는데 그걸 세 곡지를 종이에 싸서 나에게 주면서 함덕초등학교 교장선생님한테 드리라고 했어. 선생님한테 갔더니 "아이고, 나 딸 착하다. 착하다" 하는 거라. 나는 졸업사진도 안 찍고 그냥 왔지. 졸업식날은 되니까 졸업장을 보내왔어. 그래서 나는 함덕 가서 학교 다녔다고 하지만, 딱 사흘 밖에 다니지 않았어. 우리 언니들이 함덕으로 소개돼 그 어려운 생활을 하는데도 내게 다른 것은 다 못해도 좋으니까 소학교 졸업장이라도 받으라고 했었어. 언니들이 학교 문턱을 다녀보지 못해서 너라도 하라고 해서, 그 어려운 시절이라도 그렇게 해서 졸업장을 받았지. 사흘 갔다왔어. 북촌학교에서는 명예졸업장도 받았으니까 두 군데서 졸업장을 받은 셈이네. 4·3사건이 없었으면 북촌에서 졸업할 거였지. 그 졸업장은 매미 바람(태풍·2003년 9월)으로 이 집(현 거주지)에 물에 들었을 때 버렸어.

친지들이 모여 산 함덕 고모댁
스물 넘는 친지들이 낭푼밥

고모님댁은 방이 3개였어. 고모님도 아들 형제가 있어서 우리는 청방(마루중방)에서도 자고, 방이나 정지(부엌)에서도 자곤 했지. 북촌리 친척이나 동네 어른들 스물댓 명, 설나믄 명이 함께 모여들었으니까 발뻗고 누울 정도가 아니었어. 다 모여들었으니까. 청방에 밥을 갖다놓으면 몇 명이 먹는지 알아? 그때는 밥상을 준비해서 먹을 수가 없었어. 방바닥에 내려놓고 밥은 '남도고리'라고, 나무로 만든 밥그릇에 밥을 해서 여러 사람이 먹었어. 그때는 보리쌀에 감저를 많이 넣어서 그걸 으깨서 먹을 때가 많았거든. 보리밥도 얼마 없었고, 좁쌀을 많이 넣어서 밥을 할 수 밖에 없었지. 지금 같은 찰좁쌀(차조)이 아니라 모인좁쌀(메조)을 넣어서 밥을 해. 그러면 밥 알갱이가 다 흩어져. 그래도 그 밥을 맛 좋다고, 부족할 것 같다고 하면서 먹었어. 된장국에 반찬은 자리젓이 전부야. 콩을 집마다 갈았으니 자기대로 삶아서 된장을 만들었지. 김치는 고추가 없어서 푸른 나물이야. 자르지도 않고 손에 들고 먹곤 했어. 국을 끓이지 않을 때는 된장에다 먹기도 했지.

"밥 조마불라"… 6살 형이 4살 동생에게 말했다

우리 사촌 동생들이 그때 6살, 4살이었어. 4살 짜리는 조금 어리다고 청방에 앉히고, 우리는 정지(부엌)에 앉아 밥을 여러 낭푼에 떠놓고 먹었어. 밥을 한창 먹는데 "아이고, 식구가 하노난 오늘도 밥은 족암직 허다"(식구가 많아서 오늘도 밥은 부족할 것 같다)는 말이 들려. 그러자 6살짜리가 4살짜리 동생한테 조용하게 귓속말로 속삭였어. "국더레 밥 제기 조마불라. 정지에서 밥 조그켄 헴쪄"(국에 밥을 빨리 말아버려. 부엌에서 밥이 부족할 것 같다고 해).

어머니는 죽고, 아버지는 행방불명되고 하니까 둘이 얻어먹어야 할 거니까 그렇게라도 한거야. 자기 동생한테 6살짜리가 그렇게 말한 것이 지금도 귀에서 떠나질 않아.

고모님댁에 살 때는 우리는 나무를 하러 다니지는 못하고 조짚을 가서 매고 와. 불을 때야 하니까 조짚을 매어서 흙을 털고 그걸 말려서 불을 삼고했어. 그때는 산에 나무하러 다니지 못할 때였거든. 어머니도 함덕 소개 갈 때는 나무하러 가지 못했어. 함덕 살 때는 성담 쌓으러 다녔는데, 북촌으로 돌아간 다음에도 성담을 쌓는데 나갔어.

테우 타고 다려도 물질

나는 어려서 배를 타지 못해서 어머니와 함께 걸어서 북촌 해안가까지 와서 미역을 채취했어. 그걸 등짐을 지고 다시 함덕까지 가서 널어 말려 팔면서 연명했어. 함덕에서 노 젓는 배나 테우를 타고 북촌이나 다려 쪽에서 물질하러 다녀야 했지. 그래서 언니들은 배를 타고 다려로 왔지. 그때 시국에도 함덕에 살면서 다려섬 와서 물에 들어 미역이라도 채취해야 먹을 수 있었거든.
　함덕에서 배가 여러 척 나가거든. 지금은 북촌 해녀들만 다려 물질 하지만 그때는 다려를 그냥 내버려서 함덕 사람들도 많이 왔어. 그러면 다섯 명도 타고 네 명도 타. 테우에는 네 명 밖에 못 타. 함덕에서는 "우리 배에는 탈 사람이 있으니까 다른 사람은 타지 못한다"고 해. 그러면 우리 고모님이 아는 사람한테 우리 언니들을 데리고 가서 가리키며, "이 성제는 꼭 데려강 물질허게 해 줍서"(이 형제는 꼭 데려가서 물질할 수 있도록 해주세요)고 부탁해서 언니들이 물질갈 수 있었어. 그렇게 채취해 온 미역을 널어 말려서 열 냥씩 한 곡지로 만들어서 짊어지고 성안(제주시)에도 팔러다니고 했어.

남편과 시아버지를 묻은 어머니

　　　　　　　어머니는 남편과 시아버지를 자기 손으로 묻고, 고생만 하시다가 돌아가셨지. 북촌으로 돌아와 집을 지은 뒤 아파서 일찍 돌아가셨어. 같이 앉았다가가 총으로 쏴 죽여 버리고 할 때니까 어머니는 슬픔에 잠겨서 울고불고 할 져를(틈)이 없었어.
　함덕에서 돌아온 뒤에 어머니가 집을 짓고 살다가 아팠어. 어느 날인가 먼 친척이 와서 어머니가 나쁜 병에 걸렸다며 데리고 갔지. 어머니를 모시고 갔는데 며칠 동안 소식이 없는 거야. '어머니가 어디 가셨지?' 하면서 궁금해 하던 차에 열흘 정도 지나서 오신 거라.
　어머니 말이 소록도라는 곳에 배 타고 갔었다는 거야. 거기가서 검사를 받았는데 아무 이상이 없었어. 거기서 하는 말이 "이곳에서 살려면 남편을 얻어 살라"고 했다는 거야. 그래서 어머니가 "자식들 놔두고 뭘하느냐" 해서 나왔다고 해. 제주도 여자들은 헤엄칠 줄 알잖아. 어머니가 소록도에서 육지로 헤엄쳐서 나왔어. 어머니도 해녀였으니까 헤엄을 잘 치지. 그래서 북촌에 돌아온 뒤 언니들 모두 시집가고, 나를 포함해 네 오누이와 함께 살다 아파서 돌아가셨어. 할아버지 아프고 자식들 조금이라도 먹여 살리려고 하다 보니 어머니도 병이 난 거주.

보초 서기

함덕에서 북촌으로 돌아온 다음에는 보초를 서기도 했어. 어머니네가 지은 집에 살 때부터 보초를 섰어. 동생은 보초를 서지 않았는데 나는 보초를 선거지. 동산집 짓기 전인데 "노랑개 온다", "검은개 온다" 할 때였어. 며칠에 한 번 섰는지는 기억나지 않아. 보초 서러 나오라고 하면 앉을 때 덮을 웃옷을 둘러매고 가서 밤을 새고 돌아와.

그때는 추울 때니까. 나뭇가지를 두세 개 갖고 가서 보초막 가운데 만들어 놓은 화덕에 불을 사르고 앉아서 불을 쬐었지. 검질(김)이 없으면 조 베어나면 밑에 남아있는 조 크루(조 밑둥)를 매다가 불을 지피기도 했어. 어떤 때는 밤에 여기(현 주거지) 폭낭(팽나무) 아래 가서 서기도 했어. 나중에 경찰이 한질(일주도로)에 와서 초소를 만들고 살았거든. 그때부터는 경찰이 우리 보초 서는 걸 감시하는 거라. 어느 날엔가 밤에 와서 누워있으니까 헌 옷 입은 경찰이 "산에서 왔다. 일어나. 일어나"해. 그때 우리와 같이 보초 섰던 아이들 가운데 조금 잠이 덜 깬 아이가 있었어. 그 아이가 누워자다가 말소리에 벌떡 일어나보니 헌 갈옷 입고 온 사람이 나타나서 "산에서 왔다"고 하니까, "아이고게, 우리 어멍넨 이디 어성 다 산에 올라가비어수다"(아이고, 우리 어머니 식구들은 여기 없고, 다 산에 올라갔어요)고 말했어. 그랬더니 그 순경이 "우스개로 한 것이니 없던 일로 하라"고 했어. 그 사람이 육지 사람이라도 제주와서 함덕에 장가들어 살고 있었거든. 그래서 봐준거라. 보초는 그래도 몇 년은 섰어.

모두가 모여든 동산집

어머니와 북촌으로 돌아와 집을 짓고 살다가 우리 네 오누이는 여러 가지 사정으로 작은아버지가 살았던 집터에 가서 막살이집을 짓고 살았어. 어머니와 사는 게 여의치 않아서 우리는 따로 동산집 지어서 살았지. 동산에 있다고 동산집이라고 하는데, 긴호미로 나무를 베어다 놓고 조그마한 방 하나 정도 크기에 돌을 쌓고 흙을 끼워넣는 식으로 해서 만들었어. 비만 새지 않도록 하고 새를 비어다가 덮었지. 아무것도 없이 살았어. 부엌이나 방도 없이 한 칸으로 지었거든. 구들(방)이라고 한 데는 납작돌을 깔아서 구들목(방바닥)을 만들었어. 바닥에는 덕석(멍석)이라고 그걸 깔거나 맨땅에 조짚을 가져다가 지지기(새끼처럼 꼬아 멍석처럼 만드는 일)를 해서 그걸 깔아. 노람지식으로 만드는데 그걸 깔았지. 덮는 이불이라고 해야 뭐 있겠어? 나중에는 구호물자라고 미국사람들이 와서 담요 주고 밀가루도 주면 밀가루에다 범벅해서 먹었지.

부엌과 방 사이에 문도 없었어. 부엌이라고 해봐야 솥단지 하나 앉혀서 불을 떼면서 살았지. 지붕은 한 해에 한 번 일지는 않고, 두 해에 한 번은 새를 베어와서 덮었지.

어머니한테 밥을 많이 드리지는 못해도 굶지 않을 정도로, 우리가 범벅해서 먹으면 범벅을, 좁쌀밥 해서 먹으면 좁쌀밥을 조금 해다가 드렸어. 어머니는 아파서 제대로 움직일 수가 없어서 내가 밥 한 숟가락 하면 갖다 드리고, 내가 굶으면 같이 굶고 했어. 그러다가 아파서 돌아가셨지.

처음에는 동산집에 나하고 세 살 아래 여동생, 그리고 남동생 둘이 함께 살았어. 우리만 산 게 아니고 친척이나 동네 어른들도 와서 조금씩 살고 해서 처음에는 모두 아홉 명이 살았어. 먼 친척뻘 혼자된 할아버지는 와서 어떤 날은 같이 밥 먹고, 어떤 날은 남의 집 일을 해서 얻어먹고 하는데, 우리 사는 곳이 방이라도 조금 누웠다가 가겠다며 살았지.

보초 서다가도 집에 모여들어
아이들은 배뜰락… 어른들은 화투놀이

그 사람들만 있는 게 아니야. 그때 동산집 바로 옆에는 보초막이 있었어. 대여섯 명이 한 조야. 산에서 내려오지 못하게 보초 서는 곳인데 보초 서러 오는 동네 사람들이 보초막에 살지 않고 우리 집에 와서 놀아. 보초막은 아래 자그맣게 눌을 울어 노람지를 두른 것처럼 둥그렇게 만들고, 위에는 초소가 있어. 거기서 망보다가 사람이 오는 것 닮다고 하면 끈으로 달아맨 종을 잡아당겨. 초소 아래도 사람 살게 만들었지. 대여섯 명 정도는 누울 수 있게 돼 있고, 가운데는 불을 지피고 만들었어. 그러면 이불가지나 웃옷을 입고 가서 그 불에 의지해서 날이 밝도록 거기 있는 거지. 보초 서는 날은 돌아가면서 마을 사람들이 다 그렇게 했어. 보초를 서려고 둘이 초소에 올라가면 아래 앉은 사람들은 우리 집에 놀러와. 바로 옆이니까. 동산집과 보초막 사이에는 돗통시(돼지를 키우는 뒷간)가 있었어. 새끼 돼지를 시장에서 사다가 길렀어.

그러다가 형부가 이발사인데 인천 가서 살게 되니까 남동생한테 기술이라도 배워주려고 데려가고, 막내 남동생은 목포에 갔어. 사촌형제들은 커가니까 다른 데로 갔지. 그래서 동산집에는 바로 밑 여동생하고 나만 살게 됐어. 내가 동생 시집보내고 나서, 내가 시집갈 때까지 살았으니까 5~6년은 넘게 살았어.

동산집이 가름(마을 어귀)에 있고 하니까 물에 가지 않는 날이나 비 오는 날에는 친구들로 막 담아져. 그 막살이에 동네 아이들도 놀러오곤 했어. 어머니가 돌아가신 다음에는 친구들도 더 있었지. 그 집 마당에서 팔방놀이도 하곤 했어. 배뜰락(줄넘기)도 하고, 곱을락(숨바꼭질)도 하고, 새각시풀 캐다가 낭깽이(나무막대)에 졸라매고 머리 땋고 그런 놀이도 했지. 보초 서래 오는 동네 어른들은 우리집에 놀러오면 화투도 쳤어. 그때 처음 화투치기를 배울 때야. 돈을 놓고 치는 것은 아니고 옷 벗기하면서 쳤어. 옷 많이 입고 간 사람은 그 옷을 벗어가면서 양말까지 다 벗고 나면 팬티만 입고 치기도 했어. 그러면 주변에 있는 사람들이 많이 웃었지. 그렇게 살아도 그렇게 노는 날도 있고 밭에 가서 일하는 날도 있는거지.

그때는 놀러오면 감자나 고구마를 쪄서 내놓아. 고구마를 쪄서 내놓으면 조그마한 거 하나라도 서로 나눠서 먹고 했지.

동산집에 살 때는 조나 보리를 갈러 연자방아를 굴리기도 했어. 북촌에도 한 동네에 두어 개씩 연장방아가 여러 개 있었거든. 말 있는 사람은 말 앞에 놓아서 곡식을 갈지만 말이 없는 사람은 사람 손으로 굴려야 했어. 여러 사람이 한꺼번에 힘을 써야 영자방아가 굴러. 댓 명이 연자방아를 밀려야 하니까 자기 식구만은 못해서 사람들이 같이 수눌어서 해. 남자들도 같이 갈아 줘. 조나 산듸, 보리 같은 걸 갈았는데 보리는 물에 적셔서 갈았어. 연자방아도 불에 탄 다음에는 방애톡(돌방아)에 빻아서 먹기도 했지. 미리 누가 연자방아를 사용할지 차례를 알아. 누구네 다음은 우리 갈 거, 다음은 어느 집에서 조나 보리 놔두고 갔다고 해서 차례대로 갈았어. 그래도 서로 싸우지도 않고 어떻게 서로 알고 갈아먹었어.

바짓가랑이엔 보리쌀과 좁쌀… 이모부의 도움

어머니가 돌아가시고 언니 둘도 시집가 버리자 내가 내 밑에 세 오누이 어머니 노릇을 하면서 살게 됐지. 먹을 것이 없어서 우선은 먹고 살 궁리만 했지, 돈을 벌 생각은 아예 하지도 못했어. 동복에 우리 이모님 부부가 사셨는데 집에 먹을 게 떨어지면 이모님댁까지 걸어서 가곤 했어. 우리 이모부네가 소를 키워서 잘사는 편이었어. 어머니가 돌아가셔서 의지할 곳 없으니까 이모님댁에 가는 거야. 이모님네는 잘 살아도 이모님이 이모부님 눈치를 봐. 우리 이모님 얼굴에 걱정이 가득이었어. 남편이 뭐라고 할까봐 말이야.

나는 가기 전에 동생한테 "꿩동산까지 나와 기다리고 있으면 내가 갖고 오는 쌀을 나눠지고 오자"고 하지. 북촌과 동복 사이에 꿩동산이라는 곳이 있었거든.

내가 가면 이모부가 왜 왔는지 눈치를 채. '쌀 떨어져 왔구나' 하고 생각하는 이모부가 나보고 오라고 해. 그때는 자루 같은 것이 없어서 갈중이 바지를 갖고 갔어. 바지 아래쪽을 졸라매면 자루 대신에 쓸 수 있거든. 그럼 이모부가 보리쌀을 놓아둔 항아리에 가서 솔박(나무를 파내어 만든 되)에 담아서 갈중이 바지 한쪽에는 보리쌀을 담고, 한쪽에는 좁쌀을 담아주면 그걸 등에 지고 오다가 꿩동산에서 기다리던 동생한테 나눠줘서 함께 지고 왔지. 먹을게 없었지만 이모님네 집에서 갖고온 양식으로 동산집에 사는 사람들이 적게라도 나눠 먹었어. 그 식량이 다 떨어지면 또 가곤 했지. 또 톳을 캐 오는 날이면 그것을 삶아서 톳밥도 만들어 먹고 했지.

동산집에서 밥 먹을 때는 나도 밥을 짓고, 내 밑에 여동생도 밥을 지었어. 놀러온 아이들도 같이 불을 삶기도 해서 밥이 되면 낭푼에 떠놔. 그러면 어떤 날은 밥을 해서 같이 먹기도 하고, 우리대로 장을 담아서 장국에 미역이나 나물을 넣고 끓여 먹었지. 같이 사는 사람들이 식량을 가져올 정도가 됐으면 같이 살지를 않아.

고사리 땔감

동산집에 살 때는 음력 추석 명절을 전후해서 고사리를 베러 다녔어. 선흘리 아래 쪽이 북촌리 산전이거든. 북촌은 산전이 좋아. 고사리 이파리 넙적한 것을 호미로 베다가 그걸 말려 한 움큼씩 묶어서 땔감으로 사용했어. 자기 캐(밭)에 돌담으로 쌓은 사람은 다행히도 자기 캐에서 말려 놓았다가 사용하지만, 우리는 동네 어른들 캐 옆에서 조금씩 끊어다가 지게에 져서 왔어. 나무를 해오는 건 못하게 해도 고사리를 베는 건 자기 캐 안에서 해도 그렇게 싸우지는 않았지. 나는 여동생하고만 다녔어. 고사리 벨 때는 말할 틈이 없어. 한 짐 빨리 만드는게 목적이지. 새는 지붕을 올려야 하는데 쓰니까 땔감으로 못쓰고 고사리를 그렇게 말려서 땔감으로 사용하려고 고사리 베려 가면 하루 종일 일했어. 고사리는 오늘 가서 베면 그 자리에서 널어 말린 뒤에 2~3일이 지난 뒤에 가서 짊어져서 오주. 그걸로 겨울 땔감을 해야 하니까 부지런하게 가져와야 돼. 그러면 한두 눌을 만든 다음에 노람지를 덮어서 비 들지 않게 했다가, 그걸 빼면서 말똥에 불 붙여서 구들목에 불을 땠어.

대를 이은 해녀… 물질 밖에 없었다

우리 어머니도 물질하고, 언니들도 물질했지. 할머니 윗대는 모르겠지만 우리 할머니도 해녀였고, 어머니도 해녀였고, 나도 해녀, 우리 딸도 해녀였어. 밭농사라고 해봐야 조나 콩, 보리 정도 밖에 하지 않았으니까 다들 물질했지. 7, 8살만 되면 물통에서도 물질 배우고, 바다에서도 물질 배워. 어머니가 해녀였지만 누가 가르쳐주지 않아도 자기 스스로 배우게 돼. 여기는 해안가가 좋아서 물에서 헤엄만 칠 줄 알면 물질은 배울 수 있어.

북촌 포구에 주민들이 식수로 쓰는 먹는 물통이 있어. 들물이 되면 그 물이 올라와. 바닷물이 들어오니까 짜서 못 먹게 되지. 그러면 우리가 그곳에서 헤엄치는 법을 배우는 거야. 나는 열세 살 때부터 물질했는데, 주로 미역을 채취했어.

언니들도 물질을 잘했어. 예전에 아버지가 살아계실 때는 테우 타고 다려도 가서 물질을 했어. 아침 일찍 일어나서 조반(아침식사)을 먹고 가서 하는 물질을 '안물'이라고 하는데, 일찍 갔다가 들어와서 미역을 넣어 말려. 물때가 안물 됐다고 하거든. 또 저녁에 가는 물은 '전물', '저문 물'이라고 해.

해안가에 있는 미역을 채취해서 오면 그걸 오후에는 널어서 말려. 뒷날 말릴 때도 있고. 미역 채취하는 것을 '조문'이라고 하는데 북촌 앞바다 다려도에 미역 조문하러 갈 때는 배를 타거나 테우를 타고 가. 남의 배를 타게 되면 미역으로 배삯을 내거나 돈으로 줘야 해. 많이 채취하면 조금 더 내고, 남보다 덜 채취하면 조금 덜 내곤 했지.

속곳 하나 입고 물에 들다
가슴에 고운 꽃 피어

지금은 고무옷 입고 하니까 겨울에 물질 해도 춥지 않지만 옛날은 소중이 속곳 하나 달랑 입고, 수건 머리에 처매고, 알이 두 개 있는 물안경 '족쇄눈'이라고 하는데 그걸 쓰고 했어. 우리 물질 배울 땐 그렇게 입고 했지. 우리가 큰 다음에야 물적삼도 나왔지, 예전에 없었거든. 도두 마찬가지니까 웃옷을 안 입어도 창피한 줄을 몰라. 물질을 간다는 걸 '물에 들레 간다'고 했거든. 물에 들레 갈 때는 구덕(바구니)에 검질을 갖고 가. 그건 물질을 하다가 나와서 불을 쬘 때 쓰려고 하는 것이지. 그러면 누구는 "많이 가져왔다", "적게 가져왔다"고 해. 추울 때 물질하다가 나오면 불을 쬐여야 돼. 그러면 불턱에 모여앉아 갖고 온 검질로 불을 조금 쬐면 다시 바다로 들어가. 나무를 갖고 가는 사람들은 없어. 집 땔감도 없는 모자라는 시대였거든.

불턱이 여러 개야. 불턱도 상군 중군을 가려. 나이로 가리지 않고 잘하는 사람은 잘하는 사람끼리, 못하는 사람은 못하는 사람끼리, 그러면 열 명도 모여 앉고, 열서너이도 모여 앉고 해.

속곳 하나만 입고 물질 하다가 불 쬐러 불턱에 모여 앉으면 추운 곳에서 물질 하니까 다리도 벌겋고 가슴도 벌겋게 변해. 그러면 우리끼리 가슴을 보면서 "꽃 피었져" "곱다"고 웃어. 그런데 아무리 추워도 동상은 걸려본 적이 없어.

불턱에서는 4·3사건 일어난 때라도 4·3사건 이야기는 그다지 하지 않았던 것 같아. 서로가 다 같은 일을 당했고, 슬픈 일인데 말해서 뭣해. 불 쬐면서 채취한 미역이나 소라를 구워 먼저 먹으려고 장난했던 적도 있고, 그냥 집에서 있었던 이야기나 우스갯소리 했어. 물질 할 때는 아침에 일어나서 물때 돼서 나가면 어두워야 오곤 했지.

해녀는 상군, 중군, 하군 하는데 나도 상군 측에 들어가. 중군에도 있었지만 남들한테 시달리는 소리를 들어보지는 않았어.

북촌에서 물질 할 때도 노래를 부르곤 했지. 돌고래가 '쒸익 쒸익'하면서 옆으로 지나가는 소리도 들려. 물에 들어도 돌고래는 괜찮아. 서모(서우봉) 아래로 지나가거든.

육지 가도 미역 채취하는 데도 갔었고, 해삼이나 성게 채취하는 데도 갔었는데, 남들보다 (채취하는 게) 떨어지지는 않았어. 미역을 많이 채취할 때는 100냥도 하고, 150냥도 했었어. 많을 때는 200냥도 했었지. 그래도 전복 딸 때가 가장 좋아. 한 근짜리면 600그램인데 한 근짜리도 땄었고.

예전에는 구쟁이(소라)도 판로가 별로 없었고, 미역만 했어. 새벽에 동트면 짊어지고 남들을 따라 나서 성안에서 열리는 장에 가. 어딘지도 잘 몰라. 따라

다니기만 했으니까. 그저 다른 사람들 가가면 나도 따라가서 팔았어. 미역을 말리려고 널었다가 장이 돌아오면 친구들하고 지게에 지그 팔러 가는데, 몇시라고도 얘기 안해. 그냥 "동트걸랑 성안 시장에 강 오게이"(날이 밝으면 제주시 시장에 갔다오자)라고 해서 같이 갔지. 그때는 조천장도 있고, 김녕장도 있었지만 김녕장은 미역이 많이 나는 곳이니까 먹어주질 않고, 조천장이나 시에 장이니 짊어져서 갔지.

어떤 때는 한꺼번에 넘겨서 쉽게 팔고 오는데, 어떤 때는 나중에 가면 낭으로 팔아서 시간이 오래 걸려. 그걸 팔아야 쌀 한 되라도 받고 와서 연명할 수 있는 거야. 미역은 성안에 강 팔 때는 한낭에 15원도 하고, 30원도 했던 것 같아. 그때가 내가 17살 때쯤이야. 우린 물질해서 버니까 시장에 가서 쌀을 받아다 먹었지 파래밥이나 물웃밥은 먹지 않았어. 어떤 때는 팔지 못하면 물건과 바꿔오기도 했지.

눈물은 바다가 되고… 출가물질

울산 몇 년, 강원도 삼척 부남이라는 동네도 갔었어. 거제도나 전남 여수의 섬에도 간 적이 있지. 18, 19살 때 울산 능포라는데 첫 물질 나갔어. 그때는 제주에서 부산 가는 이리호, 평택호가 있을 때라. 시집 가기 전에는 그 배 타고 울산에 두 해 갔다왔어. 결혼하기 전에 육지는 세 번 물질 다녀왔지. 음력 3월에 가면 추석 전에 돌아와. 거기 가면 전주라고 우리를 모집해 간 사람이 미리 서너 명씩 살 수 있도록 방을 마련해놔. 전주가 "여긴 누구네 살라"하면, 그 방에 몇 달씩 살지. 여기서 쌀을 갖고 가서 밥을 해 먹었어. 고향에 아기들 놔두고 온 사람들은 아기들 이야기하고, 우리처럼 처녀들은 돈 벌어서 시집 갈 밑천 만들고, 날씨가 나빠 물질 가지 않을 때는 뜨개질을 해서 옷을 만들었지. 처음 물질 갈 때는 동네 사람들도 많이 갔어. 북촌에서라도 다른 사람들처럼 어머니하고 풍요롭게 살아났으면 어머니 생각이라도 할 텐데, 나는 어머니를 그리워할 정도로 여유가 없었어. 그렇게 살다보니 여동생 시집보낸 뒤에야 시집가게 됐지.

우리는 기계배로 다닐 때는 갔다 오지 않았어. 육지 물질 가면 돈이 돼. 여기서는 미역 채취하면 며칠 있다가 말려 팔아서 먹으면 그만이지만 육지 가면 돈을 모을 수가 있거든. 전주가 모집해서 가. 그러면 동네 해녀들이 몇 명씩 같이 가게 돼. 강원도 갈 때는 결혼한 다음에 나이 든 삼촌들과 함께 15명 정도가 한꺼번에 가기도 했어. 보통 연락선으로 가지만, 그때는 개인 배가 바로 여기 다려목에 대어서 쌀을 싣고 갔었어. 육지 가면 집을 빌어서 두세 명이 한 방에 살면서 가지고 간 쌀로 밥 해먹으면서 물질해. 그러니까 돈이 되는 거지.

육지서 물질 할 때는 노래도 불러. 누가 가르쳐주지도 않지만 자연스럽게 노래를 알게 돼.

"이어싸나 이어도사나 이어도사나 / 요 넬 젓엉 어딜가리 / 진도바당 한골로 가세 / 한착 손엔 테왁 심고 한착 손엔 빗창 심어 한 질 두 질 들어가 보난 저 성도가 분명허다 / 이어도사나 쳐라 쳐라 / 한 목 지엉 어서나 가자 / 이어도사나 / 우리 어멍 날 날 적에 가시나무 몽고지에 / 손에 괭이 배길려고 날 낳던가 / 이어도사나 힛 / 쳐라 쳐라 한 적 젓엉 앞을 사자 이어도사나 가민 가고 말면 말지 초신을 신고 시집을 가리 힛"

육지 갈 때는 배가 먼바다로 나가려고 하면 '우리 배가 잘 간다', '너네 배가 잘 간다' 하면서 시합해. 그러면 자연스럽게 노래를 부르면서 힘을 나게 하지.

보통 음력 3월에 가면 8월 명절(추석) 전에 와야 돼. 나도 21살에 결혼해서 아들 하나, 딸 둘 해서 서 오누이 어릴 때 여기 놔두고 하삼, 성게 채취하러 육지 물질 갔었지. 육지 갈 때는 노래 중에 "언제면 동동 8월 돌아오리" 하는 노래가 있어. 그 노래가 나오면 같이 간 해녀들이 모두 울어. 남편 생각은 안나는데 아기들 떼어두고 물질 가면 아기들 생각만 나. 서 오누이를 남편에게 맡기고 갔는데 아기들이 눈에 어른거려서 도저히 물질을 못할 것 같았어.

바람 센 날은 밭에 가서 일하고, 물질 때가 되면 물에 들고, 그렇게 살았어. 지금도 마찬가지야. 북촌에서 여자로 나면 물 질 안 한 사람이 없어. 물질이 북촌을 먹여 살린거지. 북촌리 여자들은 물질하다가 조팟(조밭)에 가서 검질 매고 하면서 다리가 다 휘어졌어. 이 마을을 지켜온 사람들이 여자들이야.

지금은 나만큼 잘사는 사람 없어
먹고 사는 게 급선무… 돈 벌 생각도 못해

이 집(현 주거지)도 함덕에서 돌아온 다음에 전부 불타버리니까 그때 지은 집이라. 우리가 사서 왔지만, 처음에는 초가집으로 지었다가 쓰레트(슬레이트) 덮은 집이야. 결혼하면서 동산집에서 나오니까 동산집은 폐가가 돼버렸지. 지금도 그곳엔 아무것도 없어.

나는 21살에 시집갔는데, 그때는 22살을 넘기면 막 늦었다고 할 때야. 동생들 다 키워두고 시집가려고 하니 아무것도 없는 집에 시집갔어. 나보다 한 살 위 남편은 얼굴도 좋고 한 사람이지만, 어릴 때는 우리 집에 와서 검질 메고 식량을 얻어갈 정도로 어려웠던 집이야. 아무것도 없는 사람이야. 그래서 남의 집에 오래 살았어. 먹고 사는 게 급해서 돈 벌 생각도 못했주.

북촌은 음력 열아흐렛날 불에 타니까 열여드렛날 식게(제사)가 많아. 그 다음에 스무날, 스무하룻날 줄줄이 있어. 산에 가서 죽은 사람이고, 여기서 잡혀서 죽은 사람이고 한날에 죽질 않고 계속 죽었으니까. 식게 때는 밀가루 갈아서 상애떡을 만들어. 그러면 식게 먹으러 가려고 하면 낭푼에 그걸 놓아서 그 집에 갖고 가. 그러면 그 집에서는 반(잔치나 제사를 지낸 뒤 이웃에 나눠주려고 자그마한 그릇에 담아주는 음식)이라도 해서 주곤 했지.

시집가서는 1남 2녀를 낳았는데 큰 딸이 열댓살 되니 나하고 같이 물질했어. 우리 딸들 때문에 내가 살 수 있었지. 나를 잘못 만나서 공부는 많이 시키지 못했지만 물질은 잘했어. 우리 딸은 다려섬에 가서 물질하고, 난 해안가에서 물질하는데 둘 다 상군이라. 이 집도 딸이 주고 시집갔지. 물 깊은데 가면 귀가 아파. 물질을 오래 하니까 귀를 막은 것 같아. 물질은 84살 되는 재작년(2017년)에 그만뒀어.

4·3사건 때 사람들이 죽는 건 다른 사람들도 마찬가지, 남들도 하는 일이야. 돈이 없어서 아이들 큰 공부 시키지 못한 것이 이제도 마음이 아파.

지금은 증손자까지 봤지. 손주, 증손자 볼 때가 살아오면서 가장 기쁜 일이야. 이제는 나, 큰 부자라. 이제 사는 건, 나만큼 편안하게 잘 사는 사람 없듯이 살고 있어.

(구술채록·정리_허호준)

아기 낳고 스무날 만에 끓여 먹은 자리국

채계추

_1927년 생. 4·3 당시 구좌면 송당리 가시남동 거주

가시남동에서 알송당으로 시집갔지

이름은 채계추, 1927년생, 호적엔 28년생으로 되어 있는데, 실제로는 올해 내가 아흔세 살이 됐어. 고향은 송당이고. 송당은 송당인데 가시남동이라고, 조금 동쪽으로 떨어진 마을이었어. 송당 가시남동에서 태어나 살다가 알송당으로 시집을 온 거지. 나 스무 살에. 지금 살고 있는 여기는 알송당 동동네가 될 거야. 지금이야 전부 송당이라고 하지만, 옛날에는 가시남동, 너븐밭, 알송당, 웃송당, 장터드랭이, 다 자기 마을 이름으로 불렀거든. 장터드랭이는 장터라고도 하고, 드랭이라고도 했는데, 거기가 장기동, 이승만 대통령 때 (송당)목장 한 데야. 옛날엔 장터드랭이 사람들도 다 송당에 역할을 해서 회의 보러 오고 다 했었어. 그땐 너븐밭이여 가시남동이여, 장터드랭이 모두 합쳐도 송당이 200호가 안됐었지.

친정은 소섬, 송당 검은오름에 터 잡아

송당엔 채씨가 많지 않아. 원래 친정은 소섬, 우도였거든. 옛날에 우리 큰할아버지의 아버지가 우도에 살다가 여기 가시남동으로 와서 터를 잡은 거지. 큰할아버지의 아버지가 성읍 정의현에서 일을 했었어. 원님살이를 하면서 매일같이 우도에서 성산으로 배를 타고 나들다가 오꼿 바당에서 손주 하나를 잃어분 거야. 바닷물에 손주가 빠져서 죽어버리니까, "이놈의 소섬, 사람 살데 아니여!" 하면서 큰할아버지네는 그 길로 우도를 나와 버렸다고 해. 하지만 집도 절도 없이 갈 곳이 없잖아. 그때 정의현 원님이 저 높은오름, 검은오름을 큰할아버지 명의로 줴어줭(옮겨주면서), 산터(값)도 받아먹고 농사도 지어먹으면서 살라고 해줬다는 거야. 그렇게 해서 우리 친정이 우도에서 송당 가시남동으로 오게 된 거지.

떡 한 차롱, 돗 다리 하나, 술 한 병이 산터 값

송당 검은오름을 우리 할아버지가 물려받았어. 셋할아버지는 아들 없이 돌아가셔부니까, 우리 할아버지가 셋할아버지네 양자로 갔거든. 아이고, 이때 같으면 오죽 돈을 많이 벌거라? 그런데 나 처녀 때 생각해 보면, 사람들이 할아버지 밭에 와서, 할아버지 명의로 된 산에 와서 그냥 산을 썼어. 떡 한 차롱에 돗(돼지) 다리 하나 놓고 술 한 펭(한 병) 지어다 놓고, 산을 쓰는 거라. 그러면 그 떡 한 차롱, 돗 다리 하나, 술 한 펭이 산터 값이야. 그냥 그것만 먹었어. 이제 같으면 산 하나만 좋은 곳에 써도 3백만 원이여, 4백만 원이여 받는다고 하는데, 그때는 떡 한 차롱, 돗 다리 하나, 술 한 펭 받아 먹고, 오름에 그 많은 산을 모두 쓰게 해준 거라.

아버지, 밭 볼리러 가다 작은어머니 만나

우리가 10남매야. 어머니는 구좌 평대 사람인데, 평양 강씨. 어머니가 7남매, 아들 넷에 딸 셋을 낳고, 작은어머니가 아들 3형제를 낳았어. 아버지)는 공부는 많이 못해도 막 얼굴도 좋아나고, 할아버지들이 정의현에서 일해 난 위세로 돈 없이도 팔도강산, 이 조선팔도를 모두 돌아다녔다고 해. 그러면서 작은어머니를 막 여러 명 장만했는데 불행인지 다행인지 아기가 없었어. 그런데 마지막에 장만한 작은어머니가 아들 3형제를 낳은 거야. 작은어머니는 원래 구좌 한동 출신인데 세화로 시집온 고칩(고씨 집안) 며느리였어. 거긴 더럭 고칩이라고 불러. 본 남편은 죽어버리고, 본 남편의 아들, 딸 오누이는 일본으로 가버리고, 혼자 사는 홀어멍이었어.

옛날에는 송당에서 물(말)을 키웠잖아. 농사를 지으려면 말로 밭을 볼려야 되는데 말이 없는 사람들은 남의 말을 빌려서라도 밭을 볼려야 조나 메밀을 지어먹었어. 밭을 볼린다는 거는 씨를 뿌리고 난 뒤에 땅에 씨앗을 잘 정착시키려고 소나 말을 이용해서 밭을 밟아주는 걸 말해. 우리는 말이 있었으니까, 아버지나 큰아버지가 물 무시(말테우리) 해서 남의 밭을 볼리러 다녔어. 밭을 볼려주면, 돈도 주고, 고기도 주고, 술도 주고, 막 대우가 좋았거든. 아버지가 세화에 밭을 볼리러 갔다가, 작은어머니를 만난 거야. 작은어머니하고 아버지가 눈이 맞아부런. 하룻밤을 보냈는데, 오꼿 아들 하나가 생겨분 거 아니? 이젠 더럭 고칩에서 우리보고 작은어머니를 맡아 가랜 한 거라. 어떵헐거라? 우리 아버지 아들을 낳아부러 신디. 결국 어머니가 가서 작은어머니를 데려왔어. 작은어머니가 송당에 올라와서 아들 둘을 더 낳아서, 지금 우리가 10남매야.

작은어머니는 집은 따로 살았지만, 한 골목에 살았거든. 농사도 같이 짓고, 초가집 지붕을 새로 얹게 되면 새도 같이 베어오고, 마소 먹일 촐 묶으러도 같이 가고 그렇게 살았어. 마당질도 같이하고, 메밀 농사도 같이 짓고, 몽땅 같이 일하면서 살았주. 한 집이나 마찬가지였어. 어머니는 옛날 그렇게 어려운 시절에도 어디 고견(조문) 갔다가 떡을 받아 오면, 작은어머니네 아기들까지 모두 오라고 해서 요만씩 요만씩 몽땅 쪼개서 나눠주고...

검질 불치 모아놓는 것이 메밀농사 시작

옛날은 부엌에 돌 세 개 놓고 그 위에 솥을 앉혔어. 솥을 앉히면 낭(나무)으로도 하지 않고 검질(김)로 불을 지폈어. 김으로 불을 사른 다음에는 불껭(재)을 많이 모아둬야 모멀(메밀)을 깔아. 돌로 조그맣게 담을 쌓아서 막아놓고 거기에 불치(재)를 갖다 놓는 거라. 불치를 가득 모아놓고 밭에 메밀을 깔 차례가 되면 재에 모멀씨(메밀씨)를 섞어. 지금은 비료를 뿌리지만, 그때는 손으로 집어서 넣었어. 꼭 모내기 모 심는 것처럼. 그땐 잘 하는 사람은 하루에 메밀씨 서말지기를 집어 넣는다고 했어. 손으로 하나씩 하나씩 집어서 넣어야 하니까 메밀밭 걸름(거름)도 황당한 사람은 집어넣지 못해. 곧게 서서 '착착착착 착착착착' 여덟 고랑씩 심어. 네모 반듯하게 해야 돼. 그렇게 하고 있으면 거름 나르는 사람은 메밀씨 집어넣은 거 보면서 구석에 거름을 날라와서 비워주고 했지. 그때는 무슨 구르마(달구지)가 있어? 산듸(밭벼) 짚으로 짠 멕에 재를 가득 담고 짊어지고 온 다음에 소에 싣고 메밀밭에 가서 퍼두고 오기를 몇 번씩 해야 돼. 그러면 끄서귀(섬피/밭이랑을 고르는 데 쓰는 농기구)를 쓰는 사람은 나뭇가지를 모아 소에 싣거나 직접 짊어지고 와서 그것으로 메밀씨를 덮어주는 거라. 골고루 덮어줘야 씨가 자리를 잘 잡아. 그래서 우리 메밀 갈 때는 땀이 쫠쫠 나고 지치고, 막 힘들었주.

모자 대신 고사리 쓰고 김을 맸지

그리고 산듸를 갈아. 송당 산듸는 '가마귀 산듸'(까마귀 밭벼)라고 했주. 검은 산듸. 까마귀 밭벼를 갈면 재환지(검질, 김)가 가득했어. 이제는 검질약(비료) 있으니까 하겠지만, 옛날에는 검질이 가득하면 아무리 해도 하루에 한 판을 다 못 맸어.

　아이고, 패랭이는 있는 줄 알아? 집에 사람이라도 있으면 보리짚 대를 이렇게 조금 훑어 놓았다가 비라도 와서 밭에 일을 못가는 날이면 그걸로 패랭이를 짜는 거라. 집에 식구가 없는 사람들은 그것도 만들지를 못했지. 돈 있는 사람은 미녕(무명)으로 수건 만들어서 머리에 쓰고 일했지만, 우리 닮은 사람들은 무명 한 자 겨우 끊어다가 그거 벌려서 머리에 두르는 거라. 그래놓고 밭에 가면 샌 고사리가 있잖아? 새순거리 고사리를 꺾어다가 3개씩 묶어서 머리에 톡 쓰는 거라. 고사리 톡 쓴 다음에 무명 수건 두르면 그늘지잖아. 그렇게 얼마동안 김을 매어가면 그 고사리가 바삭하게 말라버리지. 그러면 말라분 고사리는 빼어둔 다음에 다시 새 고사리를 가져다가 산도록하게(시원하게) 머리에 쓰고 김을 매면서 살았주.

　아이고, 양말은 있을 거라? 초신 신고 했어. 왜정 시대에 초신 신어난거 생각하면, 가시에 찔리고 피가 찰찰 났었어. 그런 초신도 그렇게 많이 닳도록 신을 수가 있었겠어? 맨발에 김을 맸주, 맨발에! 그렇게 농사지은 거 공출로 다 빼앗겨버렸어. 공출 바치라 하면서 다 가져가버리면, 남은 걸로 겨우겨우 먹고 살았주.

열댓 살부터 요망지게 선소리 했지

　　　　　　우리도 벤밧(물이 흘러들어 기름진 밭)에서 김을 매는데, 밭이 크니까 접꾼(일꾼)을 한 여나문도 빌리고 열댓도 빌리고, 어떨 때는 스물도 빌리고 했어. 말젯(세째) 오빠가 일꾼을 빌어 오주게. 한 스무남은 이나 열댓이 밭에 줄줄이 앉아 김을 매려고 하면, "저 꼬마, 요망진체나 선소리 불러보라."(시원하게 노래 한가락 뽑아봐) 일꾼 하나가 그렇게 말해. 다른 일꾼들까지 막 해보라고 하거든. 그러면 웃으면서 노래를 부르는 거라. 4·3사건에 죽은 셋(둘째)오빠가 처음 장가든 올케가 알송당 출신이었거든. 셋오빠가 일본 간 다음에 갈라지게 됐지만은. 하여간 그 올케 노래가 아주 좋았어. 소리가 아주 좋았지. 집에 와서 ᄀ레(맷돌) 갈 때도 듣기 좋게 소리하고, 일 다니면서도 김매는 노래도 잘 불러낫주. 그걸 내가 배웠다가 김 매는 사람들이 오면 노래를 하는 거라. 한 열댓 살 쯤부터 선소리를 했던 것 같아.

김 매면서 노래라도 부르지 않으면 막 지치주게. 뱁(볕)은 과랑과랑하고(쨍쨍하게 내리 쬐고) 땀은 촐촐(뻘뻘)나고 아주 힘들어. 노래라도 부르면서 쫙쫙(쉬지않고 쭉) 매가야 일꾼들이 조름(뒤)에서 짱짱(부지런히) 따라 오주. 하루종일 김을 매려고 하면, 노래를 몇 가지를 불러야 해. 안 부를 수가 없어. 막 지쳐도 이 노래 불러, 저 노래 불러 하면서 끝까지 김을 다 매야 일어설 수 있었어. 작은 밭은 일꾼들이 그렇게 필요하지 않지만 한 3천 평, 4천 평 된 밭에 곡석(곡식)을 하려고 하면 노래를 요망지게 불러야 일꾼들이 일이 되지. 그렇게 하면서! 그렇게 힘들어 나니까 어릴 때 불렀던 검질 노래(김매는 노래)는 하나도 잊어버리지 않는 건지 모르겠어.

병아리 하나 주면 하루 김을 매줬어

밭에서 김을 매려고 하면 점심식사를 준비해서 갖고 가야 될 거 아니? 지금은 널어진 게 그릇이지만 그때는 그릇도 그렇게 있어? 낭도고리(남도고리/함지박)에 밥을 담고 밭에 갈 때는 대차롱(대나무로 만든 채롱)에 밥을 떠서 가져가주. 대차롱에 밥을 담고 가면 대 구멍으로 개엄지(개미)가 막 올라와서 밥에 보글보글 일어도, 그대로 먹었어. 그리고 콕박(탁)이라고 있어. 지붕 위에 콕이 열면 큰 콕은 좀수(해녀)들 테왁으로 팔고, 작은 건 익으면 톱으로 싹 갈라서 안에 걸 모두 긁어낸 다음에 바싹 말려. 그러면 그걸로 물도 떠서 먹고, 또 그보다 조금 크지만 테왁으로 쓰지 못할 거는 골라서 밭에서 냉국 그릇으로 쓰는 거라. 콕박에 된장 풀어놓고 아무거라도 나물을 하나 가져다 넣으면 된장국, 된장 냉국이 되는 거라.

스무남은 일꾼들 먹이려고 하면, 물도 아침에 한 허벅 길어가도 부족했어. 김 매러 가기 전에 한 허벅 길어가면 그거 다 먹어. 점심 때 되면 또 한 허벅 길어가. 그 물로 냉국하고 해서 다 먹어버리면, 저녁 먹을 때는 또 물이 부족하게 돼. 참, 점심 먹고 나서 밥이 남으면, 이제 간식(새참) 하듯이 남은 밥에 물 부어놓고 된장 넣고 마농지 넣고 톡톡 말아서 먹어. 그건 간식이라. 옛날에는 김 맨 사람들 저녁까지 다 먹고 갔었거든. 저녁밥은 맨 보리밥을 하지 않고 보리쌀 놓고 좁쌀을 조금 섞어서 한 솥 해. 콩잎 타다가 놓고, 멜젓(멸치젓)하고 된장을 갖다 주면 그거 싸먹는 거지. 뭐 먹을 건 제대로 있었어? 그래도 하루 삼식에 간식까지 다 먹여야 해.

그때는 일꾼을 빌면 15전도 하고 30전도 했어. 그렇게 품삯이 많은 줄 알아? 얼마 안 돼. 닭 키워서 병아리 하나 주면 하루 김을 매줬어. 계란 20개씩 두 자리 앉앙 깨우면 잘 깨우면 15개, 18개 깨. 그러면 그거 키워서 파닥파닥 해가면 김 매는 사람들에게 그거 하나 주고, 하루 김을 매주는 거야. 이젠 하루 김을 매면 닭 몇 마리를 사고도 남을 거. 아이고, 그렇게 하면서 살았지.

물 귀한 시절, 9살에 물허벅 졌어

옛날엔 물 길어오는 게 큰 일이었어. 물을 긷고 오다가 베가 끊어지면 허벅도 깨지고 물도 잃어버리곤 했어. 어릴 땐 허벅 절반 정도 되는 대바지(물을 길어 나르는 작은 동이)에 물을 긷고 다니다가, 조금 크니까 차롱(채롱)에 허벅 놓고 이고 다녔주. 허벅을 지고 다닌 건 9살 때쯤 됐을 거라. 그 나이 되면 허벅 지고 다녀야 해. 가시남동 살 때는 물통을 크게 만들면 돌담을 쌓아서 소가 들어가지 못하도록 한 다음에 물통에 고른 물(걸러낸 물) 길어다가 먹었어. 그 물에 갱벌이(올챙이)가 바글바글 많이 일어도 국자 닮은 작박(쪽박/물을 퍼내는 바가지)으로 딱! 때려두고 갱벌이가 사라진 틈에 물을 거렸어. 벌건 진쉬(진딧물)가 파파파팍 일면 허벅 뿌리(주둥이)에 헝겊을 덮고 물을 길어. 그러면 그 헝겊이 벌겅허주. 진딧물이라는 건 이제 같으면 포리(파리) 닮은 거라. 아주 작은 파리 같은 건데 포딱포딱(폴딱폴딱) 물 위에서 막 날아다녀. 그런 게 물에 많이 있어도 그걸 걸러내면서 먹고 살았어. 그렇게 해서 고른 물을 해변 사람(해안마을 주민)들한테 떠 주면 "아이고, 이거 물에 진시 시우다"(아이고, 물에 진딧물 있어요) 하면서 입으로 푹푹 불면서 걸러내 버려두고 먹었주. 우린 그런 물 먹고 살았어. 배엄(뱀)이 막 헤엄쳐 다녀도 먹었다니까. 그래도 그런 물 먹은 사람들 건강했어. 그게 약인 것 같아. 물을 길러 가면 물통에 뱀이 활활 기어 다니고 있어. 그런 물 먹으면서 컸어. 이젠 수돗물도 펑펑 쓰지만 그땐 궂은 물 길어다가 송키(채소) 씻고, 곤물(깨끗한 물)로 행궈서 먹었어. 아이고, 우리는 겪을 건 다 겪은 사람. 말해 가면 기가 막힐 노릇이주.

"소마노모치 다베마스카?"

일본놈들 와서 새미오름에 굴 파고 주둔해서 살 때. 셋오빠, 4·3에 죽은 셋오빠가 송당에서 리서기를 했어. 셋오빠가 일본말을 잘했거든. 우린 셋오빠 덕분에 일본 군인들한테 감저가루(고구마 가루)로 떡 만들어서 팔고,

모멀가루(메밀가루)로 돌레떡(호떡 크기와 모양의 떡) 만들어서 팔았었어. 나는 일본말 배우다가 그만뒀지만, 메밀떡을 소바노모치(蕎麦の餅)라고 해. "소바노모치 다베마스카?"(蕎麦の餅 食べますか)라고 하면, 일본 군인들이 "하이! 하이!" 하거든. 그렇게 떡 만들어 가서 돈 받고 팔았주. 또 이모모치(いも餅)라는 건 감자떡이야. 셋오빠 올케하고 나하고 시누이 형제가 새미오름에 가서 그렇게 떡을 팔았어. 얼마씩 받았는지는 기억이 안나. 그런데, 돈만 받는게 아니고 그 일본군인들 먹었던 이수뼹(술병), 큰 술병을 떡 줘서 받고 와서 그걸 써났주게. 기름도 빻아서 담고, 쇠기(쒜기/쐐기풀) 기름 사러갈 때도 그 병 갖고 가서 사왔어. 그 기름을 사와야 각지불(등잔불) 켜서 바느질도 하고, 밥도 먹고 하면서 사는 거야. 그땐 그 술병도 아주 귀했어. 대로 만든 숯통도 받아왔었구나. 그것도 떡 팔아서 받아온 거라. 아이고 이젠 썩어지고 널어진 것들이지. 돈 안 줄 때는 그런 걸로 받아다가 쓰고, 어떨 때는 돈으로 받아왔어. 그래도 그때는 그놈들이 주민들한테 해코지는 안 했어. 일본 군인들이 우리 제주도를 점령해서 살 걸로만 했지. 무섭기는 했지만 해코지한 건 없었어.

일제 땐 보리, 고사리, 빼때기, 놋그릇 공출

일본 군인들이 있을 때는 보리밥도 제대로 못 먹었어. 일본 것들은 나룩밥 먹었다고 해도, 우린 보리밥도 배부르게 못 먹었주. 보리는 공출 바치라고 하니까, 감저밥 먹고, 조팝(조밥/조로 만든 밥) 만들어 먹고 했어. 나는 조밥 먹으면 막 아파났어. 보리밥 먹으면 괜찮은데, 조밥이나 감저밥 먹으면 아파서 막 뒹굴었어. 고사리도 꺾으면 공출 바치라. 놋그릇도 모두 바치라. 고구마도 빼때기 만들어서 바치라고 하고. 뭐든지 공출 바치라고 하니까 살 수가 없어. 그래도 어떻게 된 건지 산듸(밭벼)는 공출을 안했어. 밭벼는 나중에 공출을 하려다가 안하더라고. 놋그릇은 막 바치라고 했는데, 아버지는 "절대 못 주 켜. 그거 아까웡 못 주켜"(절대 못 주겠다. 그거 아까워서 못 주겠다) 하면서 버 텼어. 그래서 그놈들 우리 놋그릇은 가져가지 못했지. 아이고 옷은 또 어디 있어? 무명하고 베. 옛날 삼베 엉근엉근한 거 해다가 여름에는 적삼 만들어서 입고, 무명에 감물 들여서 갈적삼, 갈중이 만들어서 입고, 검은 물 들여서 몸빼 만들어서 입고했어.

그래도 지금 생각해보면 어릴 때 제일 맛있었던 건 지름떡(기름떡)하고 개역(미숫가루). 기름 빼와서 밀가루를 갈아서 지름떡 만들어주면 그것이 제일 맛 좋아. 이제는 미숫가루도 잘 먹고 싶지 않지만, 보리 볶아서 미숫가루 만들어주면 그것도 맛있었어. 다른 건 먹을 게 없주. 제물할 때는 메밀가루로 뱅(전병) 지지고, 묵 쑤고 하지만, 그건 제사나 잔치나 해야 만들어 주는 거고. 참, 만디(만두)도 만들었었어. 무채 썰어 듬북듬북 집어넣어서 물만두를 만들어 먹었지. 사람 죽은 땐 돌래떡 크게 만들었어. 물떡(만두)도 속 넣어서 크게 만들고. 그땐 친척들이 부주(부조)를 안하고 떡으로 해오면 영장밧디(장지) 가서 그걸 줘.

일본말 잘했던 똑똑했던 셋오빠

큰오빠는 13살에 결혼했어. 아버지네가 다랑쉬 조칩 딸을 구해서 큰오빠를 결혼시켰는데, 16살에 딸 하나를 낳고 일본에 갔다가 병에 걸려 죽어부니까 신고 들어왔어. 큰오빠 딸이 나하고 동갑이야. 큰오빠가 죽은 다음에 이번에는 셋오빠가 일본으로 갔어. 셋오빠 18살 나는 해에.

셋오빠는 키도 크고 막 똑똑하고 영리했어. 일본말, 일본글 모두 배우고, 여기 한문서당에서 한문도 배우고 했었어. 당시에 우리 큰고모가 일본에 살고 있었거든. 병원장 각시였어. 큰고모부가 병원을 크게 차려서 병원장을 하고 있으니까 셋오빠가 그 덕에 돈을 좀 벌어볼 생각으로 갔던 거야.

셋오빠가 얼마나 똑똑했었냐면, 아버지가 배우지 못한 분이어서 자식들을 호적에 올릴 때 면서기한테 알아서 올려주라고 다 맡겨버렸었어. 그런데 면서기 실수로 말젯오빠를 빠뜨려 버린 거야. 나중에 보니까 말젯오빠만 호적이 없는 거 아니? 말젯오빠가 막 탄복행으네(낙담해서) "호도 없는데 죽어버리겠다"고 하는 거라. 그때 일본에 있는 셋오빠한테 편지를 보내니까 우리 생년월일 다 적어 보내라고 답신이 왔어. 그래서 셋오빠가 일본에 앉아 있으면서 우리 10남매 호적을 모두 고쳐서 새로 올려준 거야.

나도 계추가 아니라 옛날 이름은 옥희. 채옥희야. 그런데 셋 오빠가 새로 올려준 이름이 채계추. 셋 오빠가 일본에서 계병이, 겨추, 권병이, 권진이, 권춘이 이런 식으로 동생들 이름을 모두 새로 지어서 호적을 고쳐 보냈어. 그렇게 하니까 송당 사람들이 "아이고, 아들을 어떻게 똑똑하게 나서 일본에 있으면서도 호적 다 고쳐 보내집니까?"하면서 막 유명했었주.

그렇게 똑똑하고 일본말도 잘해서 일본에서 돈도 벌어 보내주고 했는데, 갑자기 일본에서 큰고모가 돌아가신 거야. 큰고모부가 당신 아들하고 우리 셋오빠한테 죽은 큰고모를 싣고 제주에 들어가라고 보냈어. 그렇게 해서 셋오빠는 제주에 돌아오게 된 거지. 셋오빠는 일본에 있을 때 각시를 얻어서 아들도 하나 낳았다고 하는데, 어머니는 셋오빠가 일본으로 돌아가는 걸 절대 반대했어. 그렇게 해서 셋오빠 스물여섯에, 어머니가 구해준 여자와 새로 결혼을 한 거라. 그 이후에 셋오빠는 송당에 살면서 딸 셋에 아들 하나를 낳았어. 그 아들 세 살 때, 셋오빠가 서른셋인가 서른넷 밖에 안됐을 때, 죽어버렸어. 아이고! 무사 4·3사건이 나신고!

할머니 장지에서 맞은 해방… '대한독립 만세'

　　　　　나 열여덟 나던 해에 우리 할머니가 음력 7월 스물 며칠날(1948년 8월 하순) 돌아가셨어. 돌아가셔서 5일장을 치르는데, 이녁 살았던 집에서 먼데 안 가고 이녁 밭에 가서 묻었어. 그때는 비행기 소리만 나가도 폭탄 떨어져서 죽는다고 했었거든. 그래서 하늘로 비행기 소리만 와랑와랑 나가도, 나무 아래 숨고, 돌담 옆에 앉아버리고 했었어. 우리 어린 때. 비행기는 보이지도 않는데, 소리만 나가도 죽여버릴까봐, 그렇게 무서워하면서 살 때라. 그때 할머니 묻으러 가니까 '대한독립 만세' 했다고 소문이 온 거야. 장지에 고견꾼(조문객)들과 친지들이 많이 있었거든. 우린 어린 때라도 '만세! 만세!' 했었다니까. 장지에서 '대한독립 만세!'를 불렀어. 장지에 있던 사람들 모두가 아주 기뻐하면서 '대한독립 만세!' 외치고, 이젠 일본 것들이 져서 돌아가게 됐다고 막 좋아했었지. 나 열여덟에.

　새미오름에 주둔했던 일본 군인들이 떠난 뒤에는 새미오름 굴속에 있는 나무들이나 판자를 가지러 갔다가 묻어 놓았던 폭탄이 터지는 사고가 많았어. 우리 송당 사람도 한두 사람 사고 났었주.

　그때 새미오름에 굴이 여러 개 있었는데, 입구는 요만이 좁게 내고, 안에는 크게 파서 판자나 나무를 싣거다가 굴 안에 집을 지은 거라. 그래서 송당 사람들은 그거 뜯어다가 이녁 거 하려고 간 거주. 그런데 폭탄이 터지는 바람에 한 사람은 다리 하나 잘려 버리고, 또 한 사람은 폭탄 터질 때 굴속에서 죽어 버렸어. 일본 군인들 쓰던 말 구르마는 나중에 우리가 고쳐서 쓰기도 했어.

스무살 결혼, 그리고 4·3의 시작

　　　　　'대한독립 만세' 부른 다음에는 이럭저럭 살다가 스물 나니까 중신(중매)으로 여기 알송당으로 시집왔어. 그런데 결혼하자마자 4·3사건이 나서 그놈들이 날뛰는 거라. 그땐 '왓샤! 왓샤!' 하면서 다녔어. 처음에는 그놈들이 남자들만 데려가서 자기네 쪽에 붙인다고 소문이 났거든. 그래서 아들 있는 사람들만 막 걱정했었어. 그렇게 사람 죽이거나 하는 사건이 일어날 거라고는 생각도 못했지. 그걸 어떻게 알겠어? 그 뒤에 막 일이 커져가니까 "아이고, 큰일 났구나!" 했주.

그놈들이 우리 남편 이름도 올리려고 밤마다 집에 찾아와서 시어머니한테 아들을 내놓으라고 했어. 그래서 낮에는 시어머니하고 밭에서 일하다가 밤이 되면 나하고 남편은 들에 가서 잠을 자고, 시어머니와 시아버지만 집에서 잠을 잤어. 남편하고 나는 들에 가서 나무 아래 잠자다가 날이 밝아가면 집에 와서 조반(아침식사) 먹고 밭에 가서 일하고, 그렇게 살았어. 무서워서 멀리는 못가고, 큰시아버지네 밭에 있는 나무 아래에 숨어 살았지. 큰시아버지네 밭이 크니까 북당낭(예덕나무)이여, 개땅낭(쥐똥나무)이여 하면서 나무들이 아주 많았거든. 낮에는 김을 매다가 나무 그늘 아래서 밥을 먹고, 밤에는 그 나무 밑에 가서 잠을 자고. 옛날은 감저를 수확하면 둥그렇게 구덩이를 파서 감저를 묻고, 저슬(겨울)하고 봄에 가져다 먹었거든. 그래서 처음 몇 번은 그 감저구덩이에 숨기도 했었어. 그런데 그놈들이 철창으로 막 찔러버리니까, 나중에는 감저구덩이에 숨지도 못하고. 밭에 가서 자다가 밝아가면 돌아오고 그렇게만 했지. 다행히 그놈들한테 걸려본 적은 없어. 그래도 숨어다니면서 이름을 올리지 않으니까, 이때까지 살아진거라. 우리 둘째 형부는 이름이 올라가니까 죽어 버리고.

그 형부는 고씨였는데, 막 똑똑한 어른이었어. 우리 섯오빠가 "절대 그런데 이름 올리지 말라!" 단단히 이르기도 했고, 4·3사건에 토벌대들이 올라오면 회의 보러도 같이 가고. 절대 산놈들한테 잡히지 말라면서 항상 데리고 다녔거든. 또 소까이(疏開/소개) 내려갈 때도 가시남동 우리 친정집에 와서 땅 파서 항(항아리)에 곡석(곡식)도 같이 묻어주고 같이 내려갔는데 자기도 모르게 이름이 올라가 버린 거라. (제주)시에 가서 살고 있으니까 어느 새 불러내 죽여 버렸어. 어디에서 죽었는지도 몰라. 시신도 못찾았거든.

또 작은아버지 사위가 덕천리 사람이 있어. 거기도 고씨였는데, 4·3에 이름이 올라간 거라. 우리 셋 오빠가 "절대 너희들 안 된다. 숨어 다니는데 어떻게 성공할 수 있느냐! 절대 그런 거에 이름 올리지 말고 내놓고 다니지도 말라!"고 하면서 그렇게 말려도, 그 사람은 셋오빠 말을 듣지 않았어. 결국 어느 목장에서 토벌대한테 총 맞아서 죽었어.

그 시절에 우리 사돈뻘 되는 사람이 있었는데, 셋오빠한테 와서 "사돈님, 저 동산에 글 한자만 딱 써서 붙여주면 송당은 통일돼서 우리 세계가 될 거우다"하면서 부탁을 해도, 우리 셋오빠는 "그게 아니우다. 절대 안 됩니다. 산으로 숨어 다니면서 불 지르고 사람 죽이는 나라가 뭐가 됩니까?" 절대 안 된다고. 우리 셋오빠가 절대 반대했지.

"나한테 물 한 모금만 주라"

밤이 깊어가면 저 검은오름에 불이 팰롱(반짝)하면, 그 다음은 둔지오름에 팰롱, 또 바메기오름에도 팰롱, 신호 맞춰서 폭도들이 드는 거라. 서로 맞춰 내려와서 "어느 부락에 습격 들러 가자!" 해서 다른 부락에는 습격이 많이 들었다고 해. 그래도 우리 송당에는 성담을 쌓아놔서 폭도들이 맘대로 들어오지를 못했지.

그러다가 음력 10월 열여드렛날(1948.11.18.)인가? 여기 이칩 할아버지가 습격에 죽었어. 조합장을 했던 분이었는데, 그놈들이 뭘 내놓으라고 했는데 응하지 않자 그냥 칼로 찔러서 죽여 버렸어. 또 이장 집에도 습격이 들었는데, 그 부인을 죽여분거라. 창으로 칼로 찔러두고 집에 불을 붙여버렸지. 그때 이장네에는 자그마한 딸이 하나 있었는데, 그 딸이 죽어가는 어머니를 집 밖으로 끌어내서 다행히 신체는 불에 안탔어. 그 어머니가 죽어가면서 "날랑 물 한 직만 도라. 널랑 죽지 마랑 살아산다. 살아산다."(내게는 물 한 모금만 줘. 너는 죽지 말고 살아야 한다. 살아야 한다)했다고 해. 딸이 물을 떠다주니까, 어머니는 그냥 돌아가셨지. 그 조그마하던 딸은 지금 막 잘 살아.

임신 중 소개, 친정어머니 따라 평대마을로

그 놈들이 와서 서너 군데 사람들을 죽이고 계속 날뛰니까, 이젠 법(토벌대)에서 와서 중산간 지대는 모두 불을 붙여버릴 거니까 소도 내버리고 해각(해안)으로 내려가야 한다고 했어. 셋오빠가 "이젠 송당에서 못삽니다"고 해서 우리 친정식구들도 모두 해변으로 내려갔어. 가시남동 집을 셋 오빠 손으로 모두 뜯어냈지. 나무는 불 못 붙이게 다 걷어두고, 마루도 뜯어다가 따로 쌓아두고 해변으로 내려간 거야.

가시남동에 비자나무가 많았거든. 그래서 우리 아버지가 비자나무로 마루를 깔았어. 우리 친정집 비자나무 마루가 막 소문날 정도로 번질번질 해났주. 아버지가 비자나무로 궤를 짜서 아들들한테도 하나씩 주고, 마루도 깔고 했었는데, 그거 전부 뜯어서 불 붙이지 못하도록 쌓아두고 내려간 거라. 우리 친정 식구들은 어머니 친정인 평대로 내려갔어. 말젯오빠는 어더니 외6촌 집으로, 셋오빠는 외삼촌 집으로 가고, 나머지 식구들은 이도네 집으로, 그렇게 세 살림을 산 거라. 오빠들이 뿔뿔이 흩어지니까 어머니, 아버지, 작은 오빠, 나 이렇게 네 명만 평대리 이모네 집으로 가게 됐어.

알송당이 불에 타서 내려갈 때는 시집간 지 오래도 안 되고, 또 임신 중이기도 했고, 시어머니네 집은 식솔이 바글바글하니까 시댁 식구들하고 가고 싶지가 않았어. 친정어머니하고 살고 싶지 시댁 어른들하고 살고 싶겠어? 남편이 있어도 가고 싶지 않았어. 그래서 시어머니하고 시댁 식솔들은 모두 평대 동동 붉은못 동네에 남의 집을 빌어서 갔는데, 나는 친정어머니하고 같이 가면 이모네하고 조용히 살 수 있었으니까. 그렇게 친정어머니네랑 살다가 초소막에 가서 보초도 서고, 시댁에 가서 제사도 먹고 하다가, 봄이 나 따뜻해지니까 그제야 시어머니네한테 가서 같이 살았어.

"폭도 짓을 안했는데 왜 돈을 쓰나!"

셋오빠 4·3사건에 죽은 얘기를 하려고 하면, 아버지가 잡혀간 얘기부터 해야 돼. 우리 큰아버지가 가시남동 살 때 아들이 하나 있었어. 그 아들이 하도리에서 도를락(달리기)을 하다가 쓰러져서 다쳤는데, 그걸로 죽어 버린 거야. 딸은 3형제가 있었지만 단아들이 죽으니까, 우리 큰아버지, 아들이나 하나 낳아볼까 하는 마음에 하도에 있는 홀어머니 하나를 얻어온 거라. 얻어 와도 아기도 못 낳고 살고 있었는데, 4·3사건이 나니까 큰아버지네도 해변으로 내려가게 된 거 아니? 항아리에 곡식하고 그릇을 모두 담아 묻어놓고 해변으로 내려가려고 하니, 돼지를 가져갈 수가 없는 거야. 이젠 돼지라도 잡아서 먹고, 남은 건 나눠서 아이들도 가져 가고, 또 작은 부인도 고향으로 돌려보내려고 그 돼지를 잡았어. 그리고 작은 부인에게 돼지 다리 하나를 갈라주고 본 고향으로 돌려분 거지. 이제 작은 부인은 다랑쉬 쪽으로 해서 하도리로 내려가다가 하필 토벌대에 걸린 거라. 토벌대에 걸리니까, "가시남동에 와서 살다가 아들도 못 낳고, 산 놈들 때문에 더 이상 못 산다고 하니, 돼지 한 마리 잡아먹고 다리 한쪽 갖고 고향으로 간다"고 말했주. 사실대로. 그런데 토벌대가 그걸 폭도짓 했다고 하면서 우리 큰아버지하고 아버지를 잡아간 거라. 세화지서에 잡아가서 막 취조를 해봤자 전혀 하지 않았는데 뭐가 나오겠어? 그놈들 취조하다가 버치니까 큰아버지하고 아버지는 내보내 불고, 이젠 셋오빠를 심어간 거라.

우리 셋오빠가 일본글을 아니까 왜정 때부터 리서기를 하면서 송당을 좌지우지 해났거든. 그 시절엔 송당 채권병이라고 하면 알아줘났어. 그런 오빠니까 산 놈들도 막 노린 거야. 그래도 우리 셋오빠는 절대 그놈들 하는 말 믿지도 않고, 철저하게 다녔고, 또 해변으로 내려가라고 하니까 우리랑 같이 평대에 내려와 있었거든. 그런데 세화지서에서 갑자기 잡아간 거라. 아무리 생각해도 돈을 달라는 거주. 그쪽에서 돈을 노리고, 그때 돈 30단 원인가 얼마를 가져오라고 해도 우리 셋오빠는 "우리가 폭도 짓을 안했는데 뭐 때문에 돈을 쓰느냐?", "내가 뭐 때문에 그놈들한테 돈을 쓰느냐"해서 안 쓴 거라. 세화지서에서는 더 내무령(무시해서) 취조를 할 거 아니? 그런데 취조를 받는 중에, 폭도가 너무 날뛰어 부런. 이디도 습격 들어, 저디도 습격 들어, 평대도 세화도 습격들고 사람들 죽여가난, 그냥 계엄령을 내려 버렸어. 계엄령 내리니까 우리 셋오빠는 완전히 애석하게 된 거라. 헛짓 절대 안하겠다고 한 게, 결국 모략에 죽은 거야. 계엄령 내리니까 모략에 죽어버렸어.

셋오빠가 세화지서에 잡혀가자 올케가 평대리 몰방애(말방아)에서 곡식을 갈아서 밥을 하고 매일 지서로 날랐거든. 남편 사식을 들이러 갔다 오려고 하면, 입초선 놈들이 밥 먹어난 그릇 꺼내라고 해서 조사하고 했었어. 그런데 하루는 군인과 주민들을 가득 실은 추럭(트럭)에 우리 셋오빠가 타고 가다가 평대리 말방아를 지날 때 올케가 밥 하고 같이 넣어줬던 옛날 군인 담요를 던져두고 간거야. 올케는 "이제 죽으레 감구나, 죽으레 감구나!"(이제 죽으러 가는

구나. 죽으러 가는구나) 직감으로 알았지.

아버지 호상 옷 입고 묻힌 셋오빠

아이고, 세화에서라도 죽이든지, 총으로라도 쏴 죽이주. 월정리 모살밭(모래밭)에 가서, 조사하겠다고 잡아온 멀쩡한 사람들을 모두 찔러 죽여 분거라. 특공대라고 하는 사람들이 들고 다니던 철창으로. 긴 대에 칼 같은 거 끝에 달아 멘 철창으로 모두 찔러 죽였어. 지서 순경들이 죽이질 않고 철창 든 사람들한테 죽이라고 한 거 닮아. 그날이 음력 1월 4일(양력 1949년 2월 1일)이야. 그땐 부락 사람들도 밤마다 철창 들고 입초 사고, 성담을 뱅뱅 돌면서 지켰거든. 우리 남편도 그렇게 했었고.

우린 소개 내린 뒷 해에 4·3사건이 조금 잠잠해지자 송당으로 다시 올라왔어. 아버지는 집에 돌아오자마자, 셋오빠 시체를 찾겠다고 월정리 모래밭으로 갔어. 다른 사람들도 다 자기만씩 가족들 시체를 찾으러 갔었어. 가보니 모래 조금 덮는 체 마는 체, 시체들이 아주 많이 버려진 채 있더래. 그때는 시체가 녹지 않을 때니까 얼굴을 알아볼 수 있었어. 총으로 쐈으면 시체가 온전했을 텐데 그냥 철창으로 찍어버리니까 여기저기 성한 곳이 없었어. 애석할 정도로 전부 찢겨지고, 벌거지(벌레)가 일었어. 그 꽝(뼈), 배설(창자)로 벌레 새끼 죽은 게 형편없었다고 해. 우리 아버지는 그렇지 않아도 세화지서에서 매 맞고 취조당한 후유증으로 많이 아팠었는데, 셋아들 죽은 거 눈으로 보니까 너무도 애석해 했어. 폭도로라도 다니다가 죽었으면 덜 억울하지. 다른 사람들처럼 날뛰다가 이름이라도 올라가서 죽었으면 덜 을큰하지만, 너무나 애석한 거라.

아버지하고 올케하고, 동생들이 싣고 온 셋오빠 시체를 많이 손 본 다음에 아버지 호상하려고 만들어놓은 명주옷을 입혀서 묻었어. 어릴 때 친정에서 누에를 길렀거든. 나하고 말젯오빠가 뽕잎을 따다 먹이면서 누에를 길러 맹지(명주)를 짰어. 아버지 호상하려고 만들어 놓은 그 명주옷, 소개 갈 때도 혹시나 아버지 호상해질까봐 챙겨 갔던 그 장옷을, 아버지가 본인 손으로 셋아들 입혀서 묻은 거라.

우리 어머니, 아버지는 막 애간장을 태웠어. 일찍 죽은 큰아들 대신 형제간도 잘 챙기고, 일본 가서 큰 돈 벌고 와서 큰 밭도 사고 했던 셋아들이 그렇게 애석하게 죽어 버리니. 우리 아버지는 그 아들 묻어두고, 결국 취조 받은 맷독으로 죽었어. 송당 올라온 뒷해 예순두 살에. 셋아들 천리하는 것도 못 보고 돌아가셨주.

열여드레 만에 찾은 큰아버지 시신

아버지랑 같이 세화지서에 잡혀가서 고초를 겪었던 큰아버지는 지서에서 풀려난 다음, 동짓달 스무닷새인가 우리 사촌 남편 아버지네 소상 고견(조문)을 간 거라. 눈은 막 하얗게 오고, 볕은 바짝 난 날이라. 동짓달에 눈이 많이 내려 듬뿍 쌓였다가 햇볕이 따뜻하게 나니까 눈이 진박진박하게 녹아갈 때야. 우리 큰아버지가 조문 갔다 와서 아무한테도 말하지 않고 당신 말을 보러 간 거라. 말은 여름 농사철에는 가둬놓고 캐(밭)를 정리하기도 하고, 밭을 밟기도 하다가 음력 10월 보름 넘어 곡식을 다 거둬들인 다음에는 싹 풀어놓거든. 그럼 겨울부터 봄까지는 말들이 산에서 풀 뜯어 먹고 사는 거지. 말은 좌보미오름 대령이머체라는 곳에 풀어놔. 그러면 그 눈에도 곶(곶자왈) 속에 가서 나무 이파리 다 뜯어먹으면서 살아.

큰아버지는 눈이 팡팡 내리다가 햇볕이 나서 좋으니까, 이젠 말을 보러 간거라. 폭도들이 죽일 거라는 생각은 못하고 저기 가시남동 넘어간 천황당오름 옆에 말을 보러 갔어. 가니까 돌아와? 안 돌아오주.

　큰아버지는 소개 내려서 평대 큰딸 집에 살았었거든. 큰아버지 큰딸이 그때 부인회장도 하고 아주 똑똑했어. 토벌대 오면 밥 해주고, 순경들 밥 해내고, 우리도 당번시켜서 밥 해주러 가났주. 그 큰딸이 힘을 써서 경찰관들 모두 동원시켜서 큰아버지를 찾는 거라. 우리 형제들, 올케들, 사촌형들 모두 찾으러 나가고, 토벌대도 다 나와서 며칠을 헤매도 찾아도 찾을 수가 있어야지. 우리 큰아버지는 열여드레만에 찾은 거야. 큰아버지는 내가 찾았어.

　내가 살았던(가시남동) 곶이었어. 곶을 막 더듬으면서 있기나 한지, 살아나 있는지 찾다보니까 수건, 베 이런 거 걸쳐두고 달아난 흔적이 있어. 그래서 "아이고, 여기 폭도 와서 살아 났구나" 겁이 나서 밖으로 나와 버렸지. 햇볕은 과랑과랑(뜨겁게) 나고, 이젠 토벌대들이 방애(들불)를 낳어. 불을 붙인 거라. 눈 위라도 새(띠)가 있는 데는 불이 막 붙었어. 불이 붙어와도 무섭지도 않고, 그냥 큰아버지만 찾으려고 가다보니까 새치기를 바락 덮고 있는 큰아버지를 발견한 거라. 새치기가 덮여 있는데 발이 미죽(비죽)하게 나와 있었어. 그나마 새치기라도 덮혔으니까 다행이었주. 새치기라도 없었으면, 까마귀가 가만 둬?

　큰아버지를 발견하고 오름 위에 있는 언니, 오빠들한테 손 흔들면서 "언니, 언니, 이리 옵써. 아버지 이디 이수다." 소리쳐두고, 나가 이제 탁 주저앉은 거라. 큰아버지도 총으로 죽이지 않고 철창으로, 칼로 찔러서 죽였더라고. 여기저기 막 찔러 죽인 거 나 그때 눈으로 직접 보니까, 넋이 나가 버렸어. 그래서 막 공들이고 해났주. 이젠 토벌대랑 경찰들이 모두 내려와서 방애 불 붙지 않게 새치기 치워두고 큰아버지 신체를 모시고 송당으로 내려 온 거라. 그때만 해도 집 다 뜯어버리고, 불태워버린 때난, 돌 쌓고 어욱(억새) 베어다가 덮어서 움막 만들어 살 때였거든. 그 움막집에서 큰아버지 감장(장례) 했어. 음력 동짓달 스무닷새날(1949년 1월 23일).

고사리가 좋아도… 가시남동 굴엔 갈 수 없어

내가 살았던 가시남동에 하도, 상도 사람들이 올라와서 소나 말을 놓는 금산엉이라고 불렀던 곳이 있어. 엉이 케라. 소나 말을 풀어놓는 곳이주. 옛날 할머니들 말로는 엉이라고 했는데 지금은 케라고 하지. 하도 사람들, 한 집에 하나 두 개 있는 마·소를 가시남동으로 올려 보내면, 금산엉에 모아놓고 이제 한 사람씩 당번 서면서 그 마소를 돌보는 거라. 금산엉에는 못도 있으니까 물도 먹이면서. 그 못은 저절로 앉은 못이야. 우리 가시남동 사람들도 쓰고, 하도, 상도 사람들도 소 몰고 와서 물을 먹이고, 여자들은 거기서 빨래도 했던 못이라. 거기에 조그마한 동산 하나가 있었는데, 그 동산을 우리말로 엄설모루라고 했어. 엄설모루 동산에서 남쪽으로 조금 넘어오면, 굴이 있었어. 가시남동 굴.

4·3사건이 나니까 가시남동 굴에 하도 사람들이 올라와서 숨어 살았어. 가시남동에 소나 말을 놓았던 사람들이니까, 굴이 있다는 걸 훤히 알았지. 해변에서 죽어질 것 같으니까 가시남동까지 올라와서 그 굴에 숨은 거라. 밤에만 나다니고, 낮에는 굴에 기어들면서 숨어 살았어. 우리 가시남동 멍석ㄱ래(맷돌)에 곡식을 갈아먹으면서.

그러다 송당 사람들이 토벌대에 그 굴을 가르쳐 버린 거라. 그땐 민보단이라고 했는가? 청년들이 토벌대와 함께 중산촌(중산간 마을)을 막 돌아다녔거든. 우리 남편도 그때 토벌대하고 같이 가시남동 굴 토벌을 갔었어. 우리 남편네가 가보니, 동산 밑에서 연기가 나더래. 그래서 토벌대한테 발각이 되분거지. 토벌대가 굴 안에 있던 사람들을 모두 끌어내서 동산 밑에서 모두 총살해서 죽여

버렸다고 해. 총알 아깝다고 모두 앉으라고 해서 한 번에 몇 사람씩 쏴서 모두 죽여 버렸다고. 그때 하도 사람 여럿이 있었는데, 남편 말이 다 죽었다고 하더라고. 동산 밑에서 죽은 사람들을 오랫동안 내버려뒀다가, 친척들이 알아서 가매장 해다가 나중에 천리(이장)해갔어.(※가시남동 굴 토벌: 1948년 12월 18일, 하도리 주민 20여 명 희생)

원래 그 엄설모루가 우리 아버지네 소 놓는 케였거든. 어렸을 때 거기 고사리 꺾으러 가면, 평평한데 앉아서 놀다보면 그 굴이 보였어. 그 굴에 다람쥐도 있었어. 입구는 납작해서 굽어서 들어가야 되고, 안에 들어가도 완전히 서있지는 못해. 그래도 굴 안에는 평평하고 넓었어. 웬만한 집 구들(방) 하나 정도는 됐을 거야. 나는 4·3사건 이후엔 엄설모루 지경은 무서워서 안 가봤어. 고사리가 잘나는 곳이었지만, 나중엔 고사리 꺾으러도 안 가봤어.

본향당 할머니(팽나무)가 지켜준 송당

송당 본향당은 광산 김칩(김씨)이 상단골(가장 유력한 신자집단, 상단골, 중단골, 하단골 위계)이야. 우린 어린 때부터 본향당 큰 풍낭(팽나무) 아래에 가서 금백조 할머니, 소천국 할아버지 하면서 대접 했었어. 그땐 결혼하려고 하면 이불이랑 옷이랑 새로 하잖아. 그럼 새 이불이랑 새 옷을 만들 천을 한 치씩 끊어다가, 아까워서 많이도 못하고 딱 한 치씩 끊어다가 그 당 할머니한테 가져. 정월 열사흘 하고, 정월에 못 간 사람은 2월 열사흘에 가고, 또 7월 열사흘 하고, 10월 열사흘 해서 1년에 3~4번 찾아가서 대접을 했어. 큰 팽나무에.

우리 큰 언니가 광산 김칩 며느리였어. 상단골 며느리주. 내가 8살쯤 됐을 무렵에 큰언니가 아기를 낳았는데, 아기를 돌봐달라고 해서 큰언니네 집을 간거야. 아기를 돌보고 있으면, 큰언니가 본향당에 갈 때는 나도 아기 업고 졸졸 따라가주. 떡 해놓고, 밥 해놓고, 팽나무 아래에서 코사(고사)를 하는 거야. 그냥 자기대로 대접해서 오는 거라.

우리 아버지네가 그 팽나무에 대해서는 확실하게 자세히 말해줬었어. 왜정시대에 '당오백 절오백'을 막 부수라고 하니까, 양○○이라는 사람이 와서 그 팽나무를 막 싸버렸다고 해. 이제 같으면 읍장쯤 된 사람인 모양이야. 그런데 팽나무를 막 싸버리니까, 팽나무에서 피가 벌끈 났다고 해. 그러니까 신령 있는 나무 아니? 그래서 그 팽나무는 신령이 있다고 하주게. 팽나무 싸두고 간 양○○, 그 사람은 얼마 없어 죽어 버렸어. 우리 아버지네가 옛말 삼아 많이 얘기했주. 그 할머니는 서울르면(서운하게 하면) 절대 안된다고. 그래서 송당 사람들은 그 팽나무를 막 우대해놨어.

토벌대장이 꾼 꿈, 본향당을 살렸어

일제 시대 '당오백 절오백'이라고 해서 팽나무에 못가게 하니까 송당 사람들은 심방(무당)집을 다녔어. 4·3사건이 나니까 이젠 그 당 오름을 아예 가지 못한다고 하니, 심방집에서만 대접을 하다가, 그때가 김찬호 아버지가 이장할 때라. 육지 토벌대 대장이 와서 "이장님, 나가 이상한 꿈을 봐수다."고 해. "어떤 꿈을 봤느냐"고 하니까 막 하얀 할머니가 딱 치마를 벌리고 서서는 폭도들 오는데 "마조신들 한틴 절대 못 들어, 너네 들민 다 죽여불켜!"(마조신들한테는 절대 들어오지 못한다. 너희들 들어오면 다 죽는다) 하면서 돌아가라고 하니까, 폭도가 오다가 돌아가는 꿈을 꾼 거라. 그 토벌대 대장이 와서 꿈에 본걸 눈에 보듯이 말하면서 "나 꿈 어떻습니까?" 하니까. 찬호 아버지가 "옛날부터 송당 본향당은 할머니 당"이라고 말하면서 그 당 내력을 쭉 말해준거라.

"여기 이러이러한 할머니가 있습니다. 잘 대접하세요" 하니까 한 번 심방집에 가서 대접을 해보고 그 토벌대 대장이 너무 신기해 했덴. 그러더니, 토벌대 대장이 "아이고, 거기 가서 굿을 하십서!" 그때부터는 본향당에 가서 굿을 할 수 있게 길을 터줬어. 4·3 때인데도 본향당에 가서 굿을 한 거라.

그래서 송당은 폭도도 안 들고 넘어간 거라. 송당은 폭도 습격이 들지 않았주게. 송당 사람들은 본향당 할머니를 서운하게 하지 않으니까 마을에 폭도도 안 들었다고 믿주게. 그 할머니한테 막 대접을 잘한거지. 대접이라는 건 음식을 정성스레 올리는 거라. 그 할머니는 소고기도 안 먹고 육수도 안 먹고 백돌레(하얀 돌레떡)나 백시리(하얀 시루떡)나 계알난주(계란), 조소지(자색소주)나 청감지(맑은 감주) 밖에 안 먹지. 백돌레도 소금도 안 넣고 하얗게 한거 올리고, 둙(닭)이나 바닷고기는 해 가는데, 소천국 할아버지가 남의 소까지 두 개 잡아 먹어버려서 소고기는 일체 안 먹주.

토벌대에 당하는 처녀들… 다 비밀이었주

평대에서 소개생활 할 때 결혼한 여자들은 토벌대가 힘들게 하지 않았어. 남자들이야 낮에는 토벌대 따라서 중산촌을 돌아 다니고, 밤이면 철창 들고 성담 지키고 했지만, 우리는 아기 데리고 있으니까. 평대에서 토벌대에게 힘든 건 처녀들 뿐이었주. 군인들이 고운 처녀들을 데려다 달라고 해서 하룻밤 데리고 잠잤다가 보내고 그랬어. 그때 처녀들 많이 당했주. 그렇게 해서 시집도 간 여자도 있지만, 하룻밤 당하는 여자들이 많았어. 남편이 있거나, 아기를 데리고 있는 여자들은 괜찮았는데, 처녀들은 막 괴로웠어. 그래도 나중에 그 처녀들도 시집도 가고. 그러니까 모두 비밀이지. 그놈들 육지서 온 토벌대들이지 제주도 사람들은 아니야. 제주도 사람들은 무서워서 그런 짓 하지도 못해.

나중에 우리 남편네 군인 갔다가 휴가 받아서 송당에 왔을 때도, 토벌대들이 고운 처녀 있으면 데려오라고 해서 전부 해먹는 다는 말이 돌았어. 여자들을 막 못 견디게 한다는 소문을 들으니까 휴가 왔던 송당 사람 4명이 한꺼번에 몰려간 거라. 4명이 몰려갔다고 해도, 한 사람은 장가가려고 온 사람이니까 뒤로 빠져 버리고, 세 명은 가봤자 순경들이 두드려가니까 무서워서 달아나 버리고. 결국 우리 남편만 가서 순경을 패 버린 모양이라. 우리 남편이 손도 빠르고 힘도 쎄주게. 막 두드려 두고 그냥 그 길로 평대로 내려가서 (제주)시에 가버렸어. 나중에 그 때 맞은 순경이 눈이 거멓게 부어서 우리 집에 찾아왔더라고. 지방(문지방)에 탁! 걸터앉으면서 "아들을 내놓으라!"고 하는 거라. 군인 휴가 왔다가 가버린 걸 어디가서 내놓을 거라? 한 며칠을 그렇게 드나들더니 그만 두더라고. 그래도 우리 식구들한테 해코지나 분풀이는 안 했어. 그 순경도 살다가 조금 조용해지니까 떠났주.

첫 아기 낳고 스무날 만에 끓여 먹은 자리국

나는 첫 아기를 그 사태에 낳았어. 폭도들 막 날뛸 때, 임신한 채로 평대에 소개 내렸다가, 임신한 채로 다시 송당으로 올라왔거든. 하루는 세화리장에서 밀가루 배급을 준다고 하니 배급 타다가 먹으려고 갔는데 배가 아프기 시작한 거라. 아래로 궂은 물이 쏟아지고, 죽기 살기로 신작로에 나와서 쓰려졌는데 말구르마 하나가 지나가. 다행히 우리 시어머니 아는 한동 사람이었어. 집까지만 실어다 달라고 했주. 그런데 임신하니까 무서워서 못 실어다 주겠다는 거라.

"아이고, 나 죽어도 원망 안 허커메, 죽어도 집에 강 죽으크메, 시꺼다만 줍센."(아이고, 나 죽어도 원망하지 않을테니까, 죽어도 집에 가서 죽을테니까, 실어다만 주세요)

막 사정을 하니까 그 사람이 멕하고 가마니를 깔아서 구르마에 받쳐서 성 안에 들어오는데 바락 옷이 전부 젖은 거라. 움막에 들어오자마자 바로 아기를 낳았주. 아기 낳을 때가 된 걸 몰랐던 거라. 낳을 때를 몰라서 밖에 나갔던 거지. 아이고, 그 아기 난 그 해엔 비가 왜 그렇게 많이 오는지. 음력 6월 초닷새에 아기를 낳았는데 비만 오고. 시어머니네도 아무것도 가진 게 없고 우리도 가난하고. 시어머니네 시누이 네 명에 우리 남편해서 다섯에, 큰시아주버니 딸 하면 여섯에, 할머니 할아버지 하면, 뭐 메밀국만 끓여도 맛 좋고, 보리밥을 해도 낭도고리에 퍼놓으면 모지랭이(깨끗하게) 먹었어. 어디 그릇이 있어? 낭도고리. 나무로 판 도고리에 모여 앉아 숟가락 걸쳐 먹을 때주게. 그렇게 없이 살 때 아기를 낳으니까 오죽 힘들거라?

메밀가루가 피를 삭는(맑게 하는) 건데 그게 없으니까 메밀가루는 한 번 끓여주고, 밀가루 배급을 주니까 밀가루 조배기(수제비)만 먹으니, 아프기만 하는 거라. 고기가 없으니 미역국에 밀가루만 섞어 끓여주니까 피가 삭아? 옛날은 아기 낳고 머리를 감아서 사흘이 되면 꼭 바닷고기 국을 끓여 먹어야 피가 삭는다고 했거든. 바닷고기는 비늘 있는 고기라야 해. 고등어나 갈치 말고, 비늘이 있는 진짜 고기. 생선이나 우럭 같은 고기를 끓여 먹어야 몸이 풀어지고 피가 빨리 삭는다고 했어.

그런데 그걸 어떻게 먹을 수 있었겠어? 고기가 어디 있어? 보름 동안 그걸 못 먹은 거 아니? 거의 스무날 되어갈 때 쯤 우리 작은아버지 딸이 함덕 가서 살면서 자리를 팔러 왔어. 자리도 비늘이 있주게. 그래서 자리 한 사발 사서 그걸 잘라서 국 끓여 먹었어. 그 자리국 끓여 먹은 거는 잊혀지지가 않아. 또 옛날엔 아기 낳으면 친정집에서 아기밥이라고 밥을 해서 오주게. 우리 어머니가 큰올케, 셋올케 하고 같이 사니까 곤쌀(흰쌀)에 보리쌀 섞어서 밥을 한 솥 해다 줬어. 그걸 아기밥이라고 해서 동네에 조금씩 돌리기도 했주.

"족은 년아, 사위 요망지니까 후제민 잘 산다"

아기 낳고 얼마 안 돼 친정집에 갔어. 친정어머니도 아들, 며느리하고 한 움막에 살 때라. 친정에 가서 밥을 먹으려고 하는데 갑자기 막 서러워서 통곡하며 울어진 거라. 첫 아기 낳아서 고깃국도 한 번 제대로 못 먹고, 고생만 하고, 아프기만 하고. 그래서 막 울어진 거 아니? 그러니까 우리 아버지가 어디 가서 돼지 다리 하나를 갈라 온 거라. 옛날엔 돼지를 기르면 제사나 명절이 돌아와야 잡아서 집집마다 나눴거든. 한 집씩 이녁 쓸 만큼 갈라다가 먹을 땐데, 어떻게 돼지 다리를 가져올 수 있었을까?

그 돼지 다리를 끓여 먹고 나서 아버지가 내게 하는 말이 이제도 잊어버리지 않아. "족은 년아, 넌, 우리 사위가 요망지니까, 후제민 잘 산다. 하등 울지 말라. 후제는 느 잘살아. 나 죽어부러도 너 잘 살 걸로 알암져."(작은 딸아, 넌, 우리 사위가 똑똑하니까 나중에 잘 산다. 어떻게든지 울지 마라. 나중에 너는 잘 살아. 내가 죽더라도 너는 잘 살 걸로 나 믿는다)

아이고, 우리 아버지 그 말 했던 걸 생각하면, 지금도 울어져게. 나도 이젠 편안하게 살아지는 게 다 우리 아버지 그 말 때문인 것만 같고. 한 3년 전에는 갑자기 '아이고, 아버지 제사 한번 모셨으면 좋겠다!'는 생각이 들더라고. 그래서 조카한테 가서 "이번 아버지 제사는 내가 모시켜!" 말하고, 내가 제사 음식을 전부 준비해 가서 아버지 제사를 모신 적이 있어. 친정어머니는 일흔일곱까지 살다 돌아가셨거든. 그러니까 우리집에 와서 아기도 봐주고, 막 어지러져 있으면 야단치면서 설거지도 해주고, 청소도 해주고, 너가 차려 드린 밥도 먹어보고 다 해봤지만, 아버지는 나 손으로 밥을 해서 드려본 예가 없는 거라. 평대에 소개 갔다가 올라 온 뒷해에 바로 돌아가셔 버리니까. 밥 한 번 못해드린 거라. 그래서 내 손으로 제사라도 한 번 모시고 싶었어.

남편 없이 가슴에 묻은 첫 아기

그렇게 힘들게 움막에서 난 첫 아기는 결국 죽어 버렸어. 그 아기 4살 나던 해에. 남편은 군인 가버리고. 그때 남자들은 군인으로 모두 쓸어갈 때여서 송당에 남자가 하나도 없었거든. 우리 오빠 4형제도 모두 군인 갔었어. 친정 오빠 4형제가 다 군인 가니까 그때 상으로 광목 한 통이 내려왔다. 작은 어머니가 낳은 아들도 다 우리 어머니 호에 올라가 있었어, 우리 어머니가 아들 4형제를 군인 보낸 것이 됐지.

아무튼 첫 아기 4살 때 남편이 군대를 가버리니까 아기가 아파도 약 한 첩을 못 써봤어. 송당에 약이 있나, 병원이 있나? 소개 내려왔다가 올라와서 아무 것도 없을 때. 그냥 거멀(검흘) 고씨 할아버지라는 사람이 침을 놨었는데, 거기 가서 침 한 번 맞혀본 거 뿐. 그냥 아파서 죽었어. 남편도 없이 나만 움막에 살 때 4살을 못 넘기고 가버리니까 시아버지가 안고 나가서 저 뒤에 가서 묻었어. 뒷날은 내가 그 아기옷이여 이불이여 모두 갖고 가서, 입담하면서 그 봉분에 두고 왔어. 그거 뿐.

"군인 각신 입초 서고, 순경 각신 왜 입초 안 서냐!"

평대 살다가 송당에 올라오니 성담을 쌓으라는 거야. 성담 쌓으라고 해서 지게 만들어서 매일 돌 지러 나갔어. 성을 다 쌓으니까 이젠 밤마다 철창 들고 성담을 빙빙 돌면서 입초를 서라는 거 아니? 그땐 남편 있는 여자들도 모두 입초를 섰어. 입초 움막에 가서 두 사람이 1시간씩 교대로 입초를 서는 거야. 잠들지 못하게 두 사람이 입초 섰다가 내려오면 다른 두 사람이 올라가서 입초를 서고, 교대하는 사이에는 보초막에서 불 피워서 불을 쬐고. 그렇게 하다 보니 나도 아기를 낳고, 남편은 군인을 가버리고 육지 토벌대들도 다 떠나더라고.

이젠 지서 순경들이 와서 살면서 송당 사람들한티 순찰을 돌라고 시켰어. 특공대라고 해서 철창 들고 빙빙 돌라고 시켰주. 그때 보니까 나처럼 남편이 군대 간 사람들 각시는 입초를 서는데, 송당 와서 근구하는 순경들 각시는 입초를 안 세웠어 그래서 내가 "군인 각시는 왜 입초를 서고, 순경 각시는 왜 입초를 안 서느냐!"고 막 따지니까 군인 각시도 입초를 안 세웠지.

군대 간 내 남편 위해 기도하던 시어머니

우리 동생 각시가 송당 간이학교 다닐 때 우리 남편이 어떻게 알았는지 우리 집에 놀러오고 해났거든. 그때 나를 보고 가서 중매를 놓은 거라. 우리 시어머니네가 막 가난했었주게. 그래서 나는 안 갈려고 했어. 우리 어머니도 듣지 않고, 나도 가지 않겠다고 했는데, 우리 큰시아버지가 아들도 없고 딸만 있어서 이녁 아래로 양재(양자) 할 거니까 가라고만 하는 거라. 그 어른은 일본 가서 돈 번 부재(부자)였거든.

난 이제 큰시아버지 아래로 갈 걸로, 부잣집이 갈 걸로 알아서 시집을 왔는데, 우리 시어머니가 "가난 행 못 살아도 단아들 양재로 아니 주켄"(가난해서 못살아도 외아들 양자로 보내지 못한다)고 해서 결국 양자로 못 간 거라. 우리 남편이 단아들이어서 시어머니가 그 아들한테 그렇게 정성을 들였어.

우리 남편이 군대 가니까 시어머니가 한 달에 한 번 기도를 하는데, 한 달이면 어느 좋은 날을 받아다가 기도를 드려. 1년치 기도할 때 쓸 좋은 밭벼 쌀을 골라서 항아리에 따로 담아두고, 한 달에 한 번 좋은 날 새벽에는 다른 사람들 길어보지 않은 물을 처음으로 받아다가 그 물로 쌀을 씻어. 씻은 쌀을 물에 담궜다가 채에 받쳐. 그걸 ᄀ레(맷돌)에 갈아서 밥을 하고 떡을 해서 조왕(부엌)에 올려 기도를 하는 거라. 막 가난해서 오뉴월에 검질(김)을 못매도, 기도하는 날은 김을 매러 가지 않았어.

   아들 휴가 왔다가 갈 때는 시어머니가 "낼 아칙인 조반 먹지 마랑 오라"(내일 아침엔 아침식사 하지 말고 오라)고 해. 아침식사를 하지 않고 남편하고 같이 시어머니한테 가보면 떡, 밥해서 문전에, 조왕에 올려 기도한 다음 그걸로 아침을 먹었어. 그때는 차가 없으니까 우리 두 가시(부부)가 걸어가면, 시어머니는 기도해난 떡과 술을 싸서 우리 뒤에 따라오면서 사람 죽었던 데 가서 조금씩 뿌렸어. 4·3 때 사람 죽었던 곳. 저 뱅밭(비가 오면 물이 고이는 밭)에도 가서 뿌리고, 저 볼레콜 동산에도 가서 뿌리고, 온갖 궂은 곳은 다 찾아가서 입담하면서 뿌린 것 같아. "뒤에서 뭐하세요?" 하고 나중에 물어보니까, 아들 휴가 왔다 가는데 "우리 아들 건강하게 해 주세요. 잘 되게 도와주세요" 빌면서 모두 뿌렸다고 해. 그것만 하는 게 아니라, 본향당 할머니한테 1년에 3번, 붉은 장닭 갖고 가서 액 막고, 그렇게 정성을 쏟았어. 그러니 우리 남편이 하는 말이, "군대에서 남들은, 배운 사람도 힘든 곳으로만 갔는데 나는 서울도 국방부에 가고, 부산도 국방부에 가서 아주 편한 곳에만 떨어졌다"고 했어. 어머니가 기도를 정성들여 잘 해주니까 그렇게 됐다고 믿었어. 남편도 군인 가 있으면서 본향당 할머니 옷 지어서 가라고, 옷감을 끊어서 보내기도 했었어. 시어머니 정성으로 덕을 많이 봤기 때문에 남편도 집에서 기도할 때도 같이 절하고, 절에 가겠다고 하면 어서 가라고 해난. 기도 드리는 거, 절대 반대를 하지 않았었지.

아기 젖 주며 보리밥 할 땐 땀 촐촐

　　　　　　스물둘에 낳은 첫 아기를 4·3사건에 보내버리고, 아기가 들어서지 않다가 스물일곱, 남편이 군인 갔다가 휴가 온 때에 아기를 가졌어. 남편이 너무 좋아서 군대에서 이것저것 보내고 했었어. 군대도 좋은 데 가서 있으니까, 군인 담요를 지성귀(기저귀)로 만들어서 보내고, 초록 명주로 된 거는 예쁘게 누벼서 아기 업는 거로 쓰라고 보내줬어. 아기 두 개까지는 그걸로 모두 키웠주. 우리 남편이 술 안 먹을 때는 그렇게 존셈이 좋고, 일도 잘 하주게. 군인 가도 좋은 데로만 다니다가 몸이 아파서 돌아온 다음에는 농사만 지으면서 아기 낳고 산 거야.

　우리 시어머니는 단아들 며느리 들이고 하니까, 아기만 낳으라고 했었어. 두 살 모지, 세 살 모지 그렇게 낳다 보니까 7명을 낳은 거라. 그 아이들을 키우려고 하니까, 아이고, 김 매고 와서 땀은 촐촐 나는데 목욕은 할 수 있어? 집에 와서도 물을 조금 묻혀서 영영 닦기만 했주. 아기는 젖만 먹으려고 매달리는데 땀은 좔좔하고, 헝겊으로 젖 쓸어두고 젖 먹여가면서 김으로 불을 피워서 보리밥 솥을 앉히고. 아기는 가슴에 매달린 채로 불을 피우려고 하니, 땀이 안 나? 그래도 그 밥 다 앉히고 아기 젖 다 먹인 다음에야 몸을 닦았어.

　그땐 아기는 전부 젖으로 키웠주. 4·3에 보내분 첫 아기도 젖 먹여서 키웠고. 그땐 내가 먹은 게 없으니까 아기가 막 약했주게. 브리밥에 장국을 조금 먹으면 그걸로 끝이였주. 아기들도 조금 커가니까 젖이 모자랄 때는 쌀가루 갈아서 죽을 쒀서 먹이면 될 건데 그것도 정신이 있어야 쑤주. 그 아기들 키우려고 하니까 아기가 먹든지 말든지, 그냥 젖 먹는 체 하면 을어가도 밭에서 일만 했주. 아기 일곱을 다 키우려고 하니까.

4·3 끝난 살림에 밑천이 된 건 소

사태 나기 전에는 농사만 짓고 살았는데, 사태가 끝나니까 아무 것도 없잖아. 다 불타버려서 농사를 짓지 못하니까 먹고 살 수가 없는 거라. 처음에는 저 드렝이(장터드렝이) 위에 초낭(참나무)을 베어다가 숯을 묻었어. 그때는 초낭을 법에서도 관리를 안했거든. 숯을 크게 묻어서 숯이 완강하게 잘 되면, 우리 식구들이 다 같이 팔러 가는 거야. 구덩이에 묻어둔 숯을 파서 소구르마 싣고 집에 온 다음, 앙상한 억새를 베다가 노끈을 꼬아. 그걸로 숯을 달아매는 거라. 이젠 달아맨 숯을 수산리, 종달리까지 갖고 가서 감저로도 바꿔오고 소금으로도 바꿔오고 그렇게 했어. 난 아기가 있어서 한 번 갔다 오고는 안 갔지만 시어머니네는 그 숯 팔아서 먹고 살았어. 숯 한 포 줘서 감저 다섯관 정도 받아 오고, 어떤 때는 한 말도 받아왔어. 또 어떤 때는 쌀도 조금 바꿔왔주. 먹을 게 없으니까 그렇게 바꿔다가 먹은 거라.

또 월정, 행원, 이런 동쪽 해변 마을에는 피농사를 안 하주게. 그러니까 떡을 하려면 송당리에서 피쌀을 가져다가 하는 거라. 옛날 흰쌀 없을 때는 그 피쌀로 떡을 했거든. 피쌀도 희니까 흰쌀 대신으로 사용 했주. 피쌀 한말 가져가면 좁쌀은 되로 하나 더 바꿀 수 있어. 그래서 우린 피밥은 안 먹었주. 피쌀 한 말을 좁쌀 한 되로 늘려서 먹으려니, 우린 조밥만 먹으면서 살았어.

그래도 4·3 끝나고 없는 살림에 가장 밑천이 된 거는 소였어. 우리는 시어머니네가 종자 좋은 소 하나를 물려주니까, 그거 새끼 낳으면, 부릉이(숫소) 막 색깔 좋게 낳으면 하나가 30만 원씩 가났어. 그때 돈 30만 원이면 막 큰 거주게. 그렇게 해서 밭도 사고 했주. 소 두 개만 팔면 큰 밭 하나를 샀으니까. 높은오름에 만평짜리 밭은 소 2개 팔아서 산거라. 만평짜리 밭도 아들 육지대학 시키려고 하니까 1평에 천 원씩 받아서 팔아버렸주만. 그거 안 팔았으면 큰 돈 됐을 거라. 우리 남편이 "밭일랑 싯고 엇고(있고 없고), 나가 공부 못하니까 농사지언 촌에서 고생하는 거주. 아이들은 공부시켱 송당 아니 살리켄." 그렇게 해서 다 내보낸 거라. 지금 송당에 사는 아이들은 하나도 없주.

효도관광 " 이렇게 좋을 순 없었어"

아이고, 우리 살아온 역사는 볼 꼴 아니 볼 꼴을 다 보고, 고생 고생만 하면서 살았주. 그러다가 남편이 뇌졸중으로 쓰러졌어. 말하지 못하다가 조금씩 말을 해 갈 때, 우리 큰아들이 전화국에 다니니깐 부모 모시고 효도관광 가라는 게 나온 거라. 그래서 우리 큰아들 내외에, 나하고 남편하고 경주 불국사로 효도관광을 간 거라. 큰아들 내외와 효도관광 간 거, 그게 지금까지도 제일 좋아. 그때 아들 내외 호텔 방 하나 잡아놓고, 남편하고 나도 호텔방 하나 잡아놓고. 남편이 말도 버벅거려서 아픈 때라도 호텔방에 둘이 누우니까, 나 손목 폭 잡으면서 "이렇게 좋을 수가 어서." 그렇게 말해.

나도 효도관광해서 호텔에서 잠자고, 그런 좋은 구경하고 하니까 그렇게 좋을 수가 없었어. 이 세상에 태어나서 고생만 하면서 살다가 그때 처음으로 호사를 누려본 거라. 인생에서 가장 처음, 가장 행복한 순간이었주. 우리 남편은 6년 전에 먼저 가버리고 지금 이렇게 혼자 남아있지만...

(구술채록 · 정리_조정희)

좁쌀물이라도 한번 입에 넣어줬으면

홍춘호
_1938년 생. 4·3 당시 간덕면 동광리 무등이왓 거주

무등이왓 일곱 식구

　　　　　　내 이름은 홍춘호. 1938년 생이야. 4·3사건 났을 때는 10살이었어. 고향은 안덕면 동광리 무등이왓. 이름이 홍춘호라는 건 주민등록증이 나올 때야 알았어. 어렸을 때는 나를 홍화옥으로만 불러서 이름이 홍화옥인 줄만 알았지. 무등이왓 사람들이고, 화순 사람들이고 모두 홍화옥으로만 알아.

　4·3사건 날 때는 무등이왓에서 일곱 식구가 같이 살고 있었어. 어머니, 아버지, 남동생 3명, 그리고 사촌언니 하고 같이 살았어. 사촌언니는 우리 아버지 형님 딸인데, 나보다 5살이 많았어. 사촌언니네 부모님이 왜정시대에(일제 강점기에) 일본에 갔다가 죽어서 재로 돌아왔다는 말을 들었거든. 어머니 아버지가 없으니까 사촌언니가 우리랑 같이 살았고, 남동생은 8살, 5살, 2살짜리 이렇게 3명이 있었어.

숨어 다니다 치른 할머니 담제

　　　　　　할머니 할아버지는 4·3사건 나기 전에 다 돌아가셨어. 할아버지는 내가 한 6살쯤 됐을 때 돌아가셨으니까 4·3사건 났을 때는 이미 소상, 대상이 다 끝난 뒤였고, 할머니는 4·3 나는 해, 그러니까 1948년 8월 초나흘날(8월 4일)에 대상을 치렀어. 대상이 지나니까 동네 어른들이 우리 할머니 할아버지를 '복 좋은 양반들'이라고 했어. 4·3사건(이 본격화하기) 전에 돌아가셔서 대상까지 다 치르니까 그런 말을 했던 것 같아. 시국에 돌아가셨으면 소상, 대상은 커녕 장사(장례)나 제대로 치를 수 있었겠어? 할머니 대상 지나고 그해 10월이 되어가니 4·3사건으로 막 복잡해지기 시작했거든.

참, 대상 넘은 다음 100일 되면 날짜를 받아서 담제(3년의 상기가 끝난 뒤 상주가 평상으로 되돌아감을 고하는 제례의식. 대상을 치른 다음 다음 달 하순의 정일이나 해일에 지내는 제사)라는 걸 지내. 할머니 대상이 8월에 끝났으니까 11월에 담제를 지내게 됐어. 그때는 우리가 숨어 다닐 때였거든. 그래도 다행히 집은 불타지 않을 때여서 낮에는 숨어 다니다가 밤에 집에 돌아와서 할머니 담제를 지냈어. '담제축(문)'을 고하는 것을 빼면 나머지는 제사와 똑같아.

한밤중 나룩 찧어 밥 짓고… 젯상엔 고사리 하나

그런데 그때는 숨어 다닐 때니까 제대로 담제를 지낼 수 없었어. 떡 같은 것도 못하고, 고기가 없으니까 적 같은 건 생각하지도 못했지. 고사리 한 가지 하고, 산듸(밭벼)밥을 올렸어. 산듸밥이라고 해봐야 나룩이야. 그 밤에 나룩을 찧어서 밥을 짓고, 국은 놈삐(무)를 썰어놓고 간장만 넣어 끓였어. 산듸밥하고 무국, 고사리만 해서 올린 거야.

그 밤에 몰래 담제를 지낼 때는 겁도 났지만, 다행히 토벌대들은 밤에는 다니지 않았어. 토벌대들은 어두워지면 모두 (해안마을로) 내려가. 그러면 우리 세상이 되는 거야. 담제 지내고 며칠 없으니까 집도 모두 불살라 버렸지만... 집 불태운 다음에는 아무것도 없었지. 제사도 없고, 제사를 하려고 해도 올릴 것도 없고.

냄새나 먹기 싫었던 들깨죽

동광은 모멀(메밀)을 많이 (재배)했어. 주로 농사짓는 것이 메밀하고 팥, 조, 산듸야. 깨나 밀은 조금씩 했어. 밀은 큰일이나 제사 때 먹는 묵을 쑤는 용으로 갈았어. 메밀이나 팥은 많이 갈았고, 조도 그저 먹을 만큼만 갈았던 것 같아. 봄에는 지슬(감자) 심어서 먹고, 여름에는 주로 지슬이나 물외 같은 것을 먹었지. 보리쌀하고 좁쌀에 지슬 놓고 밥을 하면 그게 지슬밥이야. 그래도 그런 대로 먹을 만 했어. 어머니가 깨를 갈았었는데, 가을되면 유죽(들깨죽)을 먹었던 기억이 나. 나는 들깨는 냄새난다고 싫어했는데, 어머니가 "이거 깨죽이야, 깨죽이야"하면서 나를 먹였어. 그러면 나는 "아이, 냄새나요"하면서 먹지 않았지. 지금은 들깨죽이 더 맛 좋은데 그때는 그렇게 했었어.

곡식할 때 쓰던 일상의 도구들

그 시절엔 메밀을 베어내면 밭에 모아놓고 비가 들지 않게 새(띠)를 덮고 눌(낟가리)을 만들어 놔. 밤이 되면 아버지가 밭어 가서 명석을 펼쳐놓고 메밀을 꺼내 곡식을 장만하는 거야. 그때는 항아리가 없을 때여서 곡식을 멕(멱서리·짚으로 날을 촘촘히 결어서 만든 그릇의 하나. 주로 곡식을 담는 데 쓰인다)에 담아놨어. 둥그렇게 산듸 짚으로 엮은 멕이라는 게 있었어. 한 열 말(1말은 18리터 안팎) 정도 들어가는 것도 있고, 열댓 말, 스무 말 정도 들어가는 것도 있어. 크기가 여러 가지야.

작은 것은 씨뿌리는 밀망탱이(멜망탱이/망태기/물건을 담아 들거나 어깨에 메고 다닐 수 있도록 만든 그릇. 주로 가는 새끼나 노 따위로 엮거나 그물처럼 떠서 성기게 만든다)라고 하고, 조금 큰 것은 걸름(거름)착이라고 했어. 거름을 담아서 밭에 싣고 가는 게 걸름착이지. 옛날에는 보리씨하고 돼지우리에 있는 거름을 섞어서 밭 거름으로 썼거든. 돼지우리에 있는 거름을 골채(삼태기·흙이나 쓰레기, 거름 따위를 담아 나르는 데 쓰는 기구)로 갖다 퍼놓고 쇠스랑으로 고르게 편 다음 그 위에 보리씨를 뿌려. 그걸 쇠스랑으로 한 번 섞어놓고 다시 뒤집어서 또 한 번 섞어놓은 다음 쌓아두는 거야. 나중에는 그 거름을 멕 2개에 나눠 담고 소 등 양쪽에 싣고 가는 거지. 그렇게 한 번 싣고 가는 것을 '걸름 흔(한)바리'(바리는 짐을 운반하는 일본식 표현인 듯)라고 했었어.

씨뿌리는 밀망탱이가 가장 작고, 걸름착은 그것보다는 조금 크긴 해도 작은 편에 들었어. 또 그보다 조금 더 큰 것은 곡식을 넣고 이고 다닐 수 있었는데, 그건 맹탱이라고 하지. 맹탱이는 크기에 따라서 큰 멕, 작은 멕, 혼섬짜리 멕, 혼말짜리 멕, 닷말짜리 멕, 열말짜리 멕, 이런 식으로 불렀어. 어쨌든 밀망탱이나 걸름착이나 맹탱이나 전부 다 산듸 짚으로 만드는 거야. 주로 남자 어른들이 만드는데, 밤이나 비오는 날 만들고, 밭에 가지 않고 노는 시간에 짚으로 짜서 만들곤 했지. 그때는 멍석 같은 것도 다 집에서 짰으니까.

참, 두지라는 것도 있었어. 궤처럼 나무로 짠 건데 보통 집 방문 2개 정도 크기야. 위에는 뚜껑을 덮고 네모반듯하게 만들어. 그건 아무나 못 만들고 목수를 빌어서 짜는 거야. 보통은 집 마루 뒤쪽에 두고서 곡식을 저장하는 거지. 나무로 크게 짜니까 곡식도 많이 들어가고 쥐는 잘 들어가지 못했어. 또 높게 짜니까 어른 혼자서도 곡식을 퍼내지 못해. 어린 아이를 두지 안에 넣으면, 아이가 곡식을 퍼서 밖으로 내쳐줘야 할 정도로 크고 높았어. 두지는 농사를 많이 짓는 집에는 있었지만, 많이 하지 않는 집에는 필요가 없지. 우리 집에는 두지가 있었어.

무등이왓 아이들의 놀이, '새각시쿨'

무등이왓에서 사태나기 전에는 아이들하고 정말 재미나게 놀았어. 아이들끼리 모여서 공기놀이도 하고, 새각시놀이도 하고, 봄이면 삥이(삘기)치기도 하고, 배뜰락, 땅따먹기, 말타기 놀이 같은 걸 하면서 놀았어. 옛날에는 공깃돌이 없으니까 돌멩이를 쪼개서 공깃돌을 만들기도 하고, 깨진 항아리를 갈거나 진흙으로 동그랗게 공깃돌 모양으로 만들어서 공기놀이를 했어.

또 새각시쿨 놀이도 했어. 새각시쿨이라고 풀이름인데. 보리섶(잎) 같이 막 길고 가는 풀이야. 그 풀은 조금만 시들어도 질겨지거든. 칼로 뿌리를 잘라버리고 그 풀을 시들게 한 다음에 쪽대에 팽팽하게 마구 감아. 막 감은 다음에는 남은 풀은 길게 늘어뜨려서 그걸 머리로 삼는 거야. 그렇게 해서 묶기도 하고 땋기도 하고, 할머니 머리처럼 여지기도(얹기도) 하면서 인형놀이, 새각시 놀이를 하는 거야. 새각시가 완성되면, 이젠 돌멩이를 주워다 놓고 부엌에 솥 앉히는 식으로 깨진 항아리 조각을 올려. 그 다음 항아리 조각 위에 풀 이파리를 따다 놓는 거야. 항아리에 검질(김)을 담아서 밥하는 시늉을 하고. 새각시 잔치하는 시늉을 하는 거지. 지금 아이들 소꿉놀이 하는 거랑 똑같아. 새각시는 주로 우리 여자아이들이 만들었는데, 우리가 놀고 있으면 남자아이들이 와서 붙어. "나 아방 허키여, 너 어멍 허라(내가 아버지할게, 너가 어머니해)" 하면서 같이 놀았어.

또 봄 나가면 삥이치기를 했어. 삥이를 빻아서 돌리면 터질 때도 있고, 터지지 않고 둥그렇게 말릴 때도 있거든. 그게 삥이치기 놀이야. 터지지 않는 게 이기는 거지. 그러면 남의 삥이를 따오는 거야. 삥이치기가 잘되는 날은 삥이를 먹는 재미도 쏠쏠했어.

배뜰락은 조금밖에는 안 해봤어. 배뜰락은 지금 아이들 줄넘기 하는 거랑 똑같아. 지금처럼 줄넘기가 없으니까 그땐 짚으로 줄을 만들어서 놀았어. 짚으로 단단하게 새끼를 꼬아가지고 만들기도 하고, 새를 찧어서 시들시들해지면 꼬아가지고 그걸로 배뜰락 놀이를 했지. 그리고 땅따먹기도 했었어. 곱을락(숨박꼭질)이랑 말타기도 해나고.

동카름 팽나무 놀이터 아래 아기구덕들

우리 어릴 때는 5살만 돼도 아기업개(업저지) 노릇을 했어. 나는 맏이에다 남동생이 3명이어서 아기업개만 죽게 했지. 5살쯤 되니까 어머니가 밭에 갈 때 나를 데려가서 아기구덕 옆에 앉혀 놓는 거야. 아기(동생)가 깨서 울면 어머니한테 가서 "동생이 울어요" 전하고, 그렇게 아기업개를 하다가 조금 크니까 검질(김)을 매라고 하더라고. 옛날에는 7살만 되면 아기를 업고 다니기도 했어.

무등이왓 아이들은 여름이면 동카름 폭낭(팽나무) 아래 모여서 놀았어. 우리가 놀고 있으면 밭에 가는 동네 삼촌들이 아기구덕을 팽나무 아래 놓고 가면서 우리보고 "벗하면서 놀라"고 하는 거야. 여름이면 동카름 팽나무 아래 아기구덕이 몇 개씩 있었지. 우리는 아기구덕을 흔들면서 공기놀이도 하고 소꿉놀이도 하고 그렇게 놀았어. 감자 찐 거를 가지고 가서 먹기도 하고, 8월이 되면 대죽(수수) 같은 것을 나눠 먹기도 했어. 지금이야 팽나무 가지가 다 잘려서 작아져버렸지만, 옛날에는 팽나무 가지가 길 위를 탁 덮을 정도로 아주 컸었어. 그래서 가을이 되면 남자아이들이 팽나무 위에 올라가서 폭(팽나무 열매) 가지 꺾어서 우리한테 떨어뜨려줬어. 팽나무 열매를 폭이라고 불렀거든. 그 열매가 꼭 팥알같이 생겼어. 남자아이들이 폭 가지를 떨어뜨려 주면 우리는 밑에서 놀면서 그 폭을 따 먹는 거야. 폭이 또각또각 맛있었어. 점심때가 되면 삼촌들이 하나 둘 아기 젖을 먹이러 와. 그러면 놀다가 자기 어머니 따라 집에 가서 점심밥을 먹고 다시 팽나무 아래로 모이는 거지.

근데 그 옛날에도 못 사는 사람은 진짜 못 살았던 거 같아. 동카름 팽나무 아래서 아기들을 돌보다 보면 어떤 아기들은 물자랑이 똥을 싸는 거야. 여름에 썩은 볼래낭(보리수나무)에 자라는 물컹물컹한 버섯을 둗자랑이라고 했는데, 그게 소화되지 않고 똥으로 그대로 나오는 거지. 지금은 물자랑이 버섯이 아주 비싸다고 하더라고. 어머니한테 "누구네 아기 똥 싼 거 보니까 까만 똥, 이상한 똥을 쌌어요" 하면, "아이고, 쌀이 없으니까 물자랑이 같은 거 해다가 먹여서 그런 거야. 물자랑이 먹으면 소화되지 않고 그냥 다 나온다"고 했었지. 옛날에도 어려운 사람들은 밥 못 먹으면 물자랑이 버섯 같은 거 따다가 삶아먹고, 이웃에 곡식을 빻아주거나 일을 거들어줘서 밥을 빌어다 먹고 했었어.

무등이왓 내 친구들

어릴 적엔 무등이왓에 아이들이 많았던 거 같아. 우리 옆집이고 윗집이고, 뒷집이고 다 또래 아이들이 있었거든. 이제 생각해보면 동네에 우리 아버지 또래의 어른들이 많아서 아이들 나이가 비슷비슷했던 거 같아. 그때 동카름 팽나무에서 같이 놀았던 친구들은 지금도 다 생각이 나. 김인수, 양치호, 부홍순, 고계화, 신봉연, 강기리. 그리고 또 있었는데 갑자기 말하려니까 이름이 떠오르지 않네. 옛날엔 동네 어른들 이름도 다 알았는데, 김인수 아버지는 김군필이고, 양치호 아버지 이름은 양만순, 우리 동녘집 고계화 아버지 이름은 고빈년, 참, 우리 뒷집이 김인수네 집이었어. 무등이왓에서 4·3해원상생굿

(2013년)을 한 적이 있었는데 굿했던 자리가 김인수네 집터였어. 우리 집은 바로 그 앞집이었고.

무등이왓엔 학교는 없었어. 사숙이 하나 있었지. 어느 집 밖거리 자그마한 방을 하나 빌려서 한문 선생을 한 분 놔가지고, 어른들, 남자아이들만 가르쳤던 사숙이 있었어. 여자들은 거기는 다녀보지도 않았지. 대신 그때 간장동에 간이학교가 있어서 거기를 몇 달 다녔어.

아침에 밥을 먹으면 무등이왓에서 간장동까지 아이들과 걸어 다녔어. 간이학교는 시국 나는 해 봄에 몇 달을 다녔는데 가을이 들어서면서는 못 다니게 된 거지. 그 사태 끝나서도 학교는 못 가봤어. 그런데 사태 끝난 다음에 서귀포 수용소에서 살다가 나오니까 내 이름도 모르겠더라고. 그래도 '가나다라' 몇 달 배운 게 하나도 기억이 안나. 죽어지카부덴만 하면서(죽어질까봐 조마조마하면서) 그 사태를 넘으니, 나중에는 이녁(자기) 이름도 쓸 줄 모르게 된거지.

말방앗간에서 곱을락 놀이… 5개의 말방앗간

무등이왓은 동카름반(동반), 섯반, 알반, 웃반 이렇게 반이 4개로 나눠졌었어. 우리는 동카름반이었지. 우리집 앞을 길목으로 해서 동쪽은 동카름반, 위쪽은 웃반, 왼쪽은 섯반, 알동네는 알반, 이렇게 반이 4개였는데 말방아는 5개였어. 말방앗간은 우리 아이들한테는 또 다른 놀이터였지. 곱을락을 할 때는 말방앗간에 가서 숨었었거든. 말방앗간은 2~3년에 한 번씩은 띠를 새로 덮어서 관리를 해야 해. 띠 갈아치기를 할 때는 이녁 반만씩 말방앗간을 새로 덮었어. 집집마다 띠 몇 개씩, 몇 단씩 갖고 가서 줄을 놔서 새로 덮는 거야. 그렇게 반마다 자기네 반에 있는 말방아를 관리하는데, 말방아를 사용할 때는 반하고 상관없이 틈나는 대로 놀리는 방아가 있으면 아무 거나 써도 되는 거야. 이용하는 건 아무거나 이용해도 되는 거지.

말방아는 동네마다 작업하는 순서가 있었어. 자기가 제일 먼저 조코고리(조이삭)을 찧으려면 말방앗간에 조이삭을 갖다놓고 그 위에 솔박(나무를 파서 납작하게 만든 바가지)을 엎어놔. 그러면 "아, 이거 누가 조이삭을 찧으려고 하는구나"해서 알게 돼. 또 그 다음에 누가 조를 갖다 놔두면 "아, 그 다음에는 조를 찧으려고 하는 구나" 하는 거지. 솔박을 엎어서 차례차례로 두면. "아, 누구네 누구네 하면 그 다음은 나 차례로구나", "조 찧을 거로구나", "조이삭 찧으려고 하는구나"하고, 곡식을 보고 아는 거야. 물에 불린 쌀을 갖다 놓으면 "아, 누구네 쌀가루를 뽑으려고 하는 구나" 알고. 소상을 치르려면 쌀을 한 줌 정도 갖다 놓았어.

지금은 남아있는 말방아가 간장동에 있는 말방아 하나 뿐이고, 나머지는 모두 없어져 버렸어. 간장동 말방아는 무등이왓에서 가져온 건데 어디 있었던 말방아인지 모르겠어. 간장동 재건한 다음에 동광리 청년들이 무등이왓에서 말방아를 옮겨오는데 한 달은 걸렸을 거야. 그때 어떻게 말방아를 가져올 생각을 했는지 몰라도, 그래도 가져오니까 하나는 지킨 거지.

4·3, 무등이왓을 덮치던 학살의 시작

무등이왓에서 제일 처음 이상한 일은 우리 아버지네가 공출을 안 했다면서 면사무소 직원들이 무등이왓에 올라온 때였어. 면 직원들이 오니까 마을 어른들이 찾아가서 사정을 했어. 공출을 좀 줄여달라고 부탁을 했겠지. 그런데 얘기가 잘 안됐는지 나중에는 우리 아버지네가 면 직원들을 때려버렸어. 그땐 우리 아버지네가 아주 싱싱한 청년들이였잖아. 면 직원들을 때려분 죄로 우리 아버지하고 몇 사람이 잡혀간 거야.

집에서 밥을 가져가도 들여 주지도 않고, 면회도 안시켜주고. 그러다 나중에는 아버지를 데려가라고 연락이 왔나봐. 아버지 친구분들이 가서 모셔왔더라고. 집에 온 아버지를 보니 죽은 사람이나 마찬가지야. 얼마나 매를 맞았는지, 완전 죽은 사람 같았어.

그때는 약도 없고 돈도 없을 때니까, 어머니가 검은 쇠를 기르는 집에 가서 쇠똥을 얻어왔어. 불을 피워서 무쇠솥 뚜껑을 올리고, 무쇠솥 뚜껑에 돌을 깔고, 그 위에 쇠똥을 올려놨어. 따뜻하게 덮힌 쇠똥을 검은 헝겊 속에 놓고 시커멓게 멍든 아버지 몸에 올려 찜질을 하는 거야. 뜨겁게 덮힌 검은 쇠똥으로 아버지 매독을 떼는 거였어. 그때가 정말 더운 한여름이었는데 그거 밖에는 다른 약이 없었어. 다른 방법이 없었지.

그 일이 있고 나서 한동안은 잠잠했던 거 같아. 그거 말고는 이상한 일이라고 생각되는 게 없거든. 우리야 매일같이 동카름 팽나무에 모여서 놀고, 어른들은 밭에 가서 일하고. 그러다 갑자기 경찰들이 들이닥쳐서 아무런 이유 없이 사람들을 죽였어. 처음에는 면 직원 때려 버린 사건 때문에 분풀이로 하는가? 했는데 나중에 보니 그게 아니었어.

사태가 났다는 걸, 시국이 이상하다는 걸 영 몰랐어. 우리는 그때 아무것도 몰랐어. 그냥 느지막이 아침밥을 먹고 있으니까 경찰들이 올라와서 집집마다 다니면서 "나옵서, 나옵서" 하는 거야. 그날 한 10명을 죽여 버렸어. 사람 죽일 줄은 모르고 그렇게 나오라고 해서 나갔는데 무조건 죽여 버리니까 그 다음부터는 무서워서 숨어 다녔어. 왜 그렇게 죽였는지 우리는 몰랐어. 나중에 '시국', '시국'하니까 "아, 시국이 이거구나" 했지. 처음에는 사람이 죽어도, 그 사람들이 왜 죽는지 전혀 몰랐거든. 무슨 이유로 경찰이 와서 죽이는지를 몰랐어. 나중에야 폭도다, 뭐다 하니까, "무조건 다 폭도라고 해서 죽여 버리고 있구나"

하는 걸 알았지.

나는 그날 사람들 죽는 거는 못 봤어. 다만 사람들 죽은 그 밭이 우리 집에서 가까웠거든. 오전 9시 반이나 10시, 그 사이였을 거야. 우리는 집에 있었는데, 총소리가 '팡팡팡' 나니까 불이 번쩍번쩍 하는 거라. 그냥 번개치듯 번쩍번쩍 하더라고. 어머니는 "사람들이 다 죽은 거 같다"면서 혹시 아버지도 죽었을까봐 그 밭에 가서 헤쳐 본 거야. 다행히 아버지는 거기 없었어. 어머니가 돌아와서는 "저기 누구 삼촌네, 누구네 몬딱(모두) 죽었져. 다행히 너네 아방은 안죽었져. 게도 삼촌네 다 죽어시난, 니네랑 나오지 마랑 고만 이시라."(다행히 아버지는 죽지 않았어. 그래도 삼촌들이 다 죽었으니까 너희들은 나오지 말고 가만히 있어라)고 했어. 어머니 손에 피가 벌겅허고, 달달달 트는 모습이 지금도 생생하게 기억이 나. 그날 저녁에 아버지와 마을 어른들이 밭에 있던 시체들을 다 묻었어. 그리고 뒷날부터는 숨어 살게 된거야.(1948년 11월 15일, 9연대 군인들이 무등이왓 마을에 들어와 주민들을 모아놓고 연설을 한 뒤, 주민 10여 명을 호명하고 집단총살한 사건)

"하나라도 살아남아야 한다"

지금도 그렇지만, 그때도 무등이왓 주변에 자왈이 많았어. 무등이왓 맞은편이 다 자왈이었거든. 낮에는 자왈에 숨어 있다가, 밤에는 집에 와서 잠을 자는 거야. 자왈에 들어가면 큰 나무 아래도 숨고, 돌 트멍(틈)에도 숨고, 돌 틈 사이에 조그마한 굴이 있으면 굴에도 들어가서 숨고. 음력으로 10월 15일 무등이왓에서 처음 사람들이 죽었으니까 우리는 16일 밤부터 숨어 다녔거든. 그러다 11월 20일, 21일쯤 돼 가니까 군인들이 집도 다 불태워 버리고. 그 다음부터는 밤이고 낮이고 자왈에서만 산 거지. 그렇게 한 달은 자왈에서 숨어 지냈던 거 같아.

옛날에는 자왈이 그렇게 크지 않았어. 어욱밭(억새밭)도 있고 촐밭(풀밭)도 있고, 작은 자왈들도 많았어. 경찰하고 군인들이 찾지 못할 곳을 골라서 살살 숨은 거지. 자왈에서도 한 군데만 숨질 않아. 사람들 발걸음으로 풀이 죽으면 길이 나버리잖아. 그럼 경찰이 찾을 것만 같아서 다른 데로 옮겨 숨어야 해. 아버지는 항상 숨을 곳을 찾아다녔어. 우리는 어린 동생들이 있으니까 남들이 숨는데 가서 같이 숨지도 못했어. 아기가 울면 들킬 수 있으니까. 우리 식구만 숨었지. 대부분 자기 식구들끼리 숨었지. 그런데 우리 아버지는 우리를 한 군데에 함께 숨기지 않았어. 어머니하고 둘째, 셋째 남동생을 함께 숨게 하고, 사촌언니하고 나하고 바로 밑 첫째 남동생 이렇게 3명은 따로 숨게 했어. 아버지가 '죽어도 한꺼번에 죽지 말라'고, '하나라도 살아남아야 한다'면서 그렇게 한 거지. 그러면 우리는 아버지가 숨으라고 한데 가만히 숨어 있는 거야.

어떤 때는 어욱밭 트멍(틈)에 땅을 조금 파서 나무 막대기를 세워. 그 다음에는 억새를 끊어다가 나뭇가지 위를 덮어서 움막집처럼 만드는 거야. 사람은 땅 밑으로 기어다니고, 안에 들어가서도 서있지는 못하고 앉아 있어야 해. 들어가는 입구를 억새로 덮어버리면 밖에서는 전혀 모르거든. 안에서 말을 하지 않고 조용히 있으면 사람들이 숨어있는지 몰라서 그냥 넘어가는 거야. 그런 것도 만들어 숨어보고, 밤에는 우리 밭에 가서 메밀 눌어 놓은 곳에도 숨어봤어.

"아, 오늘은 살아졌구나"

총소리가 '팡팡' 나면 '아이고, 오늘 죽는 건가' 그런 생각이 들어. 숨어있으면 토벌대 말소리가 들리거든. 토벌대가 '야야' 부르는 소리도 다 들려. 그러면 우리는 "우리 보고 오는가? 우리가 들켰나?" 하면서 가만히 가만히 숨소리도 내지 않아. 그러다가 해가 지기 시작하면 "아, 오늘은 살았구나!" 해가 질 때만 기다리는 거야. 해가 서녘 하늘로 넘어가기 시작하면 총소리가 점점 멀어져가고, 그러면 "아, 오늘은 살아졌구나!" 하고 어린 마음에도 안심이 돼. 날이 어두워가면 아버지가 데리러오거든. 그러면 밤에는 식구들이 다 모여 앉아. "아이고, 오늘은 살아서 보는구나. 오늘은 누구네도 죽고 누구네도 죽었져." 사람이 죽지 않는 날이 없었어. "아이고 다행히 니네는 살앙 봐졈구나. 오늘은 살앙 봐졈구나(아이고, 다행히 너희들은 살아서 보는구나. 오늘은 살아서 볼 수 있구나)." 그렇게 안부를 확인하는 거라. 자왈에 숨어 지낼 때는 먹을 게 없잖아. 그러면 아버지가 밤중에 숨겨둔 메밀 같은 것을 가져다가 맷돌7래에 갈아. 그걸로 범벅을 만들어서 헝겊에 싸서 주면, 그걸 조금씩 뜯어먹으면서 숨어있는 거지. 그래도 배고픈 생각이 안나. 배고픈 거, 뭐 맛 좋은 거 먹고 싶은 거, 그런 건 몰랐어. 살아진 것만 지꺼졍(기뻐)했지.

가족들을 살린 어머니의 꿈

다른 사람들 하고 같이 숨지는 못해도 서로 가까운 데 숨어 있으니까 어디에 누구네가 숨었는지 아버지는 다 연통을 하고 있었어. 우리는 아버지가 "오늘은 여기 가만히 있어라" 하면 그 말만 따랐으니까 누구네가 어디 숨었는지 몰라도 아버지는 다 알고 있었던 거지. 자왈에 숨기 시작하면서부터는 친구들 얼굴도 한 번 못 봤어.

우리가 숨었던 곳이 아주 많아. 그 시국 넘어가고는 한 번도 안가봤지만, 우리 숨었던 곳은 지금도 자왈 그대로야. 사람들이 다니지 않으니까 더 숲이 되어버렸지만. 그때는 앞작지에도 가서 숨고, 구석밧작지에도 숨고, 숨비나리에도 숨고, 중통굴에도 숨고, 뒷빌레(굴)에도 가서 숨고, 고구량에도 숨었어. 원물오름이나 미오름에도 숨고, 큰넓궤에도 숨고, 왕성이구석에도 가서 숨었었지. 숨었던 곳이 얼마나 여러 군데였게. 잘도 옮겨다니면서 숨었으니까. 하루하루 숨는 데 말고 며칠씩 숨은 곳도 그렇게 많았어. 그러니까 우리 살아온 삶은, 그렇게 목숨 걸고 숨어 다닌 일을 생각하면, 이제도록 살아 있는 것이 참 용하주. 숨었던 곳을 처음부터 말하면 중퉁굴, 앞작지, 뒷빌레(굴), 원물오름, 구석밧작지, 숨비나리, 고구량, 그러다 큰넓궤, 미오름 궤에 갔다가 마지막에는 거세왓까지 갔던 거야.

맨 처음이 중퉁굴. 중퉁굴에 메밀농사를 지었던 우리 밭이 있었거든. 그 밭에 가서 메밀 눌 트멍(틈)에서 잠을 자고, 또 거기 한두 사람이 앉을 수 있는 조그마한 굴도 있었는데 거기서도 며칠을 살았어. 그 밭에서 지내다가 무등이왓 앞에 있는 앞작지로 간 거야. 그 다음에는 뒷빌레(굴)에 가서 숨어 있다가 여러 사람이 죽으니까 무서워서 원물오름 뒤쪽으로 갔어. 뒷빌레(굴)에서 사람들이 죽은 날, 그날 우리도 거기 있었으면 같이 죽었을 거야. 우리는 어머니 꿈 때문에 살았어.

우리 어머니가 무서운 꿈을 꾼 모양이야. 아버지한테 "우리 오늘 여기 이시믄 죽어짐직 허우다. 똔 디로 가게마씸"(오늘 여기 있으면 죽을 것 같습니다. 다른 데로 가요) 어머니가 무섭다고 다른 데로 가서 숨자고 하니까, 아버지가 우리를 원물오름 뒤쪽으로 데리고 갔어. 우리가 원물오름으로 옮긴 날, 뒷빌레(굴)에서 사람들이 죽은 거야.(1948.12.11. 무등이왓 토벌로 인해 뒷빌레(굴)에서 피신 중이던 무등이왓 주민 20여 명이 집단학살 당한 사건) 우리는 그날 하루 피하니까 지금까지 살아있는 거지.

그날 뒷빌레(굴)에서 여럿이 죽었는데 아버지가 저녁에 가서보니까, 3살 짜리 아기가 죽은 어머니 위에 매달려서 젖을 먹고 있더라고 했어. 우리 동녘집 아주머니, 아저씨, 딸, 3명이 죽었는데, 그날이 잠복학살터에서 사람들이 죽은 바로 전날이야. 뒷빌레(굴)에서 사람들이 죽었다는 소식을 듣고는 다시 그곳에 갈 수가 없어서 우리는 구석밧작지로 가게 됐어.

"좁쌀물이라도 한번 입에 넣어줬으면"

구석밧작지에서 둘째 남동생이 죽었어. 배고파서 굶어 죽은 거야. 동생이 죽고 나서 우리는 다시 원물오름 뒤에 갔다가, 고구량에서도 며칠을 살았어. 원물오름과 고구량에서는 잠깐씩 있었어. 그러다 앞작지로 옮겨서 여러 날을 살았는데, 앞작지에서는 막내 남동생이 죽어 버렸어. 앞작지에서 다시 숨비나리로 와서 또 여러 날을 살았고, 그러다 나중에는 큰넓궤로 가게 됐는데, 그곳에서 (토벌대에) 걸린 거야. 어쩔 수 없이 큰넓궤에서 나와서 미오름 굴에 가서 숨었다가 다시 앞작지로 왔는데, 이번에는 첫쩨 남동생이 죽었어. 그때 그 순간만 넘기면 지금도 살았을 건데... 거세왓은 마지막으로 갔어.

구석밧작지에서 죽은 둘째 동생이나 앞작지에서 죽은 막내 동생과 첫째 동생 모두 굶어 죽었어. 지금 텔레비전에 나오는 아프리카에서 굶어 죽는 아이들과 똑같았어. 그 아기들처럼 먹지 못하다가 나중에는 말라 죽은 거야. 동생들이 죽어가니까 어머니가 한 말이 있는데, 어머니 그 말을 잊을 수가 없어.

"우리도 아무 때건 죽어도 죽을 거니까 죽는 거야 어쩔 수 없지만, 죽어갈 때 좁쌀물이라도 한 번 입에 낭 죽어져시민..."

어머니는 자식들이 좁쌀물 한 모금도 입에 넣어브지 못하고 굶어죽은 걸 늘 원통해 했어. 그것이 어머니 한이 됐지. 어린 자식들이 굶어 죽은 게. 어머니는 이녁 아기들 다 죽은 다음에는 다른 집 아이들 눈을 바라보지 않았어. 4·3사건이 끝나고 화순에 살 때에도 다른 아이들을 쳐다보지 않았지. 혹시나 다른 집 아이들을 봐질까 봐 물 길러 가는 것도 밤에만 가고, 낮에는 일부러 밖에 나다니지를 않았어. 어린 아들 셋을 그렇게 보낸 게 얼마나 한이 됐으면 그랬겠어.

4대 독자 아버지… 아들 셋 가슴에 묻다

죽은 남동생들은 어디 묻혔는지 몰라. 구석밧작지에서 둘째 동생이 날이 밝아갈 때 죽었는데 아버지는 죽은 아들을 묻으러 밖에 나가지 못했어. 죽은 동생을 옷에 가만히 싸 놓은 채 높은 곳에 올려 두고서는 해가 지고 어두워지니까 그제서야 품에 안고 나갔어. 아버지가 죽은 동생을 안고 나갔다가 혼자 돌아오던 그 얼굴이… 지금도 너무 아파. 그때는 아기들 죽은 건 묘를 안 했어. 묻기는 묻었을 테지만 내가 안 보니까 어느 쪽에 묻었는지 모르겠어. 아버지가 4대 독자였거든. 어머니가 아들 셋을 나니까 아주 좋아했었어. 나도 어릴 때 동네 삼촌들한테 으스대며 자랑했던 기억이 나. 그렇게 하다 보니 이놈의 시국 때문에 우리 남동생들도 다 그렇게 죽어 버리고, 집이 폭삭 망해분 거야. 나도 시국을 원망만 하면서 살다보니까 동생들 죽은 것도 4·3 희생자 신고를 하지 못했어. 그러다가 내가 동광리 4·3길 해설을 하게 되면서 기자나, 4·3 일을 하는 선생님들을 많이 만났어 "4·3사건 때 동생들이 죽었는데 당연히 희생자 신고를 해야지 왜 안하시냐? 군인들이 집과 마을을 불태워 버리니까 살 곳이 없어서 자왈에서 피난생활을 했고, 피난생활 하다 보니 먹을 게 없어서 동생들이 굶어죽었는데, 당연히 신고해야 한다"고 해서 4·3희생자 추가신고 할 때 이름을 올렸어. 그래서 나도 지금은 4·3희생자 유족으로 올라가 있어 (2019년 3월 26일 결정). 그런데 희생자 신고할 때 한 사람씩 보증을 앞혀야

된다고 하더라고. 결국 막내 동생은 보증해 줄 사람을 찾지 못해서 신고하지 못하고 첫째 동생(8살)하고 둘째 동생(5살)만 신고를 했어. 첫째 동생은 이름이 있는데(홍문선), 둘째 동생하고 막내 동생은 이름도 없었어. 그래서 둘째 동생은 '홍신길의 2남'으로 올렸지.

무등이왓 떠나 삼밧구석 큰넓궤로 숨어

우리가 숨비나리 쪽에 숨어있을 때였어. 아버지와 동네 어른들이 "이제는 겨울도 되고 춥고 먹을 것도 없고, 삼밧구석 큰넓궤에 사람들이 숨어있다고 하는데 우리도 거기 가서 같이 숨자"고 서로 약속이 된 거야. 그래서 밤중에 무등이왓 사람들이 다 같이 큰넓궤로 가게 됐어. 아무리 밤중이라도 큰길로는 갈 수 없으니까 억새밭 트멍(틈)로 걸어서 가야했어. 자왈로 들어가서 엎어지고 넘어지며 큰넓궤를 찾아간 거야. 큰넓궤에 도착해서 깜깜한 고망(구멍)으로 기어들어갔어. 다리 계단을 내려가니까 삼밧구석 어른들이 웃통을 벗고 앉아서 막 소리하면서 산듸 짚을 두드리고 있는 거야.

"아이고, 여기는 큰 소리로 말해도 괜찮은 곳이로구나."

그때부터 우리도 말을 하게 됐어. 자왈에 숨어다닐 때는 말은 커녕 숨도 한번 크게 못 쉬고 살았는데 큰넓궤는 완전 다른 세상이었어. 짚을 두드리는 어른들을 자세히 보니 모두 노인들이었어. 청년들은 굴 밖에 나가서 여기저기 망을 보러 다니고, 밖에 나가지 못하는 할아버지들은 굴속이 앉아서 짚을 두드리며 짚신 삼는 게 일이었던 거야. 밖에 나다니는 청년들은 하루에 짚신이 2개도 모자랐거든. 눈 쌓인 겨울에, 자왈을 댕기젠 허민(다니려고 하면) 2개도 부족하지. 그러니까 노인 어른들이 청년들 짚신을 짜주려고 짚을 두드려서 있었던 거야. 짚은 많이 두드릴수록 폭신폭신하게 돼서 새끼가 잘 꼬아지거든.

우리 무등이왓 사람들은 나중에야 큰넓궤에 들어가니까 굴 안쪽으로 깊숙이 들어가서 살게 됐어. 삼밧구석 사람들이 우리한테 굴 안으로 계속 들어가면 넓은 데가 나오니까, 안으로 들어가서 살라고 한 거야. 그 말을 듣고 안으로 들어가다보니까, 우리 아이들도 엎드려서 기어야 통과할 수 있는 좁은 골목이 나오더라고. 그 좁은 골목을 겨우 넘으니까, 정말로 막 넓은 곳이 나왔어. 돌멩이가 많이 있었고 남쪽으로는 한 2m 정도 높이에 2층 공간도 있었어. 2층은 나무사다리를 타야 올라 갈 수 있었는데, 우린 그 2층에서 지냈어.

굴이 워낙 넓어서 가운데는 걸어다니는 길로 놔두고, 가운데 길 양 옆으로 이녁 식구끼리 누웠어. 머리를 한쪽 방향으로 맞춰서 누운 거지. 바닥이 돌투성이니까 바닥에 까는 것도 다 이녁만큼씩 구해다가 깔았어. 우리는 아버지가 굵은 억새를 바닥에 깔아 줘서 그 위에 누웠어. 엎드려서 기어야만 겨우 통과할 수 있는 좁은 트멍(틈)으로 어떻게 억새를 가져올 수 있었는지, 지금 생각해도 모르겠어.

큰넓궤는 마을 사람들 공동체 공간

큰넓궤 안은 너무 깜깜했어. 불이라고 해봐야 각지불(등잔불) 밖에 없었거든. 자그마한 각지불 몇 개 켜면 그게 얼마나 밝을 거라? 그저 사람들 형체만 보일 정도였지. 사람이 앞에 있어도 누가 누군지 잘 몰랐어. 말소리로 '누구로구나' 알았다니까. 삼밧구석 어른들 짚신 짜는 것도 다 짐작치기로 한 거지 확실하게 보여서 짜는 건 아니었을 거야. 굴 안이 워낙 깜깜하니까 안에만 있으면 밤인지 낮인지 잘 몰랐어. 졸리면 아무 때라도 누워 자는 거 뿐, 할 수 있는 게 없었어. 그저 말이나 하면서 지내는 거야. 그래도 춥지는 않았던 거 같아. 그때가 겨울이었는데도 굴 안에서는 추웠던 기억이 없어. 이불이 없었는데도 추운 줄을 몰랐어.

굴 안에는 아이들도 여럿 있었어. 할 일이 없는 건 아이들도 마찬가지였어. 심심하면 서로 손 잡아서 굴 안쪽 구석까지 걸어갔다 오는 걸로 시간을 보냈어. 그러다가 목이 마르면 천장에서 똑똑똑똑 떨어지는 물, 그 물이 바닥에 고여있는 데를 찾아서 입을 갖다 대거나 억새 껍질을 벗겨서 빨대처럼 만들어서 조금씩 빨아 먹기도 했어.

참, 굴 안에서는 절대 불을 못 피웠거든. 어른들이 담배도 안 피웠어. 연기나 냄새가 굴 밖으로 나가면 토벌대한테 걸릴까 조심한 거지. 먹을거는 어른들이 밖에 나가서 다 이녁만큼씩 만들어서 가지고 들어왔어. 밭이나 돌 트멍(틈)에서 곡식을 갈아서 이녁 식구 먹을 만큼씩 범벅을 만들어서 갖고 오는 거야. 그럼 그거 조금씩 뜯어 먹는 체 하면서 살았어. 솔직히 그땐 범벅이라도 먹을 수 있으면 다행이었어. 범벅을 만들려고 해도 제대로 된 곡식이 없었거든. 그놈의 토벌대들이 다 태워버리니까 뭐 남은 게 있어야지.

토벌대들은 집 불태울 때 곡식 묻어둔 것도 다 꺼내다 같이 태워버렸거든. 숨겨둔 곡식까지 어떻게 잘도 찾아내는지, 몽땅(모두) 찾아내서 불태워 버렸어. 우리 아버지도 뒷빌레에 곡식을 숨겨뒀는데 토벌대가 사람들 죽여불고 그 사람들 살아난 거 모아놓고 불 붙여버릴 때, 우리 곡식 숨겨둔 것도 다 타버렸어. 그래도 아버지는 불에 타다 남은 곡식을 어떻게 한쪽으로 잘 모아뒀던 것 같아. 나중에 우리가 그걸 가져다가 갈아서 범벅을 만들어 먹었거든. 불에 타다 남은 곡식으로 범벅을 만드니까 불 칸 냄새(불에 탄 냄새)가 진동했어. 아버지가 헝겊에 싸서 가져오는 범벅은 항상 불 칸 냄새라. 그래도 그거 밖에는 먹을 게 없으니까 그거라도 감지덕지였지. 그땐 죽지만 않으면 좋은 걸로 생각할 때여서 배고픈 것도 잘 몰랐어.

우스운 얘기지만, 제대로 먹지도 못하는데도 화장실은 가게 되더라고. 오줌 같은 것은 그냥 한쪽 구석에 가서 싸버리고 말았는데. 대변을 볼 때는 꼭 2층에서 아래로 내려와서 돌 트멍에다 싸는 거라. 우리만 그러는 게 아니고 남들도 다 그렇게 했어. 굴 안에서 숨어살 때도 서로가 지켜야 되는 게 다 있었던 거지.

"시국 편안해지면 밖에 나가서 하늘 보자"

큰넓궤에서 다 같이 먹고, 자고, 싸고 하면서 한 50일 정도 살았나? 꽤 오래 살아진 거 같아. 그렇게 오래 살다보니 나는 밖이 보고 싶더라고. 배고픈 건 별로 모르겠는데 하늘이 그렇게 보고 싶었어. 이상하지? 왜 그렇게 하늘이 보고 싶었을까? 아버지한테 "밤에라도 굴 밖에 나가서 밤하늘이라도 한번 보여 줍서"하면서 졸랐어. 우리 아버지 하는 말씀이 "이제 나가민 죽나. 시국 편안해지거들랑 그때랑 나강 하늘 보게이. 이제 나가민 죽나"(지금 나가면 죽는다. 시국이 편안해지면 그때는 나가서 하늘을 보자. 지금 나가면 죽는다), 그렇게 하면서 나를 달랬어. 아버지가 "나가민 죽나"하는 소리에는 더 보채지를 못했지.

"나가면 죽는다"는 말이 괜히 겁을 주려는 게 아니었거든. 그땐 동생들 굶어 죽는 것도 봤고, 마을 어른들이 총에 맞아 죽은 것도 봤고, 탕탕탕 총소리, 피가 벌겅했던 어머니 손까지. 이미 죽음을 눈으로 본 때였으니까. 언제, 어디서든, 우리 부모가, 내가 죽어도 하나도 이상하지 않을 것만 같은 그런 시국이었으니까. 그래도 큰넓궤 굴에 살 때는 굴 안에서 죽은 사람은 없었어. 나는 보지 못했어. 삼밧구석 사람들은 어떻게 됐는지 몰라도, 우리 무등이왓 사람들은 굴 안에서는 아무도 안 죽었어. 나중에 토벌대한테 굴이 발각돼서 밖으로 나올 때, 그때 아이 하나가 죽긴 했지만.

눈 위에 난 발자국을 지우다

모두가 조심한다고 했는데 결국 (토벌대한테) 들키고 말았어. 큰 넓궤가 껄렸으니까 이젠 다른데 가서 숨어야 하잖아. 삼밧구석 사람들과 다 같이 밖으로 빠져나오는데 그놈의 토벌대들이 굴 입구를 돌로 다 막아버렸더라고. 다행히 밖에 있는 청년들이 돌을 치워줘서 겨우 나왔어. 밖에 나와 보니 눈은 어른 무릎만큼 하얗게 쌓여 있지, 굴 안에서만 50일 정도를 살다가 세상 밖으로 나오니까 어른들도 왁왁해분 거(캄캄한 거) 닮아. 사람들이 어떻게 해야 할지를 몰라서 웅성거리고 있는데 어떤 청년이 "이제 날이 밝아 가면 토벌대가 올라와서 다 죽게 되니까, 아무데라도 가고 싶은데 가십서. 여기 있으면 다 죽습니다"고 말해. 그 말을 듣고 우리 무등이왓 사람들은 미오름 쪽으로 올라가고, 삼밧구석 사람들은 돌오름이 있는 한라산 쪽으로 가기 시작했어.

눈은 이만큼씩, 어른 무릎만큼씩 하얗게 쌓여있지, 날은 춥지, 바람은 불어오지, 우리는 따뜻한 굴 안에만 있다가 나오니까 졸바로(제대로) 입은 것도 없지. 어떵 할거라? 경허당 보난 강씨 아이 하나는 얼엉 죽어불고(어떻게 할거야? 그렇게 하다 보니 강씨 아이 한 명은 얼어서 죽어버렸어). 남자아이였는데 미오름 가는 중간에 죽으니까, 그 아이를 그냥 버려두고 갔어. 지금은 미오름에 쑥대낭(측백나무)이 빽빽하게 있지만, 그때는 억새밭이었거든. 눈이 얼마나 쌓였는지 어른들이 아이들을 업고 올라가야 했어. 뒤에서 오는 어른들은 나무 막대기로 눈 위에 난 발자국을 없애면서 올라갔지. 다행히 바람이 많이 불고, 오름 길이고, 눈까지 내리니까 발자국이 싹 없어지더라고. 그래서 우리는 토벌대한테 발각되지 않고 미오름에 무사히 숨게 된 거야. 나중에 보니 돌오름 쪽으로 간 삼밧구석 사람들은 눈 위에 난 발자국 때문에 (토벌대한테) 모두 걸렸다고 하더라고.

미오름 궤… 살아남기 위해 굴을 파다

큰넓궤에 있던 무등이왓 사람들은 전부 미오름으로 같이 갔어. 숫자는 정확히는 모르겠는데 한 20~30명은 넘었던 거 같아. 우리 식구만 해도 어머니, 아버지, 사촌언니, 나, 첫째 동생까지 5명이었고, 아까 아이 죽어분 강칩(강씨 집) 식구들도 여럿이 있었어. 강칩은 두 집이 있었고, 김기화네도 서너 식구가 같이 갔었고, 고칩(고씨 집), 신칩(신씨 집) 사람도 몇 사람 있었어.

미오름에도 궤가 있었는데, 그 궤는 우리 동광 사람들이 직접 판 굴이었어. 미오름은 송이 능선으로 되어 있었는데 능선에 있는 나무 하나를 의지해서 그 굴을 판 거야. 숨으려고 판 거지. 송이로 된 능선이어서 쇠스랑 같은 걸로 박박 긁으면 좔좔좔좔 흙이 잘 파졌어. 처음에는 조그맣게 팠다가, 사람들이 많아지니까 나중에는 안쪽으로 점점 더 깊게 파서 살았어. 미오름 궤는 능선에 붙어있으니까 궤 아래는 절벽이잖아. 그러니까 궤 입구에 있는 나무를 잡아서 톡 하게 뛰어야 굴 안으로 쏙 들어갈 수 있었어. 그 나무를 안 잡으면 굴 안으로 못 들어가고 굴 아래로 떨어지는 거지. 미오름 궤에 살 때도 안에서는 밥을 못하니까 어른들이 밖에서 먹을 걸 만들어서 가지고 왔거든. 그런데 먹을 걸 가져 오다가 아차 잘못해서 놓치면, 그냥 능선 아래로 떨어져 버리는 거야. 그럼 그날은 굶는 거지. 아이고, 얼마나 을큰한지(애석한지) 몰라. 그래도 미오름 궤에 숨어 살 때는 바깥이 훤하게 보여서 좋았어. 큰넓궤에 살 때 하도 깜깜한 밤 생활만 하다 보니 하늘이 그렇게 보고 싶었는데, 미오름 궤는 바깥이 훤하게 보이니까, 나는 그것만으로도 살 것 같았어. 미오름에서는 한 달 정도 살아진 거 닮아.

"자수하면 살려준다" 귀순 삐라 줍다

큰넓궤에서 나온 게 1월쯤이었으니까, 미오름에 와서 2월 한 달 정도 살다가, 3월 봄 나니까 다시 앞작지로 내려왔어. 물이라도 좀 편하게 먹자고 내려온 거야. 먹을 걸 지고 눈 쌓인 오름을 올라 다니려면 얼마나 힘이 들었겠어. 거기다가 미오름에는 물도 없었거든. 물이라도 좀 가까운데 있는 곳에 숨자고 해서 앞작지로 내려왔는데, 앞작지에 다 와서 우리 첫째 남동생이 죽었어. 그 오래비가 조금만 더 버텼으면 지금도 살아있을지 모르지.

아버지가 붉은오름에 물을 길러 가다가 길가에 종이들이 막 흩어져 있는 걸 보게 됐어. 붉은오름엔 지금도 물통이 남아있어. 종이를 주워보니, '자수해서 내려오면 죽이지 않고 잘 살려주겠다. 내려오라'고 하는 귀순 삐라였어. 아버지가 동네 사람들한테 가서 "이제 내려오민 죽이지 아니 헌댄 헴시메 우리 이제랑 내려가민 어떵허코 마씸? 만날 영 곱앙만 살지도 못헐거고 이제랑 내려가게 마씸"(지금 내려오면 죽이지 않는다고 히니 우리 이제는 내려가면 어떻겠습니까? 매일 이렇게 숨어서만 살지도 못하겠고, 이제는 내려가요)했어. 그랬더니 앞작지에 숨어있던 사람들이 "우리 죽이지만 안허켄 허민 내려가그네 벌랑 받고씨고, 죽이지만 안허민 이제 내려가게"(우리 죽이지만 안한다고 하면 내려가서, 벌 받고 안 받고는 관계없이 죽이지만 않으면 이제 내려갑시다) 내려갈 걸로 모두 약속이 된 거야.

다 같이 내려갈 걸로 약속이 돼 있었는데 하루는 총소리가 '팡팡' 나는 거라. 총소리가 나니까 우리 아버지하고 이웃 어른이 막대기에 하얀 한복을 졸라매

가지고 손들고 나갔어. 토벌대들이 "폭도 새끼들 내려왔져, 폭도 새끼들 자수 했져"하면서 막 좋아하는 거라. 토벌대들은 우리를 덕수파견소로 끌고 갔어.

덕수파견소, 돌팔매질과 토벌대의 물건 강탈

덕수파견소는 덕수리 성담 안에 초소처럼 만들어져 있었어. 처음에는 파견소 순경들이 보초서는 보초막 아래쪽에 우리를 앉혔어. 땅바닥에 앉혀놓고 마을 사람들이 더 내려올 때까지 이틀을 살리는 거야. 처음에는 우리 식구하고 다른 한 집만 먼저 내려왔거든. 이틀 동안 동광 사람들이 더 내려오니까, 그제서야 넓은 마당으로 데려가서 다 같이 앉혀놨어. 거기서 처음으로 좁쌀밥에 미역국을 주더라고. 좁쌀밥하고 미역국을 본 지가 언제인지 몰라. 너무 맛있게 보이는 그 밥을 먹으려고 하는데, 덕수리 사람들이 우루루 몰려오는 거라. 아이들이고 어른이고, 청년들이고, 여자고 우루루 몰려와서는 우리한테 돌멩이질을 하기 시작해. 돌멩이로 맞히고 물을 갖다 치치고 말도 못했어. "우리 집에 폭도로 들어난 것들! 저거 저 아기 업엉 우리 집에 폭도로 들어난 거여! 저것들 보라! 저 폭도 새끼들 보라!"

덕수리 주민들이 우리한테 폭도라고 욕을 해대는 바람에 그 맛좋게 보이는 밥을 하나도 못 먹었어. 얼마 만에 구경한 밥이었는데 말이지. 아무도 못 먹었어. 심지어 우리 아이들까지도 안 먹었어. 도저히 먹을 수가 없었어. 우리는 죽어지카부덴 숨엉만 살당 보난, 폭도가 되분거라(죽어질까봐 숨어만 살다 보니, 폭도가 되어버린 거야).

덕수리에서는 토벌대들도 엄청 독했어. 나중에 수용소에 가보니까, 다른 데 토벌대한테 붙잡혀 온 사람들은 옷 보따리 같은 건 뺏기지 않았더라고. 그런데 덕수 토벌대로 귀순한 동광 사람들은 옷 보따리까지도 다 빼앗아버리니까 갖고 있는 게 아무것도 없었어. 우리 어머니도 일본에서 갖고 온 넓은 개수건하고 걸랭이가 하나씩 있었는데 그것도 덕수에서 뺏겨버렸어. 개수건은 긴 레이스가 주렁주렁 달린 건데 막 넓은 거야. 한 발도 넘은 거였어. 색깔은 자주색으로 그 시절엔 흔치 않은 거였지. 어머니가 개수건을 목에 두르고 앉아 있으니까 파견소 순경이 "아주머니, 목에 두른 수건 좀 봅시다" 하는 거라. 어디 명(령)이라. 그리고 아기 업고 다니는 개로 만든 폭신폭신한 걸쾡이도 한 번 보겠다고 순경이 갖고 가서는 돌려주지 않았어. 그런 것까지도 토벌대가 다 빼앗아 버리니 나중에 화순지서 갈 때는 옷 보따리 하나 가진 사람이 없더라고. 밥도 못 먹고, 옷 보따리도 다 빼앗긴 채 우린 화순지서로 넘겨졌어.

화장실 위에서 잠 자고 밥을 먹다

화순지서에 가니까 감옥소(수용소)가 딱 2개 있었어. 하나는 굴이나 마찬가지로 깜깜한 감옥소였고, 다른 하나는 네모반듯한 조그마한 유리창이 하나 달려있는 감옥소였어. 우리는 유리창이 있는 감옥소에 갇혔는데, 우리 옆집 삼촌과 동네 삼촌 몇 명은 그 깜깜한 감옥소에 갇혔더라고. 다 같이 내려왔는데도 두 군데로 나눠서 수용이 된 거지. 그런데 깜깜한 감옥소에 갇혔던 삼촌들은 몰래 데려가서 죽여 버린 것 같아. 나중에 우리가 서귀포로 갈 때 보니까 감옥소가 텅 비었더라고. 그런데 지금까지도 그 삼촌들 행방을 몰라. 시체도 못 찾았다는 거 같고. 강칩(강씨 집), 고칩(고씨 집) 삼촌이 한 명씩 있었고, 한 너댓 명 쯤 모두 청년들이었어. 내려오면 살려주겠다고 해서 같이 내려온 건데, 왜 그 삼촌들만 없어졌는지 모르겠어.

화순지서 감옥소에서도 한 3~4일은 살아진 거 같아. 그냥 갇혀만 있었어. 감옥소에만 있으니까 주민들이 욕하는 것도 없고. 주먹밥 하나씩 나눠주면 그거

나 먹으며 지낸 거야. 그런데 물은 안주고 주먹밥만 주니까 물이 무지 먹고 싶었어. 그때부터 배고픔도 알아진 거 닮아. 그 전에는 배가 고픈지도 모르고 살았는데 그때부턴 배도 고프고 목도 말랐어. 감옥소에 있을 때는 일절 밖에 나가지를 못하니까, 화장실도 감옥소 안에서 다 해결해야 했어. 감옥소 바닥이 마루로 돼 있었거든. 네모반듯한 널(널빤지)로 조각조각 짠 마룻바닥인데 그 가운데 손잡이를 하나 달아놨더라고. 그 손잡이를 톡 잡아올리면 그게 화장실이었어. 마룻바닥 밑이 화장실인거라. 어른이고 아이고 처녀고 총각이고 일 보고 싶으면 마룻바닥 손잡이 들어서 그 위에 앉아 일을 보고, 뚜껑을 닫고 그 위에서 잠을 자고, 밥을 먹고 그렇게 했어. 참… 죽지 못해서 사는 거였지.

태어나 처음 본 바다… 배에 실려 수용소로

화순지서에서 3~4일 정도 살고 있으니까 하루는 감옥소 밖으로 다 나오라고 하더라고. 우리를 마을 아래쪽으로 끌고 가는 거라. 순경들이 옆에 보초를 서고, 우리는 죄인 모양으로 고개도 들지 못한 채 졸졸졸 따라갔어. 도착해 보니 바닷가였는데, 그때 나는 바당물(바닷물)을 처음 봤어. 바다가 출렁거리는 것도, 출렁거리는 바다에 떠 있는 배도 다 처음 본거라. 이제 그 배를 타고 서귀포 단추공장으로 가게 됐어. 배에는 우리 동광 사람들만 탔어. 경찰이 인솔해서 태웠는데 20명 정도 됐던 것 같아. 배도 큰 배는 아니었고 통통통통 소리나는 발동기로 가는 조그마한 배였어. 배를 타고 가는데 가도 가도 끝이 없는 거야. 물만 보이고. 우리 어머니가 하는 말이 "지서에서 옆집 삼촌네는 어디 간 줄도 모르고, 어디 잡아가서 던져 버리고, 우리는 바다에 던져 버리고 하는 모양이여", "아이고, 우리는 오늘 다 살았져. 살리켄 행 여기까지 와신디 이제는 고기밥 되젠 헴쪄(살려주겠다고 해서 여기까지 왔는데 이제는 고기밥 되려고 하는구나)", "너 오래비들도 어차피 아무 때 죽어도 죽을 거, 고기밥 되느니 빨리 앞에 잘 죽었져," 하는 거라. 어머니가 자포자기로 막 울면서 얘기하는데, 그때는 우리도 다 고기밥 되는 줄 알았지. 그래도 다행히 바다에 던져지지 않고, 배가 육지에 도착을 하더라고. 내려보니까 서귀포 천지연 폭포 밑이었어. 지금 항구 있는 데 바로 그 자리야. 배에서 내려서 내를 건너 10m 정도 가니까 바로 단추공장이 나오더라고.

서귀포 수용소… 옷에 밥 받아먹고, 쌀 한 톨에 울다

단추공장엔 남군(옛 남제주군) 사람들이 가득했었어. 남군사람은 다 모인 거 같았어. 창고 안으로 들어가자 이녁 만씩 자리를 잡아서 앉으라는 거야. 우리도 어머니, 아버지, 사촌언니, 나 이렇게 4식구가 한쪽에 자리를 잡았어. 이불이 있는 사람들은 이불을 깔고 눕기도 했는데, 우리 닮은 사람은 몸뚱아리 뿐 아무것도 없으니까 그냥 바닥에 누웠어. 창고는 세멘(시멘트) 바닥이었는데, 그래도 봄이 되니 춥진 않더라고.

이제부터 단추공장에서 수용소 생활이 시작되는 거야. 밥은 하루에 두 번, 아침에 한 번, 저녁에 한 번 줬어. 수통에 밥을 담아 오는데 밀밥인지, 보리밥인지는 모르겠어. 찰기가 없어서 하나씩 하나씩 살살살 다 떨어지는 밥을, 나무막대기에 작은 깡통을 하나 박아서 국자처럼 만든 걸로 떠서 한 사람씩 주는 거라. 그럼 어른들은 손이 크니까 양 손으로 받아서 먹고, 나 닮은 아이들은 손이 작으니까 입은 옷에 받아서 먹었어. 입은 옷을 양쪽으로 잡아서 밥을 받아먹다가 밥알이 한 톨이라도 떨어져서 옆에 있던 아이가 확 주워 덕어버리면 자기 밥 먹었다고 막 울고 했었어. 워낙 배가 고프니까 밥 한 톨에 울고불고한 거지. 반찬이 어디 있어? 밥에 소금이나 좀 넣는 모양으로 하고, 국 같은 건 아예 없었어.

운동장 풀도 길가 풀도, 해초도 모두 뜯어 먹다

단추공장 앞이 운동장처럼 넓었는데, 풀이 하나도 없었어. 사람들이 조그만 풀이라도 보이면 다 뜯어 먹어 버렸거든. 운동장에 풀까지 뜯어 먹을 정도로 그렇게 배가 고팠어. 그래서 단추공장에서는 사람들 죽는 걸 진짜 많이 봤던 거 같아. 사람들이 배가 고파 말라 죽는 걸. 창고 안에는 총 맞은 사람, 칼 맞은 사람, 죽창 맞은 사람들도 많이 있었거든. 그 사람들 무슨 약이 있나? 구환 할 게 있나? 먹을 것도 없는데... 결국 다 말라 죽는 거지.

사람들이 굶어 죽어가니까 나중에는 해초라도 뜯어 먹으라고 바다를 해경해 줬어. 사람들 도망 못 가게 경찰이 딱 지켜선 채 '여기는 가지 말고, 여기부터 여기까지만 다니라'고 하면서 사람들을 풀어줘. 그러면 바다에 가서 마음껏 해초를 뜯어 먹는 거야. 그땐 먹는 해초하고 안 먹는 해초 구분도 없었어. 그냥 눈에 보이면 모두 달려들어서 날 채로 뜯어 먹었지. 그래도 아프지도 않았어. 한 달에 두 번 물이 싸주게. 그러면 물 쌀 때 맞춰서 바다 해경은 한 달에 두 번 해줄 때도 있고, 한 번 할 때도 있어. 단추공장에서 바다까지 가는 길에도, 풀이 하나도 없었어. 길가 풀도 사람들이 다 뜯어 먹어 버렸으니까. 창고에 갇힌 사람들 지나가는 길엔 남아나는 게 하나도 없었지. 친척이라도 있는 사람들은 면회도 오고, 먹을 것도 가져다주고 했지만, 우리는 면회 올 사람도 없었어. 조사 같은 거 받아본 기억도 없고, 우리 아버지네도 매 맞아본 거 닮지 않고. 봄에 들어가서 가을 돼서 나올 때 까지 창고에서는 배고팠던 생각만 나.

머슴, 식모, 아기업개가 된 수용소 아이들

옛날에는 서귀포 1호광장이나 동홍동이나 모두 다 밭이었어. 사태가 끝나가자 이젠 먹고 살려면 밭도 갈고 농사도 지어야 할 거 아니? 서귀포

사람들이 수용소로 일할 사람들을 구하러 오기 시작했어. 큰 남자아이들은 장남이라고 해서 밭도 갈고, 소도 멕이려고 데려가고, 여자아이들은 식모로 서 물도 길어오고, 밥도 하고 했어. 또 조금 잘 사는 사람들은 여자아이들을 아기업개로 빌어서 쓰기도 했고. 또 아기 없는 어른들은 양자 양녀 삼으려고 부모 없는 아기들을 데려가기도 했었지. 수용소 책임자 경찰한테 가서 "식모 한 사람 구해줍서", "장남 한 사람 구해줍서"하면, 경찰이 쭉 살펴봐서 일함직한 아이한테 "너, 저 집에 가서 식모로 살래?", "장남으로 살래?"하고 들어봐.

어떤 사람은 아예 딱 지목해서 "저 아이 데려가서 우리 아기업개 해시민 조으쿠다(우리 아기업개 했으면 좋겠어요.)"말하기도 해. 그러면 경찰이 그 아이 어머니한테 가서 "아주망네 딸, 저 집의 아기업개로 보내쿠과(보내겠어요)?" 하고 들어봐서 보내겠다고 하면 아기업개로 가는 거라. 강제로 데려가는 건 아니고 가겠다고 해야 보내지. 경찰도 수용소에서 사람들이 너무 배고파 해가니까 차라리 밥이라도 배불리 먹으라고 보내준 거 닮아. 그때 우리 사촌언니는 서귀포 약방에 식모로 갔고, 우리 동광 아이들도 부모 없는 아이들 여럿이 서귀포로 가게 된 거야.

아기업개가 돼 처음 거울을 보다

나는 서귀포 강 순경네 집 아기업개로 가게 됐어. 어머니가 수용소에 있으면 밥 한 번 제대로 먹지 못하고 말라 죽을 것만 같아서 "너 하나라도 아기업개로 가서 밥이라도 얻어 먹으며 살라"면서 보낸 거야. 나도 밥 얻어먹을 생각으로 가겠다고 해진 거 같아. 강 순경을 따라 강순경 집에 갔는데, 내 꼴이 얼마나 우스웠을거야? 옷은 몇 개월째 입고 이심광(입고 있으며), 목욕은 언제 해심광(언제 했으며), 이발은 커녕 세수도 안행(안하고) 살다가 간 거 아니? 강 순경 각시가 옷부터 사주더라고. 목욕도 시켜주고. 이발소에 데려가서 이발도 시켜주고. 이발소에 가서 거울 앞에 앉으니까 '아이고, 내가 이렇게 생겼구나!' 그제서야 내 얼굴을 본 거야. 그 사태 나도록 거울을 본 적이 없으니까. 이발도 하고, 목욕도 하고, 새 옷도 입으니까 "아! 이제는 살았구나!" 해지더라고.

강 순경 아기는 두 살짜리였어. 강 순경 각시가 어디 갈 때면 나는 아기를 업고 졸졸졸 쫓아가. 그러면 "야이는 누게?"(이 아이는 누구야?)하고 물어보는 사람들이 있어. 강 순경 각시가 "야이는 우리 아시"(이 아이는 내 동생) 이렇게 대답하는 거야. 아기업개라고 안하고 '우리 아시'라고. 그러면 사람들이 "아이고 닮았져" 하기도 하고. 나는 그렇게 말해준 것이 얼마나 좋았는지 몰라. 아기업개라고 말하지 않고, '우리 아시'라고 말해줬던 게 정말 고마웠어.

그리고 고마운 게 또 하나 있어. 한 열흘에 한 번이나, 한 달에 두어 번 정도 강 순경 각시가 밥을 많이 하는 날이 있어. 일부러 밥을 많이 지어서 낭푼(양푼)에 밥을 싸줘. 수용소에 있는 어머니 아버지한테 밥을 가져가라고 주는 거야. 강 순경네 집에서 단추공장이 멀지 않으니까 아기 업고 가서 놀다오라고도 해주고. 자기 입지 않는 옷도 어머니 갖다 주라고 챙겨주기도 했어. 그때 강 순경네도 이녁 집이 아니고, 남의 집에 살고 있었는데도, 그렇게 내게 잘해줬어.

강 순경네 집 주인은 아기도 없이 혼자 살면서 고소리술을 닦아서 팔던 홀어머니였어. 그 집 주인도 우리 어머니 가져다주라며 자기 안 입는 옷을 챙겨줬어. 또 그 옆에는 조그마한 방을 하나 빌어서 찐빵을 만들어 파는 할머니가 살았는데, 찐빵 할머니는 나이가 꽤 많아서 혼자서는 물도 못 길어왔어. 내가 아기 보는 짬짬이 허벅으로 물도 길어다 드리곤 했지. 그러면 고맙다고 빵도 주면 얻어먹으면서 그렇게 살았어. 강 순경네 아기업개로 살 때가 아주 편하고 좋았어. 어머니네도 나 덕분에 밥도 얻어 먹고, 옷도 얻어 입으며 살았고. 곡식이 막 익어서 가을될 때까지는 그렇게 살았어.

화순리의 겨울… 보릿짚 속에서 살다

가을이 되자 단추공장에 갇혀 있던 사람들을 다 석방해줬어. 우리 어머니 아버지도 석방되서 나오게 되니까, 강 순경이 "기젠 너도 어머니, 아버지한테 가서 살라"고 하는 거야. 어머니 아버지하고 같이 살 집을 지으려면 힘이 드니까, 나중에 집을 다 지으면 그때는 다시 와서 아기를 봐달라며 나를 보내주더라고.

강 순경이 버스를 태워줬어. 운전사한테 나를 화순에 가서 내려달라고 부탁하고, 나한테는 버스에서 내려서 아는 사람이 보이면 아버지 이름을 대서 찾아가라고 했어. 화순에서 내리니까 진짜 아는 삼촌들이 보여. 삼촌들한테 물으면서 아버지 어머니가 사는 집을 찾아갔어. 가서 보니까 소똥 말똥 쌓아두는 움막을 빌려 살고 있더라고. 들어가는 입구에 가마니 하나 치고 움막 가운데에는 보리낭(보릿짚)을 깔고, 땅을 파서 돌멩이를 쌓아놓고 거기에 불을 피워. 그 불 하나를 의지해서 살고 있던 거야. 이불이 없으니까 보리낭 속에서 그 불을 의지해서 사는 거지. 이불도 하나 없이 그 겨울을 그렇게 살았어. 집이 불에 타서 이곳저곳 숨어 다닐 때도 이불은 있었는데… 큰넓궤나 단추공장 살 때는 춥지 않았으니까 이불이 필요가 없었고. 그런데 화순에서는 이불도 없고, 옷도 없고, 먹을 것도 없고. 아무것도 없었어.

그나마 처음부터 소까이(소개) 돼서 내려갔던 동네 사람들은 형편이 좀 나았어. 그런 집에 가서 좀 얻어다 먹기도 하며 어찌어찌 지냈던 거 같아. 그러다 우리 아버지가 고모부한테 가서 말 한 마리를 받아왔어. 무등이왓이 불타기 전에 우리 아버지가 말 3마리를 길렀었는데, 그 시국에 고모부네가 모두 가져가 버렸더라고. 아버지가 고모부한테 가서 "그 말 한 마리만 주면 우리 아이 데려다가 먹고 살아지겠다"고 했어. 그렇게 말 한 마리를 찾아다가 팔아서 보리쌀 몇 말을 샀어. 그걸로 그 겨울을 살았지.

이웃 할머니가 빌려 준 하얀 미녕 바지저고리

단추공장에서 석방돼 나올 때 몸만 나오니 옷이 있어야지. 빨아서 입으려고 해도 갈아입을 옷이 없어서 빤 옷이 마를 동안은 가만히 앉아 있어야 했어. 우린 그런 시절을 살았어…

어머니가 아버지를 친정에 보내서 친정 소식이라도 듣고, 안부라도 전하고 싶어도 아버지를 입혀 보낼 옷이 없어서 못 보내고 있으니까 이웃 할머니가 너무 딱했는지 "그럼 우리 남편 옷이라도 갖다가 빨아서 입혔다가 돌려 달라"고 했어. 이웃 할머니가 빌려준 하얀 미녕(무명) 바지저고리를 가져다가 어머니가 곱게 빨아서 뜯어서 아버지한테 맞게 새로 만들었어. 어머니가 바느질을 잘 했거든. 새로 만든 바지 저고리를 아버지에게 입혀서 처가에 보낸 거야. 우리 외갓집이 한경면 조수리였거든. 그때까지 우리도 외갓집 식구들이 살았는지 죽었는지를 몰랐고, 우리 외가집에서도 무등이왓이 전부 불탔다고 하니까 우리가 다 죽은 줄로만 알았던 거야. 소식이 깜깜이었지. 아버지가 가니까 그제서야 서로 살아있는 것도 알게 되고, 옷도 몇 개 빌어 오고, 곡식도 얻어 와졌어. 그때부터는 증명서 떼서 왔다 갔다 하고 소식도 알 수 있었어. 빌린 옷은 새로 빨아서 이웃 할머니에게 돌려드렸어.

"죽어서도 이 아들 보살펴주세요" 어머니의 기도

우리 아버지가 워낙 일을 잘하는 어른이었어. 화순에서 남의 밭을 빌어 농사를 지었는데, 보리도 몇 섬씩 하면서 밥은 먹는 체 하며 살게 됐어. 사태는 다 끝나 가는 것 같았는데 아버지는 화순 성담 지키는 데 계속 동원이 됐어. 낮에는 밭일을 하고 밤에는 순번을 정해서 성담을 지키는 거야. 하루는 성담 지키러 갔던 아버지가 다음날 밝아가니까 닥닥닥닥 떨면서 왔어. 성담 지키던 사람들이 아버지 어깨를 부축해서 데리고 왔더라고. 그게 끝이라. 우리 아버지 40살에, 움막에서 이불도 없이 살 때, 병원도 한 번 가보지 못하고 엿샌가 아파하다가 그냥 돌아가셨어. 나 14살 때.

나 14살 되던 해 5월에 막내 남동생이 태어났는데 남동생 태어나서 딱 석 달 만인 8월 아버지가 돌아가셨어. 아들 낳고 석 달 만에 아버지가 돌아가시니까 우리가 엄청 고생하며 살았지. 우리 어머니 고생한 거는 말로 다 못해.

아버지가 돌아가실 때 우리 어머니가 "죽엉강이라도 이 아들 하나랑으네 잘 보살펴 줭으네 잘 키워도랜"(죽어서라도 이 아들 하나 만큼은 잘 보살펴서 잘 키워달라) 울면서 심방짓을 했어. 남편 죽는 게 왜 애석하지 않았겠어? 남편 죽는 거보다 아버지 없는 아들이 더 눈에 밟힌 거겠지.

아버지는 돌아가셔 버리고 땅에는 묻어야겠는데, 가진 게 있어야지. 장옷(수의)도 못해드리고, 입은 옷 그대로 그냥 입혀서 짚어 싸서 나무에 놓고 동네사람 몇 사람 빌어서 묻었어. 우리 아버지는 그 시국 잘못단나 고생고생하다가 이불도 한 번 못 덮어보고 돌아가신 거야.

얼기설기 엮은 막살이집 누운 첫날

아버지만 살아계셔도 의지해서 살겠는데, 들아가신 다음에는 이웃 눈이 더 부끄러웠어. 집도 남의 집 빌어 사니까 먹는 것도 마음대로 못 먹었지. 좁쌀에 나물 조금 넣고 죽이라도 끓여서 먹으려고 하면 주인네가 웃을까봐 주인네 없을 때 몰래 먹고 했었어. 어머니가 갓난 아기 데려서 남의 집에 사는 것이 눈치 보이고 너무 힘드니까 화순리 마을에 요청을 해서 마을 공터에 막살이(자그마한 집)를 장만하게 됐어. 몇 날 며칠을 골갱이(호미)로 땅을 고르고, 동네 삼촌들 빌어서 둥그렇게 돌담을 쌓고 가마니를 둘렀어. 그 위에는 억새를 덮고 들어가는 입구를 하나 내서 그렇게 막살이를 지었어.

막살이에 들어가서 처음 누운 날, 돌담 트멍(틈)으로, 억새 트멍(틈)으로 눈이 살살살살 떨어지는 거야. 겨울바람에 눈이 살살 떨어져 들어와도 남의 집보다는 이녘 막살이가 좋았어. 이제는 아무 거라도 해서 먹어도 부끄럽지 않고 아기가 울어도 미안하지 않고, 조바심 내지 않아도 되니까, 나는 막살이가 너무 좋았어.

"죽어서라도 이 남동생을 보살펴주세요"

막살이에서 그럭저럭 몇 년을 살다보니 나도 이제 시집을 가게 됐어. 내가 21살에 시집을 갔으니까, 14살부터 21살까지 7년이 넘게 막살이 생활을 한 거지. 내가 시집 간 뒤에도 어머니는 그 막살이에서 남동생을 데리고 살다가 남동생이 9살, 내가 23살 되던 해에 돌아가셨어. 어머니는 46살에 9살 짜리 남동생 하나 남기고 복막염으로 돌아가셨어. 내가 어머니 임종을 지키는데 어머니가 아버지한테 했던 것을 그대로 해지더라고. 아버지가 돌아가실 때 어머니가 아들 하나 보살펴서 잘 키워 달라고 심방짓을 했었는데, 내가 똑같이 하고 있더라고. 죽어가는 어머니를 붙잡고 "우리 동생 하나 있는거, 잘 보살펴서 잘 키워주세요." 오뉴월 장마여서 안개가 자욱하게 낀 밤, 화순리 막살이에서 내가 울면서 빌고 빌었어.

어머니가 돌아가신 뒤에는 내가 남동생을 데리고 살았어. 막살이에는 아무도 살지 않았지. 사람이 살지 않으니까 막살이는 폭삭 내려앉아 버렸더라고. 그래도 막살이 터는 지금도 그냥 남아있어. 원래 화순리 마을 공터였는데 지금도 건물이 들어서지 않아서 풀만 왕성해. 그 풀 속에 막살이 돌담을 쌓았던 흔적이 그대로 남아있을 거야. 거기가 화순리 재남밭동네야.

산듸 쌀 한 사발 빌려다 마련한 제사

우리 남편도 동광 사람이야. 그러니 서로 집안 내력을 잘 알았지. 화순리 막살이에서 살 때 시할아버지가 우리 어머니에게 "딸은 나를 줘. 나를 줘" 하도 얘기를 하니까, 어머니가 궨당(친척)한테 시집을 보낸 거야. 아무것도 없는 집이라도 먼 궨당이라고 시집을 보낸거지. 그런데 궨당도 잘 사는 궨당이라야 챙겨주고 하지 못사는 궨당은 챙겨줄 수도 없는 거야. 어머니는 없는 집이라도 궨당들 도움이라도 받으면서 살 수 있을까봐 날 시집보냈는데 세상은 그런게 아니었지. 나는 어머니도 아버지도 아무도 안 계시고, 9살 난 동생까지 데리고 살려니 아주 천대를 많이 받았어. 우리 동생도 나도 잘도 고생했지. 우리 동생도 매형 보는 게 눈치 보이고, 나도 시집 사람들한테 눈치 보여서 죄인같이 살았어.

어머니 돌아가신 뒤에는 벽장 위에 어머니 옷을 펴서 향을 피워 놓고, 숟가락 하나를 걸쳐 놓았어. 죽이나 밥이나 먹어지면 거기 숟가락 하나 꽂아 놓고. 3년 동안 그렇게 어머니 상을 모셨어. 그때는 보리밥도 못 먹고 살 때니까 제사가 돌아와도 마음 뿐이지. 아버지 제사라도 돌아오면 "오늘은 우리 아버지 제사인데, 어떻 허코(어떡 하지)" 하고 속으로만 생각하는 거야. 남편이라도 "오늘 아방 시께난 호쏠 제기 강이네 허라" (오늘 아버지 제사니까 조금 빨리 가서 준비하라) 하기 전에는 나 마음대로 챙길 수도 없었어. 그러면 어두울 때까지라도 밭에서 일한 다음에 돌아와서 저녁 준비해서 식구들 먹이고. 그러고 난 다음에야 먹는 밥 한 그릇 떠놓고 절하고 했어. 또 어떤 때는 어두운 뒤에야 이웃한테 가서 "쏠 훈사발만 꿉서. 오늘 우리 아버지 제산듸 아무것도 어서부난 좀 꿔줍서" (쌀 한 사발만 빌려주세요. 오늘 우리 아버지 제사일인데 아무것도 없어서 좀 빌려주세요) 하면서 밤에 가서 산듸쌀(나룩쌀) 한 사발 빌려다 죽 써줘 올리고. 그렇게 했던 게 지금도 제일 마음이 아파. 그래도 지금은 이만큼 사니까, 동생도 잘 살고 있으니까 이제는 떳떳하고, 웃으면서 살고 있어.

어머니, 아버지가 지켜준 삶… 기도를 들어주다

화순 목장에 아버지 묘를 이장해 온지가 한 15년 되는 거 같아. 우리 동생이 동광리에 와서 살게 되니까 아버지 묘를 이장해 왔어. 아버지 돌아가셨을 때 아무것도 못해드렸던 게 너무 마음에 걸려서 이장할 때는 옷도 새로 해 놓고 원칙대로 다 했어. 이불도 하나 해서 넣었어. 어머니는 내가 시집 온 후에 돌아가시니까 시할아버지네가 산터를 봐서 산담도 하고, 원칙대로 해서 묻었거든. 어머니는 장옷(수의)이라도 입고, 관을 쓰고, 행상도 다해서 모셨어. 사람들이 어머니 산터가 좋아서 우리 남매가 잘된다는 말을 많이 해. 그래서 어머니 산은 처음 그대로 두고, 아버지만 이장해왔어.

그래도 삶은 보람 있었다

4·3 때 겪은 이야기를 지금이라도 이렇게 하고 있고, 4·3을 모르는 사람들에게 4·3 때 겪은 일을 얘기할 수 있는 것이 내 삶의 보람인 것만 같고 마음이 조금씩 편안해지는 것 같아. 지금은 내가 동광 4·3길 해설사 일도 하고 있거든. 그러다보니 방송국에서도 찾아오고 기자들도 찾아오고, 내가 이야

기하는 게 방송에도 나가도 신문에도 실리고 하니까 이젠 우리 아이들도 다 알게 됐어. 우리 아이들도 내가 4·3에 이렇게 고생한 거 몰랐었거든. 한 번도 이야기해본 적이 없었으니까. 그래도 고마운 게 우리 아이들이 내가 이런 얘기 하는걸 싫어하지 않아. 지난번에는 우리 큰며느리가 "우리도 식구들 다 모여서 어머니 모셔서 살아난 이야기 들어보면 어떨까요. 점심은 제가 사겠어요" 하더라고. 아이들이 4·3 이야기를 알게되니까, 나 살아온 거 더 잘 이해해주는 것 같고. 지금 생각해 보면, 고생은 했지만 그런데로 나 삶도 보람이 있었던 거 같아. 그래서 지금은 마음 편하게 4·3을 말하는 것 같아.

(구술채록·정리_조정희)